Das Buch

Eine Geschichte Preußens, erzählt auf die unnachahmliche, typisch Fernausche Art: Eine Geschichte voll menschlicher Güte,
voll Lächeln, heiterem Spott, Sarkasmus, Rührung und Trauer. Der
Autor, selbst ein »verdammter Preuße«, wie er sich nennt, berichtet jedoch nicht nur von den historisch prägenden Gestalten, wie
dem Großen Kurfürsten, dem Alten Fritz oder Bismarck, sondern
auch und vor allem vom gemeinen Volk, dessen zumeist harte
Lebensbedingungen er anschaulich beschreibt.

Der Autor

Joachim Fernau wurde am 11.9.1909 in Bromberg/Westpreußen
geboren. Er war Journalist in Berlin, wurde 1939 Soldat und arbeitete als Kriegsberichterstatter. Nach dem Krieg war Fernau zunächst Redakteur in Stuttgart, ließ sich aber 1952 als freiberufli-
cher Schriftsteller und Maler in München nieder, wo er am
24.11.1988 verstarb. Seine Werke, die historische Themen auf un-
terhaltsame Weise darbieten, erzielten Gesamtauflagen von über
zwei Millionen Exemplaren.

In unserem Hause sind von Joachim Fernau bereits erschienen:
Caesar läßt grüßen
»Deutschland, Deutschland über alles ...«
Disteln in Hagen
Die Genies der Deutschen
Der Gottesbeweis
Halleluja
Rosen für Apoll
Sappho
Und sie schämeten sich nicht
War es schön in Marienbad
Was halten Sie vom Alten Fritz und anderes Kleingedrucktes
Wie es euch gefällt
Ein wunderbares Leben
Wo bitte geht's zu Raffael und andere Kunstgeschichten

Joachim Fernau

Sprechen wir über Preußen

Die Geschichte der armen Leute

Ullstein

Besuchen Sie uns im Internet:
www.ullstein-taschenbuch.de

Umwelthinweis:
Dieses Buch wurde auf chlor- und säurefreiem Papier gedruckt.

Ullstein Verlag
Ullstein ist ein Verlag des Verlagshauses
Ullstein Heyne List GmbH & Co. KG
11. Auflage 2002
© Copyright 1981 by F.A. Herbig
Verlagsbuchhandlung, München
Umschlagkonzept: Lohmüller
Werbeagentur GmbH & Co. KG, Berlin
Umschlaggestaltung: DYADEsign, Düsseldorf
Titelabbildung: AKG, Berlin
Gesetzt aus der Sabon
Druck und Bindearbeiten: Clausen & Bosse, Leck
Printed in Germany
ISBN 3-548-22336-2

Armut ist ein großer Glanz aus Innen
(Rilke)

1

Sprechen wir über Preußen

Das hat Zeit, das läuft uns nicht weg. Sprechen
wir zunächst von etwas anderem.
Ich habe mir nie Illusionen über das Gehirn der
Menschheit gemacht. Ich weiß, daß man durchaus zum Mond fliegen kann, ohne zu wissen, wer
Hölderlin ist, und ich weiß, daß der Mensch die
Computer-Erfindung zu machen imstande war,
ohne seiner geradezu furchterregenden Blindheit
und Ratlosigkeit Herr zu werden. Mit einem Wort:
Ich weiß, daß der Einzelne bewundernswert sein
kann und das Menschengeschlecht ein Brechmittel ist.
Wir werden einzeln und als einzige geboren, und
wir sterben einzeln und als einzige. Nun ist aber
nicht zu leugnen, daß sich die Menschen zu einer
gigantischen Herde ausgewachsen haben; sie
krabbelt vor unserer Tür, sie wimmelt in den Städten, sie überzieht das Land, sie krabbelt über der
ganzen Erde. Es ist etwas entstanden, was nie-

mand abschütteln kann, ohne gestraft zu werden: die Ketten der Gemeinschaft.

Was will die Gemeinschaft Fundamentales?

Ich weiß es nicht. Wenn Sie das heutige Gequatsche beiseite lassen, nichts. Jedenfalls kann ich nichts Fundamentales entdecken.

Ich sehe die Menschen weiter essen, trinken, arbeiten, schlafen, als Einzelne. So ist es doch! Essen, trinken, kleiden, lieben, schlafen, sterben. Das ist das Fundamentale. Das ist Existenz, das ist die Lebensbasis. Oder? Das gibt die Erde her für den Einzelnen. Kommt etwas anderes heraus, wenn man es mit hunderttausend oder einer Million oder einer Milliarde multipliziert?

Das Fürchterliche ist: Ja, es kommt etwas anderes heraus. Heraus kommen neue Eigenschaften, irreale Ziele, Rasseninstinkte, Nationalcharakter, Volksseele, Generationenkampf, Klassenbewußtsein. Das waren nicht Eigenschaften des Einzelnen, das sind Eigenschaften, die der Multiplikator gebiert; das sind Sachen, nach denen die Gemeinschaft stinkt. In diesem Gestank ist der Einzelne eingebettet. Er ist die Ursache, aber er kann nichts dafür, er hat es einst nicht gewollt.

Zerbricht er die Ketten, wird er ein Lemure oder ein Anarch. Ein Ausgestoßener. Was will ich sagen? Ich will sagen: Begreife dich aus den *Anfängen* der Gemeinschaft deiner Vorfahren. Im Beginn der Gemeinschaft liegt der Schlüssel. Im Beginn der Gemeinschaft liegt die Entscheidung, ob das Molekül Sauerstoff oder Nitroglyzerin wird.

Deine Vorfahren waren nicht Deutsche, sie waren Bayern oder Schwaben oder Friesen oder Obotriten. Waren sie gut oder schlecht, sie waren es an den Ketten der Gemeinschaft. Ein guter Friese war anders gut als ein guter Alemanne; ein tapferer Bayer war anders tapfer als ein tapferer Westfale. Die Ehre eines Hessen war nicht dieselbe wie die Ehre eines Kaschuben.

Meine Vorfahren waren Preußen.

2

Wenn ein Bayer einen Preußen ärgern will, sagt er: »Wir haben schon mit Messer und Gabel gegessen, als ihr noch auf den Bäumen saßt.«
Der Erfinder dieses trefflichen Bildes könnte ein gewisser Friedrich gewesen sein, der von 1371 bis 1440 lebte. Dieser Friedrich ist nicht irgendein Friedrich, sondern der Sechste; woraus Sie erraten können, daß er zu jenen privilegierten Menschen gehörte, die ihre Ahnen numerieren dürfen. Er war Burggraf von Nürnberg, wohin er eigentlich gar nicht gehörte, denn er war kein Franke, sondern Schwabe, Hohenzoller. Das Schicksal hatte seine gemütlichen schwäbischen Vorfahren nach Nürnberg verschlagen, offensichtlich als erste Abhärtungsstufe, bevor es diesen sechsten Friedrich 1411 weiter in jenes Land katapultierte, in dem die Menschen angeblich noch auf den Bäumen saßen.
Der Nürnberger Herr wird keinen gelinden Schreck bekommen haben, als er vom deutschen König den Marschbefehl nach Brandenburg bekam. Er war, wie ich lese, »kein ungebildeter

Mann«. Er kannte die ritterlichen Dichtungen, ihn erfreuten die bunten illuminierten Handschriften, er liebte die schönen Dinge seines Nürnberg, die herrlichen Kirchen, den »schönen Brunnen«; er war auch mit seinem König in Italien gewesen. Aber was für Menschen da oben im Norden hausten, war ihm ziemlich unklar. Auf Bäumen saßen sie gewiß nicht mehr, schon deshalb nicht, weil es ihm sehr zweifelhaft schien, daß es in jener Sandwüste überhaupt viel Bäume gab. Sicher dagegen war, daß es von Raubrittern übelster Art wimmelte und die verschreckte Bevölkerung ihres Lebens nicht froh wurde. Eine fatale Gegend.

Als König Sigismund den Nürnberger in jenem ominösen Jahre 1411 als Reichsbeauftragten in die Mark Brandenburg schickte, um Ordnung zu schaffen, erkundigte sich Friedrich vorsichtshalber erst bei den nördlichen Nachbarn nach dem, was ihn erwartete.

Nichts Gutes. Die Braunschweiger, die Pommern und Mecklenburger nannten die Mark Brandenburg eine armselige Angelegenheit, eine Räuberhöhle, die man nur schwer bewaffnet betreten könne.

Das hatte Friedrich auch vor. Zunächst gewann er den kriegerischen Erzbischof von Magdeburg für den Feldzug, dann warb er selbst noch eine Schar von Rittern an und zog los. Außer seinem Gottvertrauen im Herzen hatte er noch einen Trumpf im Ärmel: Inmitten des Zuges rollte die erste Pulverkanone, die dort oben im Norden je gesehen ward. Die Soldaten nannten sie liebevoll die »faule Grete«.

Es gibt eine zeitgenössische Darstellung: da liegt ein unförmig dickes, in der Mitte mit zwei Bügeln versehenes Rohr, das große Ähnlichkeit mit dem Turnpferd von Vater Jahn hat, auf ausgekehlten Balken flach auf der Erde, noch ohne Lafette und ohne Räder. Dieses Ungeheuer schoß Steinkugeln von mehr als fünf Zentnern, und die beiden berühmten Gießereien von Nürnberg und Augsburg waren schon so weit, daß die Kugeln fast immer vorn herauskamen. Wenn auch dieses gußeiserne Wunder und die Pulvertonnen, die die Pferde keuchend durch Sand und Schnee zogen (es war Winter), schon Vorboten der Zukunft waren, so lebte man doch immer noch in der Zeit der Ritter und der edlen Turnierkunst, und genau so fühlte sich Herr Friedrich, der in blitzender Rüstung, auf dem Helm einen wallenden Federbusch, an der Spitze ritt. Wir werden ihn künftig statt Friedrich VI. nun Friedrich I. nennen, denn seit er Kurfürst* von Brandenburg geworden war, hatte er beschlossen, die Numerierung wieder von vorne und mit I. zu beginnen.

---

* Die Kurwürde gebührte eigentlich einem so kleinen, ärmlichen Land wie Brandenburg nicht, aber nach dem Askaniergeschlecht waren verschiedene »durchreisende« Herren Markgrafen geworden, darunter ein Wittelsbacher, Liebkind bei Kaiser Karl IV., der ihm, dem treuen Gefolgsmann, zur Stärkung seiner Hausmacht die Kurwürde verlieh. Friedrich war also zu der Ehre gekommen wie die Jungfrau zum Kinde.

Die ersten brandenburgischen Städtchen, klein und ärmlich, begrüßten die Kriegerschar freudig. »Wo geht's denn hier nach Burg Friesack?« fragten die Ritter, um den Menschen gleich klar zu machen, daß der Hohenzoller es ernst meinte; auf Friesack hauste Dietrich von Quitzow, und die Bürger bekreuzigten sich. Wären die Quitzows brave Leute gewesen, so würde kein Hahn mehr nach ihnen krähen; da sie aber Strolche von Format waren, sind sie unsterblich geworden. Auch skandalöses Betragen macht berühmt, wie wir alle wissen.

Während sich die Ritter auf dem Wege nach Friesack durch die verschneiten Havelland-Sümpfe quälten, saß Dietrich Quitzow auf seiner Burg und lachte. Das hätte er nicht tun sollen, denn während er sich vor Vergnügen noch auf die Schenkel schlug, traf ein Kurier ein mit der Nachricht, daß der deutsche König über die Quitzows und ihre Spießgesellen Kaspar von Putlitz und Wichert von Rochow die Reichsacht verhängt hatte.

Das sah jetzt böse aus. Ein Geächteter war vogelfrei! Dieses Aas von Nürnberger! Aber noch hatte er den Dietrich nicht! Der würde Putlitz und Rochow, vielleicht auch noch den Bruder Hans zu Hilfe rufen und den Nürnberger vor Friesack in die Zange nehmen.

Jedoch – er konnte nicht mehr rufen; es war zu spät, die Wege waren abgeschnitten. Am 8. Februar 1414 setzte Friedrich gegen Friesack zum erstenmal seine Wunderkanone ein. In ein paar Stunden schoß sie die Burgmauern kurz und klein.

Das hatte Dietrich nicht erwartet. Er versuchte einen Ausfall, es sah jedenfalls so aus; in Wahrheit benutzte er ihn, um in die Sümpfe zu fliehen.

Friedrich ließ ihn laufen und wandte sich, seine brave »faule Grete« streichelnd, südwärts gen Goltzow, wo der von Rochow saß, der andere Geächtete. Der Rochow war klüger (oder verzweifelter), er kam nach dem ersten Schuß im Büßerhemd mit einem symbolischen Strick um den Hals heraus und warf sich dem neuen Herrn zu Füßen.

Jetzt kam Plaue an die Reihe. Wieder ein Quitzow. Plaue war das Tyrins, das Amyklei der Mark, ein Steinhaufen mit zyklopischen Mauern, getreu der Erfahrung, daß es die Einbrecher sind, die die besten Sicherheitsschlösser vor ihren Wohnungen haben. Hans von Quitzow fühlte sich ziemlich sicher. Andererseits, was sollte überhaupt werden, wenn die Mauern widerstanden? Konnten die schönen Zeiten jemals wiederkehren wie noch vor wenigen Jahren unter dem gleichgültigen Wittelsbacher, den Kaiserlichen oder dem nie gesehenen Jobst von Mähren? So kurz das Glück der Quitzows? Kaum zwei, drei Generationen? Sollten sie wieder, wie einst unter den harten Askaniern, im Perleberger Dörfchen, wo sie herstammten, sitzen und Hirse pflanzen? Alles verloren?

Die Burgen, die Güter, die Höfe, die riesigen Felder und Wälder, die Schar von Bauern, die Wagenladungen der Pfeffersäcke, dieser Kanaillen? Der Tribut der Städte, nie mehr? Wegen des Nürnbergers? Wo mochte der Bruder sein? Er hatte keine Nachricht. Totenstille ringsum. Rochow sollte sich ergeben haben? Die anderen alle, die Alvensleben, die Itzenplitz, die Bredows, die Lossows, die Holzendorffs duckten sich und verhielten sich regungslos.

Eines Morgens – man war gerade dabei, das Fastnachtsfest vorzubereiten – kam die große Pulverröhre vor Plaue an. Hans Quitzow hatte noch nie etwas von diesem Ding gehört und war eigentlich mehr gespannt als besorgt. Den »Fastelabend« beging er vergnügt und ausgelassen.

Am Aschermittwoch kam dann die rauhe Wirklichkeit. Unter schrecklichem Getöse ballerten die ersten Fünf-Zentner-Brocken gegen die Mauern. Sie zitterten. Der Quitzow auch. So hatte er sich das nicht vorgestellt.

Immerhin dauerte es vier Tage, bis die Bresche geschlagen war. Wie der Bruder floh Hans in die Sümpfe. Aber er hatte weniger Glück, er wurde entdeckt und nach blutigem Zweikampf gefangen. In Ketten gefesselt und in den Stock geschlossen wurde er auf einer Burg, die dem Erzbischof gehörte, eingekerkert.

Habe ich die Geschichten zu lang erzählt? Man kann es kürzer machen. Mich wundert, daß gerade die glühenden Verfechter der Soziologie und Psychologie in ihren Preußenbüchern über diese Dinge hinwegeilen, um schleunigst zum Großen Kurfürsten oder Alten Fritzen zu kommen. In den drei neuesten Werken über Preußen habe ich in dem einen zwei Zeilen, in dem anderen elf und im dritten kein Wort gefunden. Dafür gibt es, so scheint mir, zwei Gründe. Der erste ist: Preußen befand sich für diese Herren offenbar nie im Stadium des Wickelkinds, sondern wurde erst ergiebig, als es die ersten Zähne bekam und den Tanten in den Finger biß. Der zweite Grund leuchtet mir für die sogenannten »ernsten« Historiker noch mehr ein: Die Quitzows waren »Raubritter«, und es ist nicht standesgemäß, sich mit Räuberpistolen zu befassen.

Nun – gerade, wer sich damit befaßt, stößt auf eine merkwürdige Entdeckung, die Entdeckung nämlich, daß die Quitzows für Friedrich von Nürnberg keine Raubritter waren. Für ihn waren sie Rebellen und sonst gar nichts. »Raubritter« waren die edlen Herren in Europa alle mal gewesen, aber eben: gewesen. Die brandenburgischen Adelsgeschlechter waren um hundert Jahre zurückgeblieben; die Entwicklung war an ihnen vorübergegangen. Das war es, was sie in so schiefes Licht brachte.

An der ganzen Bevölkerung dort oben war die Zeit vorübergegangen. Im Westen des Reiches, im Süden, in Bayern, in Schwaben, in der Schweiz, in Frankreich, in Österreich begann man bereits, renaissancisch zu fühlen. Erinnern Sie sich: Da kamen die Tausenden von Badestuben auf, wo die Geschlechter nackt zusammen badeten, wo eine Welle von Erotik alle Keuschheit und Schüchternheit hinwegschwemmte. Wo es zum Protokoll gehörte, einen hohen Gast samt Gefolge ins Freudenhaus zu führen. Wo die Städte sich bei solchen Gelegenheiten die Spitzenkönnerinnen gegenseitig ausliehen. Wo man nichts dabei fand, einen Fürsten am Stadttor von nackten Bürgermädchen begrüßen zu lassen. Wo zum Konzil nach Konstanz (auf dem Friedrich vom König offiziell mit der Mark belehnt wurde) fünfzehnhundert »gelüstige Fräulein« anreisten.

Dietrich von Quitzow hätte das eine Sauerei genannt. Dagegen ein fettes Zisterzienser Äbtlein (die nie Abgaben zahlten) zu schnappen und Lösegeld zu fordern, oder ein feines Stiftsfräulein auf dem Wege anzuhalten und unter dem Gezeter der Begleiterinnen für zehn Minuten zu ihr in die Kalesche zu steigen, das war keine.

Man lebte wie in längst vergangenen Zeiten. Jene brandenburgischen Geschlechter, die wir heute abfällig Raubritter nennen, fühlten sich als staatliche Vollzugsgewalt, als Regierende. Wenn man ihren Vätern oder Großvätern hatte weismachen wollen, daß ein Herr Jobst von Mähren oder irgendein ferner Wittelsbacher die rechtmäßige Oberhoheit seien, so konnten sie wirklich nur hohnlachen. Das Regiment, das die Quitzows und ihre Kumpane führten, war das des »Interregnums«.

Natürlich ist das keine Entschuldigung; aber es ist eine Erklärung. Tatsächlich nahm es der neue Kurfürst auch durchaus als selbstverständlich hin, daß die Dinge in Brandenburg so gelegen hatten, er nahm es nur nicht hin, daß sie so bleiben sollten. Die Quitzows wiederum waren überzeugt, daß sich außer dem Namen gar nichts ändern würde. Hierin irrten sie sich. Aber das konnten sie nicht wissen.

Im neunzehnten Jahrhundert schrieb Ernst von Wildenbruch, selbst unehelicher Hohenzollern-Sproß, ein wunderschönes Drama »Die Quitzows«, das viele hundert Male über die Bühnen Deutschlands ging. Burggraf Friedrich von Nürnberg war darin sehr edel und sprach viele Sentenzen in gehobenem Deutsch. Hörner blusen, wenn er auftrat, und die Besiegten sahen alle ehrfürchtig zu ihm auf, wie er da hoch zu Roß, von Rittern und Standarten umgeben, aus den Kulissen herauskam. Auf den kleineren Bühnen kam er zu Fuß.

Man amüsierte sich schon nach dem Ersten Weltkrieg, während der letzte Hohenzollern-Herrscher in Doorn noch Holz hackte, mächtig über Wildenbruch, und heute wäre das Gelächter noch größer, wenn ihn noch jemand kennen würde.

Wie traurig. Hohngelächter ist nie gut. Ärger und

18

sogar Wut stehen turmhoch über ihm; sie sind grobe Keulenschläge auf den Kopf. Gelächter aber trifft mitten ins Herz. Das verdient kein Herz.

Wildenbruchs Szenen sind nur wenig schlimmer als beispielsweise Schillers Rütli-Szene; und Friedrich von Nürnberg war wirklich edel, sofern wir beide, Sie und ich, dasselbe darunter verstehen und uns in alte Zeiten versetzen können.

Der Hohenzoller begnadigte (nach zwei Jahren Gefangenschaft im Kerker des allerchristlichsten Herrn Erzbischof) Hans Quitzow. Sein Freund Putlitz (ebenfalls Ex-Raubritter, nur schneller umgeschwenkt) führte den Quitzow an der Hand vor den Kurfürsten, und beide ließen sich auf ein Knie nieder. »Gnädiger Herr und Kurfürst«, nahm der Putlitz das Wort, »hier führe ich Euch Johann von Quitzow vor Euer Antlitz. Er kommt, um seine Reue zu gestehen, und bittet Euch, ihn in Gnaden wieder aufzunehmen!« Der Kurfürst – so berichtet die Chronik – sah ihn lange prüfend an und sagte dann: »Steht auf und reicht mir Eure Hand.«

In diesem Augenblick war Johann noch ein Bettler; er besaß nichts mehr. Friedrich schenkte ihm Burg Lenzen, die Priegnitzschen Güter und viertausend Schock böhmische Groschen – ein schönes Sümmchen. Das erinnert mich (und ich erwähne es absichtlich, obwohl es abwegig scheint) daran, daß die modernen Rennklubs im Pferdesport dem »Ausgleicher«, der wahrlich keine große Arbeit zu leisten hat, ein phantastisches Gehalt zahlen. Er soll gefeit sein gegen Bestechungsversuche. Auch ohne zu wissen, was ein Ausgleicher ist, werden Sie die Parallele sehen: Der Quitzow sollte das Klauen lassen.

Hier könnte ich nun in die Saiten meiner Harfe greifen und ein Preußenlied singen; aber fürchten Sie sich nicht. »Preußen«, mein Preußen, gibt es noch nicht. Auch Friedrich von Nürnberg war noch kein Preuße. Er hätte gar nicht gewußt, was das ist.

Er wußte im Moment nur eines: daß er die märkische Sandbüchse herzlich satt hatte und nach Hause gehen wollte. Er war zwar ein Ritter aus echtem Schrot und Korn, aber deswegen blieb doch ein Polstersessel ein Polstersessel und eine Nürnberger Bratwurst eine Nürnberger Bratwurst. Die Städtchen in Brandenburg hatten ihren Befreier gar freundlich aufgenommen, doch Friedrich roch es geradezu, daß sie nur darauf warteten, wieder unter sich zu sein und ihren Stiebel weiterzuleben, wenn möglich ohne Obrigkeit.

Wer wünscht sich das nicht!

Auf der anderen Seite wünschte sich Friedrich nach so viel Anstrengungen eine nette, kleine Rendite aus seinem neuen Lande. Er war edel, aber so edel war er nun auch wieder nicht, daß er sein Taschengeld nicht gern etwas aufgebessert gesehen hätte.

Nun hätte er das den Bürgern auf den Kopf zusagen können, aber nur ein herzloser Mensch wäre so gefühllos gewesen, ihre Freude zu trüben. Nein, herzlos wollte er nicht sein. Er wollte – und hier erwies er sich als echter Politiker – beim Schröpfen überhaupt nicht in Erscheinung treten. Er wollte sozusagen – wie heute – der anonyme Staat bleiben.

Da tat er etwas ebenso Geschicktes wie Verblüffendes: Er setzte die gebändigten Adligen wieder in die Hoheitsrechte ein, die sie sich angemaßt hatten. In der Frage also, auf wen er bauen sollte, entschied er sich für den Adel. Ein geschichtlicher Augenblick.

Wie freuten sich die alten Räuber, als sie das hörten! Sie schworen ewigen Gehorsam und Stein und Bein zusammen.*

Erst als der Hohenzoller abgereist war, merkten sie, daß zu ihren Rechten auch die Pflicht gehörte, für den Kurfürsten die Steuern einzutreiben.

Friedrich war aus dem Blickfeld, und die ganze Wut der Städte richtete sich gegen das Finanzamt.

Nach 1426 hat Friedrich keinen Fuß mehr nach Brandenburg gesetzt. Mit achtundsechzig Jahren

---

* Alle, außer Dietrich von Quitzow, dem immer noch gejagten Geächteten. Aus dem einstigen höhnischen Haudegen war allmählich ein alternder Ahasver geworden, der am Ende im »Ausland«, bei den Magdeburger Verwandten seiner Frau, um Sozialrente bat. Man wollte nicht als Sympathisant gelten und wies ihm eine verlassene Köhlerhütte an, in der er schließlich brot- und zahnlos sein Leben beendete.

starb er eines sanften Todes in Kadolzburg, von dem kein braver Brandenburger wußte, wo es lag. Ich weiß es auch nicht; ich glaube, bei Fürth. Ein siebenundzwanzigjähriger junger Mann wurde der Erbe.

3

Er hieß Friedrich, wie sein Vater. Aber während der erste von der Geschichtsschreibung nur schlicht Friedrich genannt wurde, erwarb sich der Sohn den Beinamen »der Eiserne«.

Herrscher erwerben sich gern Beinamen. Darin offenbart sich etwas Indianisches. Während ein schlichter Irokese nur einfach »He, du!« war, hieß ein Häuptling »Großer Stier« oder »Schneller Wind«. Herr Müller kann so stierig und so windig sein, wie er will, nie bringt er es zu einem Beinamen.

Der junge Herr war in gewissem Sinne bereits »Witwer«. Sein Vater hatte die Verlobung mit einer polnischen Prinzessin arrangiert. Die Polen, bei denen der Bräutigam sich schon einlebte, betrachteten ihn als Erben der Krone. Aber das Mädchen starb, und Friedrich sah sich plötzlich wieder in Nürnberg. Sein Vater setzte ihn als seinen Stellvertreter gleich wieder in Marsch nach Brandenburg, wo er sich tagsüber in Verwaltung übte und abends die Daumen drehte.

Nun aber, nach dem Tode seines Vaters, war er

der neue Gebieter, Burggraf von Nürnberg, Kurfürst von Brandenburg. Zu küren gab es für Friedrich den Eisernen nichts, denn sein Vater – erbost darüber, daß man nicht ihn selbst zum König wählte – hatte mitgeholfen, einen belanglosen, sehr jungen Habsburger auf den deutschen Thron zu setzen, auf dem dieser Mensch dann geschlagene dreiundfünfzig Jahre sitzen blieb! Es war jener unselige Friedrich III. von Österreich, eine Schlafmütze, dessen einzige glückliche Leistung in der Schlafmütze die Zeugung seines Sohnes Maximilian, des »letzten Ritters« war. Der Wahlspruch aller späteren Ehe-Anbahnungsinstitute »tu felix nube« stammt von ihm.

Nun, da war nichts mehr zu ändern, und es interessierte den Brandenburger also wenig. Uns auch. Es ist nur insofern wissenswert, als der deutsche König sich in den nächsten fünfzig Jahren nicht mehr um den Hohenzoller kümmerte und der Hohenzoller nicht mehr um den König. Freie Hand – Traum aller Regierenden! Kein anderer Landesherr war in so glücklicher Lage. In allen Ländchen gab es reichsfreie Städte, denen man nichts zu befehlen hatte, reichsfreie Barone, reichsfreie Grafen, denen man nicht auf die Zehen treten durfte. Hier oben gab es nur Sandflöhe.

So sah es von weitem aus. Aus der Nähe ein bißchen anders. Es braute sich etwas zusammen. Vater Friedrich I. hätte nie gedacht, daß es aus dieser Ecke kommen könnte. Zum Glück überraschte es

24

den Sohn nicht; er hatte die Entwicklung verfolgt und den neuen Rebellen frühzeitig erkannt: die Städte.

Städte? Städtchen!

Ja, es waren sehr kleine Städte, aber sie waren gut befestigt und gut bestückt. Schon einmal in der Geschichte war ein weitaus mächtigerer Mann an Städten gescheitert: Kaiser Barbarossa in Oberitalien. Der Hohenzoller wird zu ungebildet gewesen sein, um das zu wissen. Aber was er wußte, war, daß eine povere Stadt wie Frankfurt an der Oder der Belagerung durch die böhmischen Hussiten standgehalten hatte, das war noch keine zehn Jahre her. In einer Generation hatte sich alles gemausert.

Er aber auch! Er benutzte die erste Gelegenheit, um den aufmuckenden Städten zu zeigen, wer Herr im Hause war. Es ist das preußische Prinzip bis zu Bismarck geblieben, das erste Unrecht anderer festzunageln und gleich zuzuschlagen.

Worum handelte es sich? Ach, zunächst nur um eine Fehde zwischen den Geschwisterstädten Berlin und Cölln. Hier taucht also zum erstenmal die spätere Millionenstadt Berlin als kleiner Welpe auf.

Der Welpe war noch sehr, sehr klein. Sogar die Zeitgenossen haben sich bei Einwohnerzahlen, bei Heeresstärken, bei Entfernungen, bei Reichtümern, bei allen Zahlen sehr verschätzt. Eneo Piccolomini, der spätere Papst Pius II., der damals

noch Sekretär des deutschen Königs (der Schlafmütze) war und Deutschland bereiste, hat eine
Stadt wie Lübeck auf achtzigtausend Seelen ge-
schätzt. Heute, nach sorgfältigen Nachforschun-
gen, wissen wir, daß es nicht über siebzehntau-
send gewesen sein können, und Lübeck war eine
alte, reiche Stadt, Haupt der Hanse! Frankfurt am
Main hatte zehntausend Einwohner, das ehrwürdige, wichtige Mainz sechstausend. Berlin kann
kaum mehr als dreitausend gehabt haben.

Sie lebten innerhalb der Wehrmauern dichtge-
drängt in ein paar hundert Häusern, die den Bürgern und den Stiften gehörten, und in vielleicht
noch einmal so viel »Buden« (vom mittelhoch-
deutschen buode = Hütte), die die Zugewanderten
besitzen durften. Die engen Gassen, die sich in
Berlin um die Nikolai- und Marienkirche scharten
und in Cölln um die Petrikirche, waren voller Leben wie der Rialto in Venedig, und sie stanken
auch so. Die Spree, deren langgewundener Arm
die beiden Städtchen trennte, war nicht die sau-
berste; alle Abwässer gingen hinein – immerhin
nur menschliche und noch keine chemischen.
Berlin hatte sich, sehr zum Unmut des Kurfürsten, der Hanse angeschlossen und war ein wichtiger Umschlagplatz auf der Handelsstraße von
der Saale zur unteren Oder geworden. Seit die
»Raubritter« nicht mehr ihr Unwesen trieben,
blühte der Handel auf; man roch den Duft der
weiten Welt – auch sehr zum Unmut des Fürsten.

Der Kaufmann, »de mene Kopman« begann, eine Macht zu werden. Um ihn drehte sich der ganze Handel und Wandel; wie hätte es anders sein können – der Bauer lag draußen vor den Toren; Korn, Gemüse, Vieh mußte zum größten Teil vom Kaufmann herbeigeschafft und gekauft werden.

Läden gab es noch nicht. Die Waren wurden auf Verkaufsbänken, den »Schragen« vor der Tür oder im Winter im Flur ausgestellt. In den Fluren arbeiteten, hämmerten, klopften, nähten und hobelten auch die Handwerker: die Schneider, die Schuster, die Hutmacher (der feine Mann trug Hut), die Gerber (die mörderische Luft verbreiteten), die Drechsler, die Schreiner und Zimmerleute, ferner die wichtigen Kerzenzieher und die noch wichtigeren Böttcher, denn ihre Tonnen waren es, in denen fast alle Güter befördert wurden, sogar Kleider und Handschriften.

Es lärmte und werkelte von morgens bis zum Sonnenuntergang: Pferdekarren holperten über die grob gepflasterten Sträßchen, die Räder knarrten, die Karren quietschten, die Hunde bellten, die Schmiede machten einen Höllenradau, die Luft war in den Sommermonaten voll vom Geruch nach dem verbrannten Horn der Hufschmiede, dem Pech der Böttcher und dem Parfum der Misthaufen, die die Gäßchen zwischen den Häusern füllten. Aber wir dürfen das Bild auch nicht zu rauh sehen, denn wie eh und je und überall in der Welt blühten Blumen, sprangen auch hier junge Mädchen von Haus zu Haus oder reichten ihrem Liebsten eine Rose über den Zaun. Kätzchen schnurrten im Schoß kleiner Kinder im Gärtchen, und Schusterjungen trabten pfeifend durch die Gassen; denn pfeifen konnte man gut, pfeifen und singen war die Musik des Volkes.

Der regierende »Ehrbare Rat« stand auf seines Daches Zinne und schaute mit vergnügtem Sinne und wohlgefällig auf die Bürger und über die dreißig Fuß hohen Bastionen und Wälle hinüber nach Cölln, und der von Cölln herüber nach Berlin.*

Das sah doch alles tadellos aus?

Die Unruhen hatten sich schon wieder gelegt, und der »Ehrbare Rat« wünschte daher den Kurfürsten zum Teufel, als er sich in den Geschwisterstreit einmischte.

Auf die Kunde, Friedrich der Eiserne sei aus der Stadt Brandenburg aufgebrochen und nähere sich bereits Berlin, kam es auf den Plätzen zu neuen Tumulten, und der Rat beider Städte beschloß, die Tore zu schließen und die wehrfähigen Männer zu den Waffen zu rufen. Die Stunde der Kraftprobe nahte. Man munkelte, Friedrich rücke mit sechshundert Rittern an.

Man hatte richtig gemunkelt.

---

* »Berlin« ist aus dem Wendischen abgeleitet und bedeutet Wehr. »Cölln« ist das gleiche Wort wie das lateinische collis – Hügel, Bodenerhebung, und hat nichts mit dem rheinischen Köln (Colonia) zu tun.

Schon tags darauf standen sie vor dem »Spandauer Tor«. Ein besonders festes, schönes, eisenbeschlagenes Tor, nur schade, daß es nicht geschlossen war. Während die Ehrbaren Räte noch berieten, hatte jemand das Tor geöffnet und die sechshundert Ritter klirrten bereits durch die Straßen. Die Stunde der Kraftprobe hatte nur fünf Minuten gedauert.

Friedrich diktierte einen milden Frieden.

Die Preußen haben immer einen milden Frieden diktiert, nie ein Versailles, nie ein Münster und Osnabrück, nie ein Potsdam.

Als Berlin sich 1448 noch einmal gegen den Kurfürsten empörte, fand es wiederum einen Richter, der ihm verzieh. Die Berliner, schon damals echte »Baliner« haben das wahrscheinlich fast langweilig gefunden.

In den nächsten Jahren lief alles wie am Schnürchen. Allerdings hatte der Eiserne Friedrich auch ein bißchen vorgesorgt: Er pflasterte ihnen auf der Spree-Insel, dort, wo später das kaiserliche Schloß stehen sollte, eine feste Burg hin. Und der Stadt Berlin gab er, sozusagen als Telex-Adresse, ein neues Wappen: einen Bären in gebückter Haltung, der auf seinem Rücken den roten brandenburgischen Adler trägt.*

In den Geschichtswerken können Sie nun finden,

---

* Irgendwann später bockte er ihn ab und richtete sich auf. Ich kann Ihnen leider nicht sagen, wann. Ich weiß es nicht.

daß Friedrich in den letzten Jahren sein Kurland Brandenburg noch vergrößerte. Er »erwarb« den Kreis Kottbus, die Neumark und die Grafschaft Wernigerode. Es gibt nicht viele Beispiele in der Weltgeschichte, bei denen Sie das Wort »erwarb« wörtlich nehmen können. Was meinen Sie wohl, was England, Frankreich, Österreich, Schweden, Polen zu jener Zeit unter »erwerben« verstanden? Friedrich kaufte die Ländchen gegen blankes Geld.

Nachdem er so sein sandiges Gärtchen um etwas Grün vergrößert hatte, zog er sich in seine alten Lande zurück, richtete sich auf der Plassenburg ein und widmete sich dem Andenken seines toten einzigen Sohnes und seines in letzter Zeit etwas vernachlässigten Gottes.

Ein Jahr vor seinem Tode, 1471, übergab er die Regierung seinem Bruder.

★

Er hieß Albrecht, hatte den humanistischen Beinamen »Achill« (denn man war inzwischen renaissancisch gebildet), und war nicht mehr der Jüngste: sechsundfünfzig Jahre alt. Etwas besonders Achillisches tat er für Brandenburg nicht; nur in seinem flapsigen Benehmen ähnelte er dem homerischen Helden.

Als Huldigungsort suchte er sich nicht etwa Brandenburg oder Berlin aus, sondern Salzwedel. Nichts gegen Salzwedel, aber es lag für die Brandenburger weißgottwo im Westen.

Dorthin begann also die Sternfahrt. Albrecht kam mit einem aufgeblähten, prunkvollen fränkischen Gefolge, nahm die Huldigungen der Adligen entgegen und ließ sie dann stehen. Für die Bürgermeister der Städte fand er ein paar Worte mehr und drehte ihnen dann ebenfalls den Rücken. Die verdutzten Herren standen mit roten Gesichtern »am Kamin herum und sahen zu, wie der Kurfürst und seine Franken das kostbare Konfekt aßen«, berichtet eine alte Chronik.

Es gibt eine Arroganz, die unerträglich ist. Die Hohenzollern haben viele solche Exemplare hervorgebracht. Ich erinnere daran, daß der Kronprinz Friedrich, der spätere Kaiser Friedrich III., einmal zum Gaudium der Hofschranzen den sehr kleinen Adolph Menzel mit einer Hand auf den Tisch hob. Ich erinnere mich auch einer Begebenheit, die ein Freund von mir miterlebte. Er saß bei irgendeiner Gelegenheit in den Zwanziger Jahren neben dem deutschen Ex-Kronprinzen und sah, wie der hohe Herr seine ausgerauchte Zigarette in das Weinglas seines anderen Tischnachbarn fallen ließ.

Das ist *nicht* preußisch.

Das ganze Brandenburg war Albrecht zutiefst zuwider. Er war ein Haudegen (er war es wirklich;

er beteiligte sich persönlich an jeder nur möglichen Kampfgelegenheit, und der Tod scheint ihn nie beschäftigt zu haben), aber die Ungeschlachtheit der brandenburgischen Adligen, ihre Unbildung und Primitivität stießen ihn ab. Er beschloß, durch ein Hausgesetz einen Trennungsstrich zwischen den Stammländern im Süden und der »armseligen Mark« zu ziehen. Sollte sie jetzt auf eigenen Beinen stehen!

Das war als stiefväterliche Strafe gedacht, wurde aber für die Zukunft ein Segen. Albrecht Achill ahnte nicht, daß er die Kraft war, »die das Böse will und stets das Gute schafft.«

Brandenburg wurde an diesem Tage mündig, selbständig, großjährig; es durfte nun seine Stimme im Konzert der deutschen Länder erheben, wenn auch nur eine piepsige.

Um es kurz zu machen: Der Herr Kurfürst war eigentlich ein vernagelter Dummkopf. Wäre er ein Meter sechzig und etwas schwach auf der Brust gewesen, hätte sein Charakter eine andere Entwicklung genommen. Aber er besaß einen bodybuilding-Körper und – wie oft im Leben – die entsprechende lächerliche Überheblichkeit.

Nach Brandenburg hätten ihn keine zehn Pferde mehr gebracht. Er ließ seinen Sohn regieren. Die Brandenburger merkten gar nicht, als er eines Tages starb.

Sein Sohn, Johann (wir haben ihn gleich hinter uns), trug damals schon den Beinamen Cicero und hundert Kilo mit sich herum, davon das meiste in Form von Wasser. Er war ein armer Kerl, weil die Brandenburger ihn als Sohn seines Vaters wie die Pest haßten, obwohl er der erste Hohenzoller war, der die Mark wahrscheinlich wirklich liebte und um die Liebe des Volkes warb. Wenn das Testament, das er seinem Sohn hinterließ, echt ist, muß man es glauben. Eine Stelle lautet: »Vom Kriegführen halte ich nichts, es gebiert nichts Gutes. Wenn man nicht zur Verteidigung des Vaterlandes oder um einer Gefahr vorzubeugen den Degen zieht, sollte man es lieber lassen. Vergesset auch nicht, den Adel im Zaum zu halten, denn dessen Übermut bringt viel Unglück. Und nun, mein Herzenssohn, Gott befohlen!« Er war bei seinem Tode, 1499, erst vierundvierzig Jahre alt.

Der Herzenssohn hieß Joachim I., und mit ihm brach das 16. Jahrhundert und noch verschiedenes andere an. Jetzt wird es ernst.

Ich erinnere mich, daß früher an ungeschützten Kleinbahn-Übergängen eine Tafel stand: »Halt, wenn das Läutwerk der Lokomotive ertönt oder die Annäherung eines Zuges anderweitig erkennbar wird!«

Erinnern Sie sich? Gleich werden Sie das »Läutwerk« der Lokomotive hören.

4

Joachim I. war noch nicht ganz fünfzehn Jahre alt, als er sich den Kurfürstenhut aufsetzte. Dem Gesetz nach war noch sein Ansbacher Onkel sein Vormund, aber der Onkel hatte keine Lust zu regieren, der Neffe desto größere.

Wie es im Gehirn eines Fünfzehnjährigen aussieht, weiß niemand besser, als wir heute; nämlich phantastisch. Die Brandenburger bekreuzigten sich. Ein dummer Junge und dazu noch ein Hohenzoller – das sah böse aus.

Das war im Januar 1499. Im Frühjahr 1500 fielen blutige Kreuze vom Himmel und blieben auf den Kleidern der Menschen kleben. Der Chronist Angelus hatte sie selbst gesehen und beschrieben: »von mancherlei Farben, blutrot, weiß oder eiterfarben«.*

Die Menschen gerieten in Panik, die Pfaffen sagten die Pest voraus, was keine große prophetische

---

* Die wahrscheinliche Erklärung: In jenem Jahr gab es eine erschreckende Raupenplage der Ocneria dispar, die bei Berührung einen rötlichen Saft absondert.

Leistung sondern damals das wahrscheinlichste war. Noch im selben Jahr brach sie aus. Man war machtlos, die Ärzte waren fast alle Quacksalber, ihr Stand galt als einer der niedrigsten.

Die Verluste waren groß. Ganze Orte starben aus. Das Vieh verreckte oder, wenn es freigelassen worden war, verwilderte in den Sümpfen und Wäldern. Auch die Menschen verwilderten. Kranke warf man mit den Toten zusammen in die Gruben oder sie verkamen hilflos, weil niemand sich ihnen zu nähern wagte.

Die Pest wütete mehrere Jahre. Der junge Kurfürst mittendrin. Nein, feige waren die Hohenzollern nicht, obwohl man es einem Bürschelchen wie Joachim noch verziehen hätte. Das unterscheidet ihn von den heutigen sechzehnjährigen Helden erheblich.

1502, noch mitten in der Pestzeit, heiratete er.

Ich gestehe, daß ich diesen Satz gruselig finde. Die Braut, eine sehr hübsche Tochter des dänischen Königs, kam, ohne mit der Wimper zu zukken, in das Pestgebiet, mit ihr ein dänisches Gefolge, vielleicht der Dänenkönig selbst. Das ist für mich gespenstisch. Können wir die alten Zeiten eigentlich ganz verstehen? So viel Angst und so viel Mut. Oder bleiben sich die Menschen in den Extremen gleich?

Die Pest hatte Ordnung und Gesetz lange Zeit außer Kraft gesetzt; als die Seuche abstarb, wurde das Raubritter-Spielen in erschreckendem Maße wieder modern. Dies war der Augenblick, in dem der Junge seine Feuerprobe bestand. Diese Prüfung war es wahrscheinlich auch, die den vollständigen Umbruch bei ihm bewirkte.

Er war nun zwanzig Jahre alt. Sein wahres Gesicht zeigte er bei der ersten Gelegenheit, einer »belanglosen« Gelegenheit für die Augen der damaligen Zeit. Ein Kaufmann, irgendein namenloser Mann, bat um Audienz und berichtete, er sei von zwei Edelleuten überfallen, beraubt, halbtot geschlagen, gefesselt und in einen Sumpf geworfen worden. Ein Zufall rettete ihn. Einen der beiden Wegelagerer habe er so deutlich gesehen, daß er ihn wiedererkennen würde; er glaube sogar, ihn schon im Gefolge des Kurfürsten gesehen zu haben.

Joachim hörte sich den Bericht ruhig an. Dann rief er die Höflinge einzeln zu sich, und der Kaufmann erkannte den Schuldigen. Es war der edle Herr von Lindenberg, enger Vertrauter des Kurfürsten. Im Bewußtsein seines Adels und der Gunst des Kurfürsten gestand Lindenberg frech die Tat.

Joachim verurteilte ihn zum Tode und ließ ihn enthaupten.

Ein Aufschrei!

Der gesamte Adel geriet außer sich. Es war ein Kommen und Gehen auf den Burgen und Landsitzen, vermummte Gestalten, nächtliche Kuriere, und eines Tages fand der Kurfürst – vergessen Sie nicht: zwanzig Jahre alt – an die Tür seines

Schlafzimmers mit Kreide die bis heute in Preußen berühmt gebliebenen Worte geschrieben: »Joachimken, Joachimken, hüte dy, fange wy dy, so hange wy dy!«

Der Mordanschlag geschah auf einer Jagd. Ein Bauer entdeckte die Verschwörergruppe im Hinterhalt und warnte seinen Herrn.

Die Verschwörer wurden gefangen. Siebzig! Ein ordentliches Adelsgericht sprach sie des Hochverrats schuldig, und Joachim ließ sie köpfen.

Siebzig!

Der Onkel, der den Aufschrei bis nach Ansbach gehört hatte, schrieb einen bitterbösen Brief und warf »dem Jungen« vor, Blut von Adel vergossen zu haben. Joachim diktierte die Antwort: Adel? Ihr irrt. Ich habe das Land von Ungeziefer befreit.

Ist das preußisch?

Ja. Besonders die fritzische Antwort.

Können Sie Preußen verstehen?

Ja?

Das glaube ich nicht.

Ich will Ihnen von einer anderen Begebenheit berichten, die zum Verstehen noch fehlt: Frankfurter Kaufleute waren von einem brandenburgischen Ritter überfallen, beraubt und dann gegen das Versprechen verschont worden, eine immense Summe als Lösegeld zu zahlen. Die Frankfurter, die den Herrn Ritter gut kannten, waren außer sich vor Wut, bewaffneten sich, eroberten

die Burg, schleppten den Edelmann nach Frankfurt und richteten ihn hin.

Joachim schlug sofort zurück. Er nahm Frank-
furt/Oder die Gerichtsbarkeit, und der Bischof be-
legte auf seinen Befehl die Stadt mit dem Bann.

Preußisch?

Ich will Sie der Antwort entheben: Es gibt noch
kein »Preußen«.

Aber in Joachim I. wetterleuchtet es schon.

Der junge Herr entwickelte sich merkwürdig: Mit
fünfzehn Jahren sozusagen Ermächtigungsge-
setz, mit siebzehn Motorrad ohne Führerschein,
mit achtzehn Heirat, mit zweiundzwanzig Gründung der Universität Frankfurt/Oder, mit zwei-
unddreißig Einsetzung eines »Kammergerichts«,
des frühesten unabhängigen Gerichtshofes, mit
fünfunddreißig Bewerbung um die Kaiserkrone.
Er war der erste, aber nicht der einzige Hohenzoller, der diese erstaunliche Verwandlung vom unreifen, weltfremden Prinzen in den harten,
pflichtbewußten Herrscher vor den Augen der
verblüfften Welt durchmachte. Joachim hatte keinen Berater, keinen Kanzler; die Taten waren *seine*
Taten, die Gedanken *seine* Gedanken.

Hatte er Gedanken, die weiter reichten, als über
das Nächstliegende hinaus? Zukunftsgedanken?
Ich glaube nicht. Ist Ihnen nicht aufgefallen, daß
es keine »Politik« gab? Brandenburg, das winzige
Ländchen, lebte, als existierte ringsum die Welt
nicht. Wenn in Österreich, in Bayern, in Würt-

38

temberg die Fürsten, Regenten und Räte des morgens aufwachten, mußten sie an die Welt denken, in der sie »in« waren. Brandenburg war nicht »in«, es tüttelte so vor sich hin. Schrebergärtner (kein Gutsbesitzer liebt sein Land so wie ein Schrebergärtner) haben keine hochfliegenden Pläne, sie jäten, säen und ernten, die Blattläuse müssen bekämpft, der Spargel gestochen, das Sauerkraut eingestampft und die Beete fürs nächste Frühjahr bereitet werden.

Das ist gut so für arme Leute.

Kein Krieg? Keine Kämpfe? Kein Säbelgerassel des Hohenzollern?

»Draußen« toben indessen Stürme. Es brennt überall. Bauernkrieg in Süddeutschland, Bruderkämpfe in Westdeutschland, blutige Aufstände in Münster. In Preußen? Nichts. Frankreich fällt in Italien ein, Karl V. vertreibt es und nimmt Franz I. gefangen, seine Truppen plündern Rom, Christian von Dänemark läßt in dem »Stockholmer Blutbad« hundert Edelleute grundlos hinrichten, Anna Boleyn wird geköpft, Habsburg beginnt den dritten Krieg gegen Frankreich.

Und in Preußen: nichts.

Fatal, nicht wahr?

★

Auch unter Joachim II. änderte sich nicht viel. Er und sein Land wechselten zum Protestantismus über. Er schloß mit den Herzögen von Liegnitz, Brieg und Wohlau Erbverträge, er erwarb (mit dem Gelde, das sein Vater bei der Kaiserwahl Karls V. ganz rigoros und schamlos von dem Spanier erpreßt hatte) die Stifte Magdeburg und Halberstadt, und – jetzt folgt etwas, etwas Unscheinbares, was aber die Zukunft Brandenburgs in sich barg – er bemühte sich und erreichte auch die »Mitbelehnung« mit dem »Herzogtum Preußen« durch den Lehnsherrn, den König von Polen. Unter dem Namen Herzogtum Preußen verbirgt sich nichts Geringeres als das säkularisierte einstige Gebiet des berühmten deutschen Ritterordens.

Hier endlich taucht also zum erstenmal der echte Name Preußen auf, von fern, von weit her, von jenseits der Weichsel, ein halbes tausend Kilometer entfernt, und es dauert noch einmal zwei Menschenalter, ehe der Brückenschlag, ehe die Vereinigung der beiden Lande nach dem Tode des letzten Preußenherzogs Wirklichkeit wurde; dann löst der schwarze Adler den roten Adler ab und »Preußen« ist da.

Warum Joachim II. den Erb-Lehnsvertrag für Preußen geschlossen hat, weiß der liebe Gott. Natürlich war es viel Land, und auch ein hübsches Land, aber diese Leute! Diese Urbevölkerung! Tacitus hatte sie Germanen genannt, was sehr freundlich von ihm war. Wahrscheinlich waren sie ein lettischer Stamm. Sie selbst nannten sich in der Frühzeit Prusai.

Ach, die Frühzeit!

Da saßen sie tatsächlich fast noch auf den Bäumen, als die Bayern schon Lederhosen mit Hornknöpfen trugen. Sie waren Ackerbauern und Fischer. Zur Jagd reichte es bei ihnen offenbar nicht. Ihre Waffe war die Keule. Sie waren blauäugig, blond und stark. Sehr stark: sie lebten in Vielehe. Die Damen wurden (die Keule täuscht, wie so oft bei Preußen) ehrlich gekauft. Gute Zuchtdamen waren teuer. Priester und Priesterinnen zelebrierten unter Bäumen bei gutem Wetter eine schlichte, leichtverständliche Naturreligion. Alle waren und blieben sehr arm.

Das also waren die Prusai. Etwas später nannte man sie in Deutschland Pruzzen. (Die Sprachforscher verlangen, daß man das u lang und die beiden z wie zwei s spricht. Bitte sehr.)

Als sie Pruzzen hießen, waren sie vom deutschen Ritterorden schon von den Bäumen heruntergeholt und germanisiert worden.

Und als die Hohenzollern sie 1618 erbten, konnten sie schon mit abgespreiztem kleinen Finger essen.

Als Preuße darf ich es sagen: recht putzige Erbmasse, die sie uns da einbrachten.

★

Hier könnten wir gut das Kapitel schließen. Sechs Kurfürsten habe ich unter den Teppich gekehrt, worüber Sie nicht traurig sein werden. Nummer sechs, Georg Wilhelm, hat wenigstens das Verdienst, allen künftigen Vätern, die unter den Teppich gehören, den Trost gegeben zu haben, daß ihr Sohn sie rächen und unsterblich werden würde.

Georg Wilhelms Sohn wurde es. Er ist »der Große Kurfürst«.

5

Schon zu Lebzeiten nannten sie ihn den Großen Kurfürsten. Mich wundert, daß das Wort auch den Bayern, den Sachsen, den Rheinländern so leicht von der Zunge geht. Was geht es sie an, wenn jemand irgendwann für das Ländchen Brandenburg-Preußen etwas getan hat, was die »Begünstigten«, wie es in der Juristensprache heißt, als großartig empfinden? Es geht sie gar nichts an.

Es geht sie gar nichts an, wenn es nur »großartig« war. Aber großartig ist eben sehr viel weniger als »groß«. Das Wort großartig ist erst im 19. Jahrhundert entstanden, als man bei Horcher großartig speiste, Moltke bei Sedan einen großartigen Sieg errang und Wilhelm II. die großartige Idee hatte, Sansibar gegen Helgoland zu tauschen. Das alles ist prima und hocherfreulich, aber mit allen Fasern sträubt man sich dagegen, es groß zu nennen.

Nun ähnelten aber die Taten des Kurfürsten Friedrich Wilhelm einzeln betrachtet durchaus dem Horcher, Sedan und Sansibar. Das klingt nicht schön, ist aber wahr. Es muß also in dem Leben Friedrich Wilhelms etwas gesteckt haben, was mehr war.

Gibt es das?

Das gibt es, auch wenn »moderne«, von der Geschichte abgenabelte Menschen das Wort »groß« aus ihrem Vokabular gestrichen haben. Es ist allzu deutlich, daß sie es aus Unbehagen gestrichen haben. Groß verlangt Ehrfurcht, und wer hat heute schon Ehrfurcht. Staunen – ja, Bewunderung – ja, Beifall – ja; das sind Richtersprüche. Man richtet gern. Ehrfurcht aber läßt verstummen und das Knie beugen.

Verwechseln Sie es nicht mit dem deutschen Untertanengeist. Dem echten Preußen fiel es nicht schwer, in Ehrfurcht das Knie zu beugen.

Und den anderen?

Ich frage, weil mir auffällt, daß kein anderer Stamm es über sich gebracht hat, einen seiner großen Männer groß zu nennen. Ist es nicht so? Hat das eine Bedeutung, oder geht hier nur meine Bewunderung vor diesem preußischen Zug mit mir durch?

Der Große Kurfürst hat eine Staatsidee vorgelebt und das Staatsbewußtsein in die Herzen seiner Brandenburger gepflanzt. Seit dem Großen Kurfürsten wußten die Menschen, daß sie in einem Staat lebten, der ihr Vaterland geworden war. Es mag hundert Beispiele dagegen geben, aber es gibt zehntausend dafür. Es hat weiter schlechte

Bürger und schlechte Taten gegeben, natürlich, denn keine Idee macht die Menschen zu Engeln, keine verwandelt Charaktere, aber sie kann Herzen wandeln.

Der Große Kurfürst hatte die Kraft dazu, und er tat es, glaube ich, bewußt. Ist das groß oder ist das wurst? Ich frage die Jugend.

Dennoch hieß er nicht Friedrich Wilhelm der Große, sondern »nur« der Große Kurfürst. Mit feinem Instinkt hat das Volk ihm die letzte Erhöhung versagt. Wir werden bei Friedrich dem Großen sehen, warum. Es ist die Stufe vom großen Regenten zum großen Menschen.

Das Bild des Großen Kurfürsten ist uns in mehreren zeitgenössischen Zeichnungen, Gemälden und Plastiken überliefert. Wir wissen recht gut, wie er aussah.

Das meiste Vertrauen verdient wahrscheinlich eine Porträtzeichnung von Matthäus Merian d. Jüngeren. Merian war Schweizer, brauchte also nicht schönzufärben, er war ein nüchterner Beobachter wie alle Merians und an van Dyck geschult. Auf diesem Porträt fehlt das Heroische vollständig. Der Große Kurfürst sieht aus wie ein holländischer Mynheer, ganz zivil, behäbig, etwas verschmitzt lächelnd und überraschenderweise ohne Züge, wie sie ein schweres Schicksal zu zeichnen pflegt.

Auf dem Bild ist er etwa vierzig bis fünfzig Jahre alt. Er trägt das leicht gewellte Haar lang bis auf die Schultern, die Augen sind dunkel, die Nase ziemlich lang und fleischig, auf der Oberlippe seitlich Anflüge eines Schnurrbarts; der volle Mund wirkt gemütlich, die Unterlippe ragt etwas vor.

Ein netter Mann?

Vielleicht. Zu Menschen, die er mochte und achtete, soll er sehr nett gewesen sein. Er konnte aber auch ein Biest sein. Dazu kam, daß er leicht jähzornig wurde, wie viele Hohenzollern.

Ein netter Mann.

Wenn er repräsentierte, liebte er Pracht und Würde. Im Felde lebte er wie seine Soldaten. Er schlief auch auf der nackten Erde im Regen, wenn es sein mußte. Es mußte oft sein, denn in seine Regierung fiel das Ende des mörderischen Dreißigjährigen Krieges. In seiner ganzen Jugend hat er nichts als Krieg gesehen. Es scheint, daß man so entweder eine Canaille oder ein netter Mann wird. Stoßen Sie sich bitte nicht an meinen Extremen, ich weiß natürlich wie Sie, daß die meisten Menschen weder das eine noch das andere werden, sondern Amöben bleiben.

Friedrich Wilhelm war zwanzig Jahre alt, als er das verrottete Erbe seines Vaters (den wir unter den Teppich gekehrt haben) übernahm. Die Kassen waren leer, das wenige Geld, das nach den Landkäufen noch existierte, für lauter dummes Zeug verschleudert, das Land von den marodierenden Kaiserlichen oder Schweden ruiniert.

Von den zehn- oder zwölftausend Einwohnern Berlins zum Beispiel war die Hälfte gefallen oder ermordet oder an Seuchen gestorben. Für die Schweden waren die altmodischen Befestigungen der Städte eine Kleinigkeit gewesen. Für Tilly, den Kaiserlichen, ebenfalls. Magdeburg, einst vierzigtausend Seelen stark, hatte vielleicht noch zehntausend. Die Stadt lag in Schutt und Asche.

Ähnlich sah es in Berlin-Cölln aus. Die Holzhäuser waren niedergebrannt, von den festen, steinernen standen über dreihundert leer. Türen und Fenster, in denen alle Scheiben fehlten, waren vernagelt, Pestgeruch umgab sie. In den Straßen fehlten die Pflastersteine; in den tiefen Kratern voll Unrat sielten sich die Schweine. Der fürstliche »Lustgarten« war ein verwilderter Sumpf geworden. Die Brücken konnten wegen ihrer Morschheit von Fuhrwerken nicht mehr passiert werden. Der Schloßplatz stand voller Buden und Baracken; die kurfürstliche Burg verfiel, es regnete durch das Dach in die Zimmer und von dort eine Etage tiefer in die Säle, die Mauern zeigten faustdicke Risse und wurden notdürftig durch Balken gestützt.

Niemand hatte Hand angelegt. Es war nicht nur Apathie, es geschah auch mit einem guten Schuß Berechnung: An einer Ruine und an armen Leuten vergreift sich kein Eroberer mehr.

So sah das Land aus, als der große Kurfürst noch

nicht der Große Kurfürst war. Groß war nur sein Titel: Friedrich Wilhelm, Markgraf zu Brandenburg, Erzkämmerer des Heiligen Römischen Reiches und Kurfürst, Herzog in Preußen, in Jülich, in Cleve, in Berg und Stettin, Herzog der Pommern, Kaschuben und Vandalen (!), Herzog in Schlesien, zu Crossen und Jägerndorf, Graf zu Mark und Ravensberg.

Das waren ererbte Titel. So etwas ist nicht preußisch, es ist hohenzollersch.

Friedrich Wilhelm hätte sie gern für hunderttausend Goldgulden hingegeben und noch einmal von vorn als Herr Schulz angefangen. Er mußte es ja sowieso.

Anfangen. Aber wie?

Wenn wir es Schritt für Schritt verfolgen, eliminiert sich die Größe seiner Taten und Gedanken vielleicht von selbst.

Als erstes entließ er den größten Teil der brandenburgischen Truppen – ein überraschender Entschluß!

Dazu muß man zweierlei wissen: Die Söldner-Soldaten, schlecht versorgt und wenig zuverlässig, waren kaiserlich gesinnt; Friedrich Wilhelm aber wollte mit Schweden, das seiner Haut am nächsten lag, zum Frieden kommen. Mit einem habsburgisch gesinnten Machtfaktor in Brandenburg war das unmöglich – er mußte die Schweden immer aufs neue reizen und wie die Fliegen anlocken.

Der Schachzug glückte. Der Waffenstillstand kam zustande.

Der zweite Grund war, daß der junge Kurfürst von Königsberg aus operieren mußte: dort war sein Vater mit ihm auf der Flucht gelandet. Ein undisziplinierter Soldatenhaufen im weit entfernten Brandenburg hätte ihm schlaflose Nächte bereitet.

Im März 1642 konnte er endlich seinen Einzug in Berlin halten. Sehr trübe Sache, dieser Einzug, aber die Berliner freuten sich. Er brachte ja endlich den Frieden.

Dreimal noch zogen fremde Heere auf dem Marsch zu anderen Kriegsschauplätzen durch Brandenburg, sie waren eine Gottesplage, aber es gab wenigstens keine Kämpfe mehr und kein Morden.

O doch, Morde gab es, denn natürlich glaubten marodierende entlassene Soldaten und adelige Strauchritter die herrlichen Zeiten der Quitzows wiedergekommen. Aber der Spuk dauerte nur kurz. Der Kurfürst setzte sein Leibregiment gegen sie ein, und auch die Bevölkerung jagte sie. Die Adligen wurden kurzerhand geköpft, die Soldaten gehängt.

Dies geschah, um die Menschenrechte zu wahren, wie damals jedermann einsah.

1648 kam endlich der Friede nach dem Dreißigjährigen Krieg zustande. Schweden, als die eine der Siegermächte, schloß ihn in Osnabrück, Frankreich als die andere der Siegermächte in Münster.

Aber es fühlten sich noch eine Menge anderer Leute als Sieger: da waren die Niederlande, auch der Papst. Die Spanier erschienen mit den Portugiesen, Venedig kam angereist, kurzum, die große Sternfahrt nach Jalta begann.

Wir wissen heute, was herauskam. Damals wußte es noch keiner; ein einziger großer Wirrwarr herrschte in den Köpfen. Als Religionskrieg hatte die Sache begonnen, als Raubkrieg geendet. Wenn Frankreich gesiegt hatte, war also der Katholizismus Sieger. Aber der Katholizismus hatte verloren, denn der Kaiser in Wien war geschlagen. Wenn Schweden gesiegt hatte, dann war der Protestantismus siegreich. Schweden und Frankreich waren aber auch gemeinsam marschiert. Fest stand – und das ist Ihnen doch wohl klar – fest stand nur eines: daß Deutschland der Besiegte und große Schuldige war. In diesem Moment war Deutschland nicht der Kaiser und nicht Luther, Deutschland war ein großer, wunderschöner Napfkuchen, der jetzt als Nachtisch aufgetragen wurde. Alle Sieger hatten Appetit und ihre Klappmesser mitgebracht.

In Münster und Osnabrück muß es von Stars gewimmelt haben wie bei einer Olympiade.

Friedrich Wilhelm war nicht da. Er war ja selbst eine Rosine im Napfkuchen. Das einzige, was er hoffen konnte, war, glimpflich davonzukommen.

Er sandte eine Delegation, die nicht nur gesandt, sondern, wie sich herausstellte, auch geschickt war.*

Der Wunschzettel der »Sieger« war immens. Schweden verlangte Pommern, Wismar, die Bistümer Bremen und Verden sowie Schlesien. Frankreich forderte die lothringischen Bistümer und freien Städte sowie das österreichische Elsaß, Breisach und die Waldstädte. Man faßt sich an den Kopf, das heißt, bis 1945 faßte man sich an den Kopf. Das große Feilschen und Kungeln begann.

Der deutsche Michel begriff nichts davon. Er saß in seiner Zipfelmütze am lauwarmen Ofen (denn es war inzwischen Oktober geworden) und harrte der Dinge, die ihm sein Fürscht ja wohl erklären würde.

Du lieber Himmel, was sollte ein Fürst sagen? Haltet das Maul und lebt, konnte er sagen. Sehr einleuchtend nach dreißig Jahren Mord und Brand und Schändung.

Leben! Herrliches Wort!

Alle alten Chroniken berichten, daß die Menschen aufblühten, wieder fröhlich waren, feierten und Gott und jedem, der sonst noch Anspruch darauf erhob, dankten.

Nun kann man aber nicht dauernd »wir leben« ru-

---

* Das Wortspiel ist nicht von mir, sondern von Bismarck. Es ist also kein Kalauer, wie meine Kritiker so reizend zu schreiben pflegen, sondern ein Bonmot.

fen, man muß auch wieder Kohl pflanzen, Schweine züchten, das halbverhungerte Pferd vor den Planwagen spannen und die Gehöfte nach Korn und Bohnen abklappern.

Der Alltag übernahm das Kommando, die Fürsten brauchten sich da gar nicht den Kopf zu zerbrechen. Sie taten es auch nicht. Geld hatten sie nicht mehr und Ideen auch nicht.

Der Große Kurfürst saß am Schreibtisch und breitete die Landkarte aus, um Bilanz zu machen. Er war in übler Laune. Vorderpommern, das Schweden an sich gerissen hatte, war futsch. Hier kamen Deutsche unter Fremdherrschaft. Die Schweden bequemten sich nicht einmal, Hinterpommern zu räumen. Sie trödelten noch fünf Jahre und saugten das Land aus. Sie hatten sich auch, zusammen mit den Polen, in Ostpreußen festgesetzt und flegelten da herum. Die Niederländer hielten weite Landstriche am Unterrhein besetzt; Cleve, Mark und Ravensberg standen nur noch auf dem Papier. Magdeburg war verloren gegangen, man hatte dem Kurfürsten die »Anwartschaft« versprochen.

Wenn seine gute Frau Louise Henriette ihn besänftigen wollte, brach Friedrich Wilhelms gefürchteter Jähzorn durch, er warf ihr den Kurfürstenhut vor die Füße und brüllte: »Da! Nehmen Sie ihn und regieren Sie!«

Es gab nichts zu »regieren«, es gab nur zu heilen. Wenn seine Wut sich gelegt hatte, krempelte er die Ärmel hoch und begann zu organisieren. Die Bevölkerung mußte merken, daß er mitten unter ihr war. Er saß nicht, wie die anderen Fürsten in Schlössern und ließ sich selbst hochleben, er saß in dem dunklen Kasten auf der Spree-Insel. Die Menschen hatten seit einer Generation, während des ganzen mörderischen Krieges, nur noch im engsten Kreis vor sich hingelebt, ewig geduckt und sich vor der nächsten Welle fürchtend. Ihnen war der Begriff Heimat zusammengeschrumpft zu den vier Wänden. In großer Not denkt man nicht weiter als Ich und Du. Wohin soll man denn denken?

Stimmt das?

Ja, das stimmt. Und es ist auch verständlich.*

Friedrich Wilhelm, erfüllt von dem Ziel, den Menschen wieder ein Vaterland, eine Heimat zu konstruieren, ging behutsam vor, um die schnarchenden Nachbarn nicht zu wecken. In zwei Verträgen handelte er mit Polen die Souveränität Preußens aus. Das lag weit weg, niemand der Mächtigen kümmerte sich darum.

---

* Hier möchte ich Sie auf etwas Kurioses aufmerksam machen. In einer jüngsten Preußengeschichte steht: die preußischen Herrscher, vor allem der Große Kurfürst und Friedrich II. seien unsinnig verklärt worden. »Die historischen Fakten beweisen indessen, daß diese und die übrigen preußischen Herrscher völlig andere Interessen und Ziele verfolgten als die Erfüllung der nationalen Sehnsüchte des deutschen Volkes.«
Hier erleben Sie den Fall, daß der ideologisch versäuerte Autor in der Zwickmühle den Spieß einfach umdreht und nun lieber dem Volke die sonst doch so verpönten »nationalen Sehnsüchte« zuschreibt als dem Regenten. So stimmt die Rechnung wieder: Fürsten sind Drohnen.

Der Handel mit dem Osten kam wieder in Gang. Er mußte das Geld bringen, woher sollte es sonst kommen? Er legte Schiffe nach Königsberg, sie sollten der Grundstock für eine Handelsflotte werden. Er horchte: Muckte jemand auf? Nein, alles still. Zum erstenmal nun erschienen brandenburgische Flaggen und Wimpel auch auf dem Ozean; die Segler liefen Afrika an, sie waren sehr angesehen; die Negerhäuptlinge schätzten die Preußen und erlaubten ihnen, an der Goldküste eine Kolonie zu errichten. Mit den blanken Talern, die der Handel brachte, begann der Kurfürst in Brandenburg mit dem Bau des Müllroser Kanals, der die Spree mit der Oder verbinden sollte.

Schreit immer noch niemand? Nein, Gott sei Dank! Man war vollauf mit »großer Politik« beschäftigt, schon stritt man wieder und ließ die Heere aufmarschieren.

In merkwürdigem und, auf den ersten Blick, unangenehmen Gegensatz zu Brandenburgs friedlicher Entwicklung steht die Tatsache, daß sich der Kurfürst (er war nun um die Vierzig) dauernd an fremden Feldzügen beteiligte. Man wird geradezu an Albrecht Achill erinnert. Aber das stimmt nicht, es war nicht die Lust am Abenteuer. Er erlitt hier vielmehr das Schicksal von Seiltänzern, die dauernd von einer Seite zur anderen wackeln müssen, um sich aufrecht zu halten. Man forderte für eine »Freundschaft« bald eine Beteiligung gegen Dänemark, bald am Rhein, bald in Polen, bald mit Habsburg gegen die Türken, bald gegen Habsburg. In jener Zeit wurden »Freundschaften« gewechselt wie Hemden, man jonglierte sich durch die Politik der Großen, um nicht als Beute verschlungen zu werden. Friedrich Wilhelm kam aus dem Schwitzen kaum noch heraus.

War er treulos?

Ja.

Zum Glück.*

Der schwedische König hatte ihm einmal, um ihn für sich zu gewinnen, gesagt: »Gott spricht nicht mehr durch Propheten, sondern, wo eine günstige Gelegenheit ist, seinen Nachbarn anzugreifen und die eigene Grenze zu erweitern, muß man dies für einen göttlichen Hinweis halten.«

Was für ein Verhängnis wäre es für Brandenburg-Preußen gewesen, wenn statt Friedrich Wilhelm der »gute« Jimmy Carter das Sagen gehabt hätte.

1673 schloß der schwedische König mit Brandenburg einen Nichtangriffspakt. 1674, während Friedrich Wilhelm am Rhein wieder einmal irgendjemand Hilfe leisten mußte, fielen dieselben Schweden mit sechzehntausend Mann in die Mark ein und marschierten auf Berlin los. Ihr Weg war gezeichnet von brennenden Dörfern, erschlagenen Männern, geschändeten Frauen.

---

* Läßt alle Welt die Treue missen, bist du als Treuer aufgeschmissen. (Von diesem weisen Spruch gibt es auch eine Populärfassung.)

Nun? War der Kurfürst treulos? Lohnte es sich, treu zu sein?

Bauern und Bürger versuchten verzweifelt, die Schweden aufzuhalten, bis Hilfe eintreffen konnte. Man war nicht nur verzweifelt, man war zum erstenmal haßerfüllt. Die Bauern ließen ihre Sensen geradeschmieden, Frauen trugen ihnen Mistgabeln zu oder pflanzten sie gegen die Reiterei in den Boden. Auf die Fahnen mit dem brandenburgischen Adler hatte man mit Blut die Worte geschrieben: »Wir sind Bauern von geringem Gut und dienen unserem Kurfürsten mit Leib und Blut!« Das erste Bekenntnis des Volkes zu seinem Herrn!

1675 stand der schwedische Oberbefehlshaber Wrangel vor Berlin.

Friedrich Wilhelm rückte in Eilmärschen heran. Man war drei Wochen ohne Unterbrechung geritten, der Kurfürst, von heftigen Gichtanfällen gequält, an der Spitze. Wutentbrannt.

Wrangel überlegte: Berlin erstürmen und sich verschanzen oder die offene Feldschlacht wagen? Er entschied sich für die Schlacht, er hielt sie für kein Wagnis.

Bei Fehrbellin stießen die Heere aufeinander. Die Schweden wurden vernichtend geschlagen.

Gesiegt hatten die Kriegserfahrung des Kurfürsten (ab Fehrbellin bitte »Der Große Kurfürst«) und ein Mann, den Fontane einmal eine Mischung aus Grandseigneur und alter Kriegsgurgel nennt, ein Mann namens Derfflinger. Ich sage »ein Mann namens«, denn ich fürchte, die heutige Zeit wird ihn nicht mehr kennen. Eine legendäre Gestalt!

Aber nicht deshalb möchte ich ein bißchen bei ihm verweilen, sondern um denen eine Freude zu machen, die eine Herkunft von ganz »unten« für das einzig anständige Pedigrée halten. Feldmarschall Reichsfreiherr von Derfflinger war einmal Schneidergeselle gewesen.

6

So hieß es jedenfalls noch im vorigen Jahrhundert, als man ihn damit herabsetzen oder zumindest als seltsamen Vogel kennzeichnen wollte. Überdies war Derfflinger ein österreichischer Bauernsohn. Schöner geht's nicht.

Seine Jugend fiel in die Zeit des Dreißigjährigen Krieges. Er diente zuerst in dem Privat-Regiment eines Grafen Thurn, der wie alle Herren damals, denen das Vaterlandsgefühl abhanden gekommen war, außer Rand und Band war. Der Herr Graf schleppte seine Soldaten (und mit ihnen den jungen Derfflinger) von Kriegsschauplatz zu Kriegsschauplatz, schlug sich für die böhmischen Protestanten, kämpfte in Schlesien, wechselte zu Gustav Adolf über und focht mit ihm bei Breitenfeld und Lützen. Der österreichische Bauernjunge immer feste dabei und immer ein bißchen weiter auf der Leiter nach oben. Als Graf Thurn 1640 starb, blieb Derfflinger bei den Schweden hängen. Da war er schon Oberst.

Am Ende des Dreißigjährigen Krieges, auf einem der Züge durch Brandenburg, begegnete ihm das

Schicksal in Gestalt eines Fräuleins. Es war eine märkische adlige junge Dame, und sie wurde auch für Preußen schicksalhaft. Derfflinger heiratete sie, nahm seinen Abschied, übersiedelte nach Brandenburg und entdeckte alsbald zu seiner eigenen nicht geringen Überraschung sein preußisches Herz. Als der Große Kurfürst ihn kommen ließ, zeigte sich, daß sich die zwei gesucht und gefunden hatten.

Es ist kein Zweifel, daß in jenen Stunden, in denen die beiden zusammengluckten, das erste Stück »Preußentum« geboren wurde. Friedrich Wilhelm entwickelte seine zwei fundamentalen Pläne: Schaffung eines stehenden Heeres mit »Generalstab«, und Schaffung eines strengen, privilegierten Beamtentums.

Die Zeitgenossen haben den Kurfürsten nach der Schlacht von Fehrbellin »groß« genannt; die Nachwelt erst erkannte, daß seine Größe woanders lag: Er erfand die zwei »Säulen des preußischen Herkules«.

Derfflinger war der richtige Mann, den Punkt eines zu verwirklichen. »Ich habe«, urteilte er über die Söldnerheere, »mein Leben lang viel Soldaten gesehen, sie taugen alle nichts. Ein gottvergessenes, wüstes Volk, das kein singen (!) und beten kennt, nur fluchen, saufen, stehlen, rauben.«

Die Umwandlung in eine Truppe von fast modernem Geist muß ungeheuer schwer gewesen sein. Der Kurfürst hatte alle gegen sich: Die Städte verfluchten die Soldaten und wollten kein Geld herausrücken, die Stände, vor allem in Ostpreußen, versuchten, die zentrale Verwaltung von Berlin zu sabotieren, der Adel knirschte vor Ohnmacht. Es muß eine verteufelte Situation gewesen sein, wir sehen es heute noch besser als er damals. Jedenfalls waren die beiden Kumpane schwindelfrei. Die Städte und Stände kriegte Friedrich Wilhelm beim Kragen, indem er die indirekte Steuer erfand; sie machte die direkten Zahlungen, die man dauernd hintertrieb, überflüssig. Den Adel, vor allem den armen, köderte er, indem er ihm allein das künftige Offizierscorps reservierte, ihn an seinen Hof zog und auch selbst von nun an ständig Uniform trug.* Ihre jüngsten Söhne berief er in eine Art Kadettencorps. Ehe sie es sich versahen, waren sie aus dem Feudalstaat in einen Raisonstaat unter einem absolutistischen Herrscher hineingerutscht.

Derfflinger werkelte indessen an der Soldateska. Es ging hart auf hart. Die neuen Kriegsartikel, die der Große Kurfürst erließ, waren »mit Blut geschrieben«. Auf Gotteslästerung stand der Tod.

---

* Zuvor hatte es überhaupt keine richtigen Uniformen gegeben. Der einfache Söldner trug, was er von Hause mitgebracht oder gestohlen hatte. Die Offiziersuniform unter dem Großen Kurfürsten war eine Sensation. Indem auch er sie trug, identifizierte er sich mit allen, die sie trugen: sie war das »Ehrenkleid« geworden. Darin liegt sicherlich auch die Wurzel der später so oft peinlichen Uniform-Manie der preußischen Herrscher. Sie war kein Schreckputz, auch wenn das Ausland es so hinstellte. Wilhelm II. im Helm identifizierte sich mit den Soldaten. Georg von England im Zylinder mit den Bankiers.

Auf Plünderung und Kameradendiebstahl stand der Tod. Auf Ungehorsam stand der Tod. Auf Fahnenflucht stand der Tod. Der Galgen befand sich auf dem Molkenmarkt, mitten in Berlin. Offiziere, die sich einem Befehl widersetzten oder eine Untat begingen, wurden hingerichtet. Duelle waren verboten.

Derfflinger empfahl dem Kurfürsten nicht ein einziges Mal, einen Verurteilten zu begnadigen. Ein Oberst von Kalckstein, der es gewagt hatte, den ostpreußischen Adel zur Rebellion aufzurufen, wurde geköpft.

Nicht schön, natürlich, das mit dem Klauen und Hängen. Aber man muß ja nicht klauen, nicht wahr?

Mit diesem neuen Heer war der Kurfürst bei Fehrbellin gegen die Schweden angetreten und hatte sie durch ganz Pommern und Preußen bis nach Livland gejagt.

Ich hoffe, Sie sind nicht erstaunt, wenn ich Ihnen berichte, daß sich sofort Freund und Feind, der Kaiser, die Niederlande, Frankreich und Schweden zusammenfanden und den Kurfürsten zwangen, Vorpommern wieder an Schweden herauszugeben, an jene, die es sich einst geraubt hatten. Das geschah im Frieden von Saint-Germain 1679. Sicherlich fällt Ihnen auf, daß Saint-Germain en Laye in Frankreich liegt. Ja, mir fällt es natürlich auch auf, aber ich wundere mich nicht. Joachim I. hatte bei der Kaiserwahl 1519 gegen den Franzosen Franz I. gestimmt. Die Franzosen haben ein gutes Gedächtnis. Zwei- oder dreihundert Jahre machen ihnen nichts aus. Auch in unserer Zeit, 1919, fand in Saint-Germain, dem einstigen Sommersitz von Franz I., ein Friedensdiktat statt, als wenn es keine anderen Städte in Frankreich gäbe.

Darauf beschloß Friedrich Wilhelm, sich mit Frankreich zu verbünden.

Es scheint total verrückt! Aber ist es die Geschichte des Zwanzigsten Jahrhunderts weniger?

Die Politik ist ein übles Geschäft, sie verdirbt angeblich den Charakter.

Wirklich?

Ich fürchte, charakterlose Politik wird immer von Leuten gemacht, die schon keinen Charakter mitbringen. Die wahre Politik aber erlöst ein Volk aus Schwierigkeiten. Diese Politik kann so perfide sein, wie sie will, sie verdirbt keinen Charakter. Der Politiker vergibt sich nichts.

Der Kurfürst vergab sich nicht das Geringste. Er war gerissen. Carlyle hat ihn einmal »durchtrieben, aber ehrenhaft« genannt.

Frankreich, das gerade dabei war, sich das deutsche Straßburg unter den Nagel zu reißen, ließ sich diesmal die Freundschaft des Großen Kurfürsten und sein Stillhalten etwas kosten. Es legte auf den Tisch des Hauses jenen großen Haufen Golddukaten, den Friedrich Wilhelm für die Finanzierung des Heeres und der neuen Festungsbauten gerade so nötig hatte. Die »Freundschaft« hatte er nicht nötig. Er wußte, daß Ludwig XIV. ihn bei nächster Gelegenheit verraten würde. Das ist Preußens Schicksal geblieben.

Als der französische Dukatenberg zusammengeschmolzen war und sich ringsum niemand mehr fand, den er schröpfen konnte, wurde Friedrich Wilhelm Falschmünzer. Irgendwie war dieser Mensch besessen. Am liebsten hätte er, wie das alte Sparta, Eisengeld geprägt.

Das kann man, wenn man autark ist. Leider war er es nicht, und wenn er im »Ausland« Eisen für eine Pflugschar einkaufte (vierundzwanzig Kreuzer) oder Bast für ein paar Butterbänder (drei Kreuzer) oder Leder für einen Sattel (vier Kreuzer), dann nahmen die Bayern, die Thüringer oder die Herren von Fugger den brandenburgischen Kreuzer, bissen darauf und konnten froh sein, wenn der Eckzahn nicht stecken blieb. Als der Kurfürst seine Falschmünzerei wieder aufgab, hatte er immerhin einen recht hübschen Schnitt gemacht.

Das durchlauchtigste Beispiel rief sofort zahlreiche Nachahmer auf den Plan. Quod licet Jovi non licet bovi. Der Kurfürst ließ sie, wenn er sie erwischte, köpfen.

Wenn Sie versuchen, sich in jene Zeit zurückzuversetzen, müssen Sie Friedrich Wilhelm stets als gemütlich beleibten Mann mit lächelndem Mund und leichten Hängebacken sehen – wenn's auch schwerfällt. Andreas Schlüter, der ihm nicht mehr begegnet sein kann, schuf fünfzehn Jahre später das berühmte Reiterstandbild, das ihn als schneidigen Condottiere darstellt, der er ganz bestimmt nicht war. Die »Großen« sehen nicht immer wie »Große« aus; das tun viel öfter Kleine.

Im Grunde war er ein friedlicher Mann. Brandenburg hat nie einen Angriffskrieg geführt; die anderen rings um ihn herum hunderte. Dennoch ist er als eine Art Raufbold in die Geschichte eingegangen. Erklärlich. Er ging immer in Uniform und nie im Homburg, er hatte zum Schluß dreißigtausend Mann stehendes Heer statt dreitausend Balletteusen, er parlierte nicht französisch, sondern berlinisch und polnisch, er war ein Stoffel. Er hatte kein Versailles, kein Nymphenburg, keine Hofburg, kein Winterpalais, er hatte eine düstere Burg; er war ein Tyrann.

Das stimmt alles. Wer hätte damals nicht auch lieber in München als in dem Kreiß-Saal Brandenburg gelebt? Es schien so klinisch, so antiseptisch, so reglementiert.

Auch das stimmt. Aber das ist nun mal so bei Geburten.

★

Der Große Kurfürst – inzwischen ist er an der Grenze des Alters angelangt – kümmerte sich tatsächlich um alles. Er hob die Verfemung der »unehrlichen« Stände auf, indem er ihnen die ehrbaren Zünfte öffnete. Das empfanden die Menschen damals als sensationell, und, wäre es heute nicht vergessen, so müßten wir es auch bewundern. Natürlich finden Sie es in keinem modernen Geschichtsbuch. Er befahl den Städten die Schaffung einer Feuerwehr, kaufte die neuesten Löschgeräte, verbot die bisher aus Holz und Lehm errichteten Schornsteine, ordnete die Wiederherstellung der verschütteten und verdreckten Brunnen an und ließ neue, öffentliche Straßenbrunnen graben, neben denen Wasserkübel aufgestellt wurden. Verunreinigung der Flüsse wurde hart bestraft. Er erfand die »Müllabfuhr«, er bestellte einen »Gassenmeister«, der vor jedem Haus den herausgestellten Unrat wegkarren und vor der Stadt abladen mußte. Jeder Bauer, der zum Markt kam, war verpflichtet, auf der Rückfahrt eine Fuhre davon mitzunehmen.

Er gründete die staatliche Post.

Die breiten Ausfallstraßen wurden mit Bäumen bepflanzt.

»Unter den Linden« entstand. Wer die Bäume zerstörte, dem wurde die Hand abgehackt.

Pfui Teufel!

Ruhig Blut. Es wurden keine Bäume zerstört. Das haben solche Strafen so an sich.

Die Polizei wachte. Friedrich Wilhelm vergrößerte sie und ließ sie auch nachts durch die Straßen patrouillieren. An jedem dritten Hause hatten die Bürger eine Laterne anzubringen, die in allen Nächten brannte.

Von den nahen Müggelbergen gesehen muß Berlin des Nachts einen einzigartigen Eindruck gemacht haben.

Der Franzose Patin schrieb 1676 nach Hause: »Auf dem Wege nach Berlin bedient man sich der Postwagen, die Tag und Nacht durchfahren, und wo nur beim Pferdewechsel ausgeruht werden kann. Aber ich hatte alle Mühsale vergessen, als ich Berlin zu sehen bekam. Alles schien so schön, daß ich den Eindruck hatte, als breite die Sonne durch ein Loch im Himmel ihre Wohltaten auf dieses Stück Erde aus. Nichts mehr von den Einöden, die ich durchreist bin. Die Stadt besteht aus drei Teilen, sehr regelmäßig angelegt. Der Lustgarten, der nur fünfhundert Schritte mißt, dient zur Erholung des Kurfürsten. Die Gärten sind von allen Arten Blumen angefüllt. Das Schloß ist sehr alt. Es flößt Bewunderung ein.«

Aber vor allem flößte es Rheuma ein. Friedrich Wilhelm trug es in christlicher Geduld.

Er war wirklich ein wahrer Christ und der Hort – vielleicht der einzige – der christlichen Duldsamkeit. Er nahm die aus Österreich verjagten Judenfamilien auf. Als in Frankreich die Protestanten-Verfolgungen wieder ausbrachen, gab der Kurfürst den Hugenotten eine neue Heimat. Er schenkte ihnen Land und gewährte ihnen Darlehen zum Bau von Werkstätten und Fabriken. Gelehrten und Geistlichen zahlte er ein Gnadengehalt. Zwanzigtausend Flüchtlinge kamen und siedelten in allen Städten des Landes, auch im fernen Ostpreußen. In Berlin (Regierungszentrum der brandenburg-preußischen Länder, achtzehntausend Einwohner) war schon jeder fünfte oder sechste ein Hugenotte. Später kamen noch die Salzburger Flüchtlinge hinzu und Tausende von Holländern.

Wohin strebten sie alle? In die Tyrannei?

Sie strebten in die Ordnung, in das Recht, in die Sicherheit, in die Gedankenfreiheit. Das ist für Menschen, die durch viel Leid gegangen sind, wichtiger, als einmal strammstehen zu müssen. Nicht mehr Angst haben zu müssen, war ihr Traum gewesen.

Für sie alle war es kein Kunststück, in der neuen Heimat glücklich zu sein. Es besteht kein Zweifel, daß sie, gerade diese französischen und österreichischen Einwanderer, eine große Rolle in der Entwicklung zum Preußentum spielten. Sie wurden – in einem kuriosen Sinn – der Sauerteig: mit ihrem Sich-glücklich-fühlen und mit ihrem dankbaren Gehorsam, den sie den Alteingesessenen vorlebten. Viele von ihnen, auch von den Juden, wurden die preußischsten aller Preußen.

★

Und Friedrich Wilhelm – war *er* glücklich?

Er hatte keine Zeit dazu gehabt, und jetzt war er alt und müde.

Seine erste Ehe, mit der niederländischen Prinzessin von Oranien, Louise Henriette, war sehr harmonisch. Die Berliner liebten sie. Sie amüsierten sich gutmütig über ihr Schrebergärtnern, über ihre Leutseligkeit und über ihr hübsches Aussehen.

Viel wird sie in den turbulenten Jahrzehnten von ihrem Ehemann nicht gehabt haben. Sechsmal aber mindestens muß sie ihn aus nächster Nähe gesehen haben, denn sie gebar ihm fünf Söhne (nur zwei überlebten die Mutter) und eine Tochter. 1667 starb Louise Henriette.

Friedrich Wilhelms zweite Frau wurde eine zweiunddreißigjährige Witwe, Dorothea, Tochter des Herzogs von Holstein-Glücksburg. Ganz Brandenburg und Preußen schüttelte den Kopf. Ich auch und suche vergeblich in allen Quellen nach einem politischen Motiv, aber ich finde keines. So etwas ähnliches wie Liebe kann es nicht gewesen sein, denn er kannte die reife Dame kaum. Reich war sie auch nicht. Das einzige, was sie mitbrachte, war ein unangenehmes Aussehen und einen schlechten Charakter. Die Berliner lernten sie hassen. Sie war rücksichtslos, hochfahrend und geizig. Sie war es in einem Maße, der an die Kaiserfrauen im Spätrom erinnert. Das ist ein hartes Wort, aber sie selbst lieferte den Beweis: Dorothea, die dem Kurfürsten trotz ihres vorgerückten Alters ebenfalls noch fünf Söhne gebar, setzte alles daran, ihrer Brut die Erbschaft zu verschaffen. Es scheint zu stimmen, daß sie ihrem Mann Tag und Nacht in den Ohren lag, den Kurprinzen Friedrich zu verstoßen, der die Dummheit begangen hatte, vor der Stiefmutter aus Berlin zu fliehen. Sie war nahe am Erfolg. Die »Minister« mußten dem Kurfürsten klarmachen, daß das gesetzlich unmöglich sei.

Dorothea gab sich noch nicht geschlagen: Sie drückte Friedrich Wilhelm die Feder in die Hand und ließ ihn sein Testament machen: Es bestimmte, daß der ungehorsame Friedrich nur die Kurwürde erhalten, alle Länder aber an die fünf Dorothea-Söhne fallen sollten.

Dieses Testament hat den Historikern viel Kopfzerbrechen gemacht. Wie konnte der Kurfürst am Ende noch alles zunichte machen, was er geschaffen hatte? Wie konnte er die Idee, der er sein ganzes Leben gewidmet hatte, die Idee eines großen Vaterlandes Brandenburg-Preußen verraten?

Ja, wie konnte er?

Vielleicht war er verkalkt. Oder verkalken Herrscher nicht?

(Ihr Jungen, Ihr wollt doch immer, daß die Großen »menschlich« seien! Hier ist einer menschlich, nämlich alt und kaputt von der Anstrengung des Lebens und sterbensmüde. Er war nahe den siebzig. Manche reißen in diesem Alter noch

Bäume aus, und manche ziehen Pantoffeln an und bekommen Dackelaugen.)

Es ist sicher, daß der große Held Friedrich Wilhelm unter den Pantoffel kam. Besser: unter den Absatz. Er tat nichts mehr. Klein-Messalina nahm ihm liebevoll alles ab. Ob an dem mörderischen Ruf der Kurfürstin etwas Wahres dran ist, ist ungeklärt. Seit sie da war, starben und erkrankten erstaunlich viele Mitglieder des Louise-Henriette-Clans.

Indessen tapste Friedrich Wilhelm durch die kalten Räume des Schlosses oder saß vor dem Fenster und malte.

Ja, er hatte (oder sie hatte?) seine Liebe zur Malerei entdeckt. Überkommen ist nichts davon. Große Vorbilder kann er in seiner Jugend nur in den Niederlanden gesehen haben. In Brandenburg lebte kein Rembrandt, kein Vermeer, kein Frans Hals, kein Jordaens. In Spanien malten Velasquez und Murillo, in Frankreich Poussin und de la Tour. In Berlin malte Friedrich Wilhelm. Ach doch: Jan Lievens soll sich einmal dorthin verirrt haben.

Die Ungeistigkeit Berlins war das Gespött ganz Deutschlands. Sollten sie spotten. Deutschland – wo war denn das? In Wien? In Köln? In München? Wo lag es denn?

Wenn er die Bilanz zog, fand er, Rembrandt, Newton, Molière und Racine, Leibniz und Spinosa seien zu entbehren. Und er trug – die inzwischen gichtig gewordenen Finger gehorchten ihm kaum noch – er trug ein: 1500000 Untertanen, 2500000 Taler Einnahmen, 30000 Soldaten, 110000 Quadratkilometer Land. Gut. Punktum.

Er legte die Feder weg, empfahl seine Seele seinem reformierten Gott und starb.

Er starb in Frieden und ohne Angst. Angst hat er wohl nie gehabt, außer vor Dorothea.

Man schrieb Mai 1688.

7

Auf den »großen« Ludwig XIV. folgte in
Frankreich der kleine Ludwig XV. In einem alten
Geschichtsbuch lese ich die gleichen Ausdrücke
über Brandenburg nach dem Tode des Großen
Kurfürsten: »Dem großen Vater folgte in der Regierung der kleine Sohn.«
Es ist eine verteufelte Sache mit diesem Urteil. Der
französische Ludwig XV. war eine Null; mehr als
das: Er war verhängnisvoll und die Ursache der
späteren Revolution. Der Sohn des Großen Kurfürsten war keine Null, und er war – bewußt oder
unbewußt – die Ursache des späteren Glanzes der
preußischen Krone.
Er hat in seinem Leben außer Unfug weiß Gott
wenig getan; aber zwei Taten sind es, die man
nicht einfach verkleinern oder gar verhöhnen
kann.
Die erste fiel schon in die erste Stunde seiner Regierung, sozusagen in die erste Minute: Er schmiß
die Dorothea-Söhne hinaus. Mit dem Hohenzol-
lerschen Hausgesetz in der Hand, das jede Teilung des Landes verbot, annullierte er das Testa-

ment seines Vaters, nahm seinen Stiefbrüdern wieder alle Erbteile und Titel, die sie sechzig Minuten lang besessen hatten, zahlte ihnen eine Apanage* und schickte seine Stiefmutter zur Erholung nach Karlsbad (wo sie sich zu Tode erholte).

Ein Husarenstück! Eine Tat voll Saft und Kraft. Er hatte die Einheit gerettet!

Woher der Schlappschwanz den Mut genommen hat, ist rätselhaft. Aber: Ist es nicht allein die Tat, die vor der Geschichte zählt?

Die andere, die zweite Tat geschah erst dreizehn Jahre später, und wir wollen sie zurückstellen, um noch ein bißchen bei dem »Schlappschwanz« zu bleiben.

Wenn man alles Erreichbare über diesen Friedrich III. liest, so hat man zum Schluß dasselbe Gefühl, mit dem man am Aschermittwoch erwacht. War alles ein Spuk? War dieser bucklige Narr von einunddreißig Jahren ein Faschingsprinz oder war er wirklich ein Fürst? Die Geschichtsschreibung ist sich so gut wie einig: Er war ein Affe und ein Unhold. Der alte Historiker Gallus schrieb schon damals: »Friedrichs Regierung war elend, man sage, was man will; er war ein schwacher, ein unfähiger Regent. Er regierte sein Land auch gar nicht; Weiber und Günstlinge taten es. An seinem

---

* Wäre er ein Engländer gewesen, so hätte er das Geld gespart und seine Geschwister umgebracht. Das hat es, auch im frühesten Preußen, nie gegeben. Dennoch sind die Engländer Gentlemen und die Preußen Hunnen.

Hofe wohnte die Intrige, die Hinterlist, die Schmeichelei, Laster jeder Art. Er selbst war mehr als eitel: Sein Hang zur Pracht, zur Verschwendung ging bis ins Kindische. In seinem Herzen war eine Leere, eine Langeweile, die nie durch etwas Ernstes ausgefüllt werden konnte; alles wurde zum nichtswürdigen Spiel. Er wollte groß sein; da er aber keinen Geschmack, kein Gefühl, keine Einsicht dafür hatte, suchte er den Schein. Er schwamm in Vergnügungen, während das Land in Tränen zerfloß. Tausende starben eines elenden Hungertodes, indessen er schwelgte. Die Untertanen versanken unter der Schwere der Abgaben, der Hof versank in Festen. Ehrliche, rechtschaffene Leute wurden gestürzt und verjammerten ihre Tage in dumpfen Kerkern. Wirkliche Bösewichter, Blutegel des Landes, bekamen sogar, wenn sie in Ungnade gefallen waren, noch ungeheure Jahrgelder.«

Er war ein lieber kleiner Junge gewesen, schwächlich, weichherzig, seit einem Fall als Kind ein bißchen bucklig. Er verbarg es später unter den langen Haaren seiner Perücke. Während seine Brüder Raufbolde waren, war er feige. Aber während seine Brüder faul und dumm waren, war er fleißig und begabt. »Der tüchtige junge Prinz hatte einen klaren, scharfen Verstand«, sagte Dankelmann, sein Erzieher und späterer Ratgeber, den er innig liebte und dann ohne Anlaß und ohne Gerichtsurteil einkerkern ließ. Er war krankhaft eitel, im medizinischen Sinne krankhaft. Auch Kaiser Wilhelm II. war krankhaft eitel, und auch er begabt und klug. Die Hohenzollern haben es tatsächlich fertiggebracht, den physikalischen Lehrsatz von den Gegensätzen, die sich ausschließen, zu widerlegen. Man konnte dem Fürsten die idiotischsten Schmeicheleien sagen – er strahlte. Als die höfischen Intriganten den aufrechten Dankelmann gestürzt hatten, glich der Hof einem Schlangennest. Eine der finstersten Gestalten war ein Pfälzer ehemaliger Stallmeister von Kolbe, der mit einem jungen Weibsbild herumzog, natürlich schnell die Berliner Luft witterte und dort Fuß faßte. Was die beiden auf die Beine stellten, liest sich heute wie der reinste Schauerroman. Kolbe löste Dankelmann ab, wurde der absolute Beherrscher des Landes und, auf Drängen des Kurfürsten, vom Kaiser zum souveränen Grafen erhoben. Seine Katinka avancierte zur Maîtresse en titre, und je länger die Liste der Betten wurde, durch die diese Dame sich bei Hofe schlief, desto mehr amüsierte Friedrich sich darüber.

Sie schütteln den Kopf? Ich auch. Der Mann ist einfach nicht zu erklären. Er war peinlich. Auf einem Gemälde, das heute in Neuchâtel hängt, macht er einen direkt blöden Eindruck. Er zeigt ein Schafsgesicht. Dennoch war er klug, man kommt nicht drum herum.

Kurz vor der Jahrhundertwende kam ihm eine Idee, die ihn so entzückte, daß er bis zu ihrer Verwirklichung im Jahre 1701 überhaupt nichts anderes mehr tat, als an diesem Einfall zu basteln.

In genauer Umkehrung des preußischen Moltke-Wortes »Mehr sein als scheinen« wollte er König werden. Nicht etwa wie sein Ur-Ahne Joachim deutscher König – was immerhin bei einer anstehenden Wahl nicht so völlig absurd war – sondern »bloß so« König. König unter dem deutschen König.

Dankelmann war schon gestürzt, Kolbe und seine Katinka fanden Friedrichs Plan großartig.

Er hat endlose Mühen darauf verwandt, die Zustimmung des Kaisers und Königs in Wien zu bekommen. Seine Hartnäckigkeit, die sich durch nichts entmutigen ließ, ist verblüffend.

Die Bürger, vor allem aber die Bauern bekreuzigten sich, ihnen schwanten schwere Zeiten.

Hier würde ich gern den Friedrich für ein paar Minuten in eine Ecke abstellen und von den »armen Leuten« sprechen.

Arm waren sie immer gewesen und sorgenfrei nie, jetzt, seit zwölf Jahren unter dem Verschwender Friedrich waren sie bettelarm. Erinnern Sie sich: Ein paar Generationen vorher hatten sich in der gleichen Not die Bauern in Süd- und Westdeutschland erhoben! Der Bauernkrieg war kein »Krieg« gewesen, er war die erste echte Revolution in Deutschland, ein unerhörtes Ereignis, viel ehrenvoller, viel imponierender als die französische Pöbelrevolution von 1789. Es ging damals in Deutschland nicht allein um das tägliche Brot, es ging auch um die »Freiheit eines Christenmenschen«, wie sie Luther in ihre Köpfe gesät hatte.

Die Mark Brandenburg hatte die Revolution nicht mitgemacht. Im Gegenteil, ihre Bauern waren erschreckt von dem Aufstand gewesen.

Jetzt, hundertfünfzig Jahre später, wäre für sie der Zeitpunkt gewesen, das Wagnis nachzuholen und Friedrich mit seinen Blutsaugern fortzujagen. Derfflingers Heer war dezimiert und halb vergessen, der Alte selbst tot, die Generäle zahnlos, die Kassen leer, die Waffendepots leer (sein Sohn, Kurprinz Friedrich Wilhelm war entsetzt über die Zustände), die Gehirne leer, der Kurfürst dem Kaiser lästig, die Bündnisse weniger wert als das Pergament, auf dem sie besiegelt waren, Friedrich ein Rohr im Winde, die Höflinge feige, Königsberg weit von Berlin, Berlin weit von Königsberg. Warum standen die »armen Leute« nicht auf? Weil sie sich fragten, ob es glücken würde? Das fragt man nicht mehr eine Minute vor der Explosion. Warum standen sie nicht auf?

Um den naheliegenden Grund nicht zu erwähnen, schreiben Historiker, die up to date sein wollen, daß es an dem mangelnden Zusammenhalt bei der geringen Bevölkerungsdichte gelegen habe – etwa in dem Sinne, als habe man sich in der brandenburgischen Einöde mit Rauchzeichen verständigen müssen. Andere wiederum meinen, die Wirkung Luthers sei verblaßt gewesen, und es hätten Führer gefehlt.

Revolution! Rache! Bauern und Arbeiter, Tyrannensturz, Gleichheit, Freiheit, Brüderlichkeit und jeden Sonntag ein Huhn im Topf – schade, es wäre ein Triumphkapitel ohnegleichen geworden. Gewollt hätten es die Bauern angeblich.

Eben das stimmt ganz gewiß nicht.

Choleriker schlagen los, Sanguiniker sind verführbar, Stoiker verlieren einmal die Fassung, Zyniker aber (und der preußische Menschenschlag neigt bis auf den heutigen Tag dazu) – Zyniker machen keine Revolution. Sie machen Witze. Einer lautete: »Jroßer Jott, erhalte du unseren Kurfürsten, wir können's nich mehr!« Oder: »Vivat Friedrich und Charlott! Nimmse jnädich zu dir, Jott!« Oder: »Keener is unsterblich, allet jeht vorüber, hoffentlich is Hunga nich erblich, det andre kriejn wa schon über.«

Tatsächlich wuchs im einfachen Volk das »Preußische« in dem Maße, in dem es beim Kurfürsten abhanden kam. Diese komplementäre Entwicklung ist in der Geschichte nicht selten.

Aber man findet sie nur bei armen Völkern. In einem Wohlstandsstaat kommt sie nicht vor. Die »schweigende Mehrheit« unserer heutigen Zeit hat nur eine laue Ähnlichkeit damit. Was besagt sie? Warum schweigt sie? Muß sie Angst haben? Fast nie. Das simple Nicht-einverstanden-sein ist etwas sehr Kümmerliches. Es liegt nicht daran, daß uns Deutschen das Rückgrat mehrmals gebrochen worden ist; Krüppel können viel Charakter zeigen. Es liegt an unserem heutigen satten Leben.

Nein, ohne Druck und Not schweißt nichts zusammen.

Damals war Preußen arm und in großer Not. Die Korruption, Verschwendung und Skrupellosigkeit reichten vom königlichen Hof abwärts bis zur zweiten, dritten Stufe, aber dort machten sie halt. Sie hatten dann »das Volk« erreicht, und das Volk machte nicht mit. Es gab niemanden, der sagte »Ich wäre ja dumm, wenn ich nicht auch . . .« Darin liegt der Unterschied, falls Sie immer noch an der Vorstellung hängen sollten, daß auch unsere Zeit Rückgrat hat.

Die Lage hatte sich verkehrt: Der Fürst versagte, das Volk hielt stand. Es klammerte sich an das ihm unbewußte Preußische. Es blieb integer, es hungerte, aber es hatte ein gutes Gefühl. Lächerlich, nicht wahr? Nun ja, am Preußentum ist schon etwas Kindisches.

Mit der typisch berlinischen Schusterjungen-Neugier, die an die Neugier bei Verkehrsunfällen erinnert, wartete man nun, ob Friedrich König werden würde oder nicht.

Er wurde.

Der Kaiser weigerte sich zwar, ihn zum König zu erheben, aber er erklärte sich einverstanden, wenn Friedrich sich in Ostpreußen, das nicht zum

Reichsverband gehörte, irgendeine Krone selbst aufs Haupt setzen würde.

Der Kurfürst war überglücklich. König! Auch August der Starke von Sachsen war im »Ausland« König geworden, allerdings ein bißchen anders: die Polen hatten ihn gewählt. Aber Friedrich dachte wie die Italiener nach einem zweifelhaften Fußballsieg: Wer fragt später schon danach.*

Man rüstete zur Krönung in Königsberg. Im Dezember 1700 reiste der Hof ab. Die Wagenkolonne wurde in vier Abteilungen getrennt, weil die Unterkünfte sonst nicht ausgereicht hätten und auch die Wege zum Teufel gewesen wären; es trampelten (angeblich) dreißigtausend Zugpferde gen Nordosten.

Die Reise dauerte zwölf Tage. Zwölf Tage lang saß – um Ihnen einen Begriff von der Großartigkeit unseres Friedrich zu geben – der Bruder des Kurfürsten in Samt und Seide und gepuderter Perücke ehrenhalber, vor Kälte zitternd, auf dem Kutschbock des Wagens der Kurfürstin!

Am 18. Januar 1701 fand die Krönung statt.

Der Hofchronist und Zeremonienmeister Baron von Besser hat der Nachwelt die Zeremonie (für zweitausend Goldtaler! Das waren noch Zeiten für Autoren!) überliefert.

»Die Festlichkeiten begannen mit einem Umritt

---

* Die Kurie! Der Papst hat ihn nie anders als giftig »Herr Markgraf von Brandenburg« tituliert, was nicht nur falsch, sondern auch sehr, sehr unchristlich ist. Friedrich, umgekehrt, adressierte stets an den »Bischof von Rom«.

der höfischen Beamten und Ritter, begleitet von Herolden in goldbestickten Kleidern, Trompeten blasend und Pauken schlagend. An fünf Stellen der Stadt hielt der Zug, und die Herolde verkündeten die Erhebung Preußens zum Königreich. Am 18. Januar begab sich in feierlichem Zuge der König nach dem großen Saal des Schlosses. Er trug ein scharlachrotes Kleid mit kostbarer Stickerei und Brillantknöpfen, rote Strümpfe, einen langen Purpurmantel, der mit Hermelin besetzt war und von einer Spange mit drei großen Diamanten zusammengehalten wurde. Als der König auf dem Thron Platz genommen hatte, setzte er sich die Krone mit eigenen Händen aufs Haupt und ergriff das Szepter mit der rechten, den Reichsapfel mit der linken Hand. Hierauf eilte er zu seiner Gemahlin hinüber und setzte ihr die Krone aufs Haupt.«

Der große Historiker Ranke hat die Zeremonie »nicht ohne Würde« genannt. Ich finde die Zeremonie urkomisch. Der Mann mit dem Schafsgesicht geht zum Thron, setzt sich hin(!) und greift sofort in die Wundertüte. Die Krone stülpt er sich persönlich auf die Perücke und befäustet sich dann wie Karl der Große rechts und links mit Szepter und Reichsapfel! Grotesk aber ist, daß er dann aufsteht, »mal rasch rüber zu seiner Frau« geht und die Operette dort fortsetzt. Das ist unglaublich.

Ranke nennt auch das Selbstergreifen der Krone

würdegeladen wie seit den Zeiten des Stauferkaisers Friedrich II. nicht mehr. Ja, du lieber Gott, wer hätte ihm denn sonst die Krone aufsetzen sollen? Der Papst verleugnete den Protestanten und »Emporkömmling«, der Kaiser duldete nur; andere Fürsten waren trotz des Rundschreibens nicht da, also blieb ihm doch wohl kaum etwas anderes übrig, als sich die Preziose selbst zu nehmen. Alles, aber auch alles war peinlich.

Deutschland lachte. Natürlich war der geheime Kronvertrag zwischen Kaiser und Friedrich längst zum Gaudium aller Fürsten publik geworden. Der Brandenburger hatte sich verpflichtet, in den vom Kaiser vom Zaun gebrochenen spanischen Erbfolgekrieg mit mindestens achttausend Soldaten einzugreifen, ferner alle Forderungen, die der Kurfürst aus vergangenen Zeiten noch an Wien stellen konnte, zu streichen, ferner seine Länder niemals aus dem Reich zu lösen und bei künftigen Kaiserwahlen seine Kurstimme stets dem Hause Habsburg zu geben.

Ganz Deutschland lachte. Nur einer nicht, und zwar der klügste Kopf im deutschen Reich: Prinz Eugen. Als er die Nachricht von dem Kronvertrag hörte, prophezeite er, daß dies der erste Schritt sei zur Unabhängigkeit Brandenburg-Preußens, daß der Preis, den Friedrich zahle, ein bald vergessenes Kinderspiel sein würde; der Kaiser möge seine blinden Minister aufhängen. Er soll es wörtlich gesagt haben.

Ja, da stehn wir nun, wir klugen Enkel! Wissen wir es jetzt?

Hier ließe sich schön eine Träumerei darüber anschließen, was geschehen wäre, wenn der Kaiser nein gesagt hätte. Preußen kein Königreich, Brandenburg weiter eine »Provinz«, kein Alter Fritz, kein Bismarck, kein Wilhelm II., kein Versailles, kein Hitler, kein Helmut Schmidt. Nein?

Ich glaube, es wäre gekommen, wie es kommen mußte.

Gibt es in der Geschichte ein »mußte«? Ich liebe das Mystische nicht, aber ich bin aus Demut beeindruckbar. Ich liebe auch den Gedanken an Kismet nicht, aber ich habe zu oft gestaunt, wenn aus der Tiefe der Zeit Verborgenes ans Tageslicht stieg, wenn das Weizenkorn, das wir im Pharaonengrab fanden, nach viertausend Jahren in der Sonne aufbrach und wuchs. Das Wagner-Wort »Im Zwange der Welt weben die Nornen, sie können nichts wenden noch wandeln«, ist so unheimlich, so zwingend, so wahrheitsschwanger.

Das Schicksal hätte auch damals seinen Lauf genommen. Sie dürfen es glauben. Preußen »lag in der Luft«. Es war schon ausgesät. Der preußische Geist war schon die Geheimparole der Historie. Wie morgen wieder. Fühlen Sie es nicht?

Ich sei ein verdammter Preuße? Ja, beides stimmt, Preuße und hierzu verdammt.

Aber kehren wir in die Vergangenheit zurück!

Nun war er also König, und selbstverständlich begann er mit der Numerierung wieder von vorn: Aus Friedrich III. wurde Friedrich I. Alle Beamten und Militärs, auch die brandenburgischen, hatten sich »königlich« zu titulieren. Prinz Eugen wird gesagt haben: »Da habt ihr's!«

Friedrich I. ⟨III.⟩ (ich setze die alte Rufnummer in spitze Klammern) wollte nun zunächst einmal seinen Triumph in aller Ruhe genießen. Das tat er, indem er sich in Berlin feiern ließ und daneben auch gleich die erste Rate für seine Königskrone abschickte: Achttausend Mann an den westlichen Kriegsschauplatz. Nicht er, nicht Preußen führte Krieg; er hatte sich nur zu beteiligen. Die Hypothek machte ihn jedoch mitschuldig an den Toten.

Das ist ein böser, ein unverzeihlicher Schandfleck.

Der sogenannte spanische Erbfolgekrieg ist einer der sinnlosesten und deshalb widerlichsten Kriege, die von Dynastien je geführt wurden. Es ging um den leeren Thron von Spanien. Die französischen Bourbonen und die österreichischen Habsburger erhoben »Ansprüche«. Ihre Völker und andere Nationen wurden mit hineingezogen und bluteten jahrelang. Ich verstehe, daß ein Thron (damals) etwas Anheimelndes war, ich begreife auch zur Not den Größenwahn Ludwigs XIV. und die Gier Wiens, aber die Völker zu morden statt, wie zu Neandertalers Zeiten, die Thronanwärter persönlich in die Arena zu bitten, das ist ein Abstieg der Menschheit unter das Vieh. Keine Tierherde tut das.

Ich spreche so böse, weil ich von Zeit zu Zeit über die Geschichte der Menschen schier verzweifle. Das Leid, das sie sich dauernd zufügen, müßte Berge versetzen können.

Steht es mir als Preußen an, den Hohn, den Sarkasmus gegen den Krieg überschwappen zu lassen? Warum »mir als Preußen«? Preußen war nie kriegerisch. Preußen war militärisch. Das ist nicht das gleiche. Der amerikanische Soziologe Quiency Wright hat die europäischen Kriege von 1480 bis 1940 untersucht, um festzustellen, wie oft Preußen an ihnen beteiligt war. Es steht hinter England, Frankreich, Spanien und fünf anderen Staaten erst an neunter Stelle.*

Leid? Tränen? Die Geschichte ist eine schöne Bestie.

Ob Friedrich I. die Bedeutung aller Taten und Ereignisse klar war, ist schwer zu sagen. Die Schulhistoriker meinen: nein. Aber ich neige eher zum Gegenteil. Er war Phantast und war Realist. Er war da und war nicht da. Ich habe in Florenz einmal einen Autofahrer beobachtet, der gut fuhr, obwohl er nicht nach vorn sah, sondern den Kopf ständig nach rechts gedreht hatte; als ich bei ei-

---

* Ich zitiere Hans-Joachim Schoeps, den achtbarsten Preußen-Historiker der Gegenwart.

nem Halt an seiner Seite war, merkte ich endlich, was er tat: Er las gleichzeitig die »Gazzetta dello Sport«, die neben ihm aufgeschlagen auf dem Sitz lag.

Ich habe den Verdacht, daß Friedrich wußte, was die Königskrone bedeutete: eine Klammer. Die kur-hohenzollerschen Länder bestanden ja nicht nur aus Preußen und Brandenburg, da gab es noch die kleinen Kleckse im Westen, Kleve, Mark, Moers, Lingen, Halberstadt, Lauenburg, Ravensberg, Minden und einen Fetzen in Schlesien; eine Krone macht den Zusammenhalt bewußter als ein Hut. Auch wenn das eine Illusion ist.

Er gibt uns auch noch andere Rätsel auf. Er vermittelte dem Volk etwas von seinem eigenen pietistischem Glauben und schuf damit eine Atmosphäre des Vaterverhältnisses. Schade, daß das Wort Chamäleon nicht von Kamel kommt, ich hätte ihn sonst gern ein Kamäleon genannt. Er rief den großen Andreas Schlüter nach Berlin und ließ ihn das Schloß erneuern. (Bis zur Schleifung durch die russische Besatzung 1950 war es eine der schönsten Bauten.) Er ließ das Zeughaus, die Sternwarte und Schloß Charlottenburg bauen und die »Friedrichstadt« anlegen, den frühesten systematisch geplanten Stadtbau. Er gründete eine Akademie der Künste und bald darauf die ehrwürdige Berliner Akademie der Wissenschaften. Er berief, auf Empfehlung seiner Frau Sophie Charlotte, Leibniz zum ersten Präsidenten, – kein großes Kunststück, aber er hätte auch daneben greifen können.

Er gründete die Universität Halle und machte sie zu einem Mittelpunkt des geistigen und geistlichen Lebens. August Hermann Francke wurde als Professor berufen, ein Mann von ungeheurem Einfluß auf das Geistesleben. Er berief auch Pufendorf, den Begründer der Naturrechtlehre und bahnbrechenden Historiographen, und Thomasius, jenen ungewöhnlichen Feuerkopf, der als Erster die Kollegs in deutscher Sprache hielt und, auch als Erster, in Preußen ungestraft gegen das Gottesgnadentum der Fürsten sprach. Fast alle waren sie Flüchtlinge, Verfolgte in ihren Landen gewesen und hatten die Heimat verlassen, um die Freiheit zu wählen – Preußen. Merkwürdig, nicht wahr? Auch der Glaubensflüchtling Philipp Jakob Spener wurde von Friedrich ohne Bedenken aufgenommen. Man würde staunen, wenn man den Flüchtlingsstrom vor sich sähe, die Schar der illustren Männer und die schon seit dem Großen Kurfürsten in die Zehntausende zählenden Hugenotten, Salzburger, Holländer und Juden.

Was wurde aus ihnen?

Ja, was wurde aus ihnen, wurden sie Preußen?

Ich glaube, die Frage ist schief. Sie schlüpften nicht in einen schon existierenden »echten Preußen« hinein, sondern sie halfen ihn schaffen. Der preußische Geist war da, der Preuße aus Fleisch und Blut aber entstand erst jetzt. Eigentlich ist er

– jetzt begehe ich eine fürchterliche Sünde, eine
Schändung des nordischen Rasseidols: Eigentlich
ist er eine rechte Promenadenmischung.*
Sind es Leistungen Friedrichs?
Natürlich nicht. Es sind Leistungen des preußi-
schen Geistes. Aber der König hinderte ihn nicht.
Er trug wenig oder nichts dazu bei, aber dieses
Kamäleon hatte Freude an dem, wozu es selbst
nicht imstande war.
Hier kommt mir der Gedanke, daß die heitere
Freude, die Fähigkeit, sich wie ein Kind zu freuen,
eigentlich auch ein Metermaß ist, das man an ei-
nen Herrscher legen sollte. Man sollte die Mächti-
gen der Welt auch daraufhin einmal untersuchen.
Freude haben und zeigen, noch einfacher ausge-
drückt: sich über Unscheinbares mehrmals am
Tage die Hände reiben (und das bei Friedrich vor
stets leerer Kasse) ist entweder eine schöne Lei-
stung des Gemüts oder schiere Dämlichkeit.
Oder ein bißchen hiervon und ein bißchen davon?
Als Pufendorf für den König die Geschichte des
Großen Kurfürsten geschrieben hatte, schenkte
ihm Friedrich zehntausend Taler, eine unerhörte
Summe – die Pufendorf aber nie erhielt, weil
nichts da war. Bei der Witwe hatte der König im
Gegenteil noch viertausend Taler Schulden.
Herr von Prietzen, der eine Art Kultusminister

---

* Aber ist der Dobermann und ist der Barsoi ursprünglich nicht auch einmal
  eine gewesen?

war, konnte mit vierhundert Talern Jahresgehalt bei seinen vielen Verpflichtungen nicht leben und nicht sterben; Leibniz unterbreitete dem König den exzentrischen Plan, Prietzens Gehalt durch eine Lotterie aufzubessern. Der König lehnte das als blödsinnig ab und empfahl Prietzen, sich durch eine Seidenraupen-Zucht Geld dazu zu verdienen. Finden Sie sich bei diesem Charakter noch durch?

Es ging abenteuerlich zu. Als der Scharlatan Caetano auftauchte und behauptete, Gold machen zu können, schenkte Friedrich ihm seine mit Brillanten besetzte Miniatur und richtete ihm ein Labor ein. Trug man dem König im gleichen Atemzuge die Notlage eines Dorfes nach einer Feuersbrunst zu, so zeigte er sich so nüchtern wie ein gekacheltes Bad: Er befahl die Gründung einer Feuerversicherungskasse! Genialisch und närrisch, traumwandlerisch und hanswurstig: jedenfalls war Friedrich nicht die Null, als die ihn die Geschichte so oft hinstellt. Drei solcher Herrscher wären ein Verhängnis geworden. Einer aber – ich kann mir nicht helfen: Ich finde ihn ulkig. Nun ist das wahrhaftig kein Kriterium für einen König, aber immerhin für einen Menschen. Und dazu noch für einen Preußen!

Jetzt steht eigentlich die Gretchenfrage an: Hätte ich damals leben mögen?

Wenn man heute lebt, ist es kein Kunststück, zu wählen. Überdies haben ja meine Vorfahren unter

Friedrich gelebt. Und überlebt. Ob wir das von unseren eigenen Enkeln behaupten können, ist ein bißchen ungewiß, nicht wahr?

Preußen war arm. Aber in den größeren Städten, vor allem in Berlin* gab es viele kleine Freuden.

Es gab eine bescheidene Oper, es gab literarische Zirkel, es gab Konzerte. Das alles interessierte den König brennend und gefiel ihm großartig (er ging nie hin). Die Stadt war hübsch geworden. Fünfzigtausend Einwohner machten sie quirlig. Es gab Geschäfte, Restaurants, Konditoreien, sogar »Hotels«. Und nirgends blühten die Linden schöner als »Unter den Linden«, der unsterblich gewordenen Allee.

Bon jour, Berlin!

---

* Man sagte jetzt »Berlin«, die Stadtteile waren endgültig verschmolzen.

8

Im Februar 1713 starb König Friedrich I. in seinem
Schloß in Berlin. Er starb, wie nie ein Herrscher
vor ihm und nie ein Herrscher nach ihm: Er starb
vor Schreck.

Die Geschichte liest sich wie eine Moritat, sie paßt
zu ihm: Königin Sophie Louise, seine dritte Frau,
war allmählich verrückt geworden. Das konnte
man an der Seite eines solchen Ehemanns leicht;
aber es war nicht der Grund, sie litt schon seit Jahren an düsterer Schwermut. Gelegentlich tobte sie
auch. Infolgedessen hielt man sie in einem abge-
legenen Flügel des Schlosses unter Verschluß. Als
eines Tages der König im Lehnstuhl ein kleines
Nickerchen machte, schreckte ihn eine »grauen-
hafte Erscheinung«, wie es die Chronik nennt,
auf: Vor ihm stand eine große, weiße Gestalt mit
wirrem, medusenhaftem Haar, die nackten blut-
triefenden Arme zum Himmel erhoben, und
wollte sich auf ihn stürzen. Der König schrie wie
am Spieß, Diener eilten herbei, packten, frei von
Gespensterfurcht, die Wahnsinnige und beför-
derten sie wieder dahin, wo sie hingehörte. Sie

war ihren Pflegern entwischt, hatte Glastüren eingeschlagen und sich den Weg zu ihrem Gemahl gebahnt. Dort wollte sie ihm sein gottloses Lotterleben vorwerfen, was sie auch tat.

So verrückt scheint sie gar nicht gewesen zu sein. Jedenfalls erreichte sie ihr Ziel: Der König gab nach dieser Herzattacke nicht nur das Lotterleben, sondern das Leben ganz allgemein auf.

Als sein Sohn, Friedrich Wilhelm, das Erbe antrat, wäre auch er beinahe vor Schreck umgefallen, denn in der Staatskasse war kein einziger Pfennig.

Da stand er nun mit seinen hundertzwölftausend Quadratkilometern Land und einer Million sechshunderttausend Untertanen und einem Berg von Schulden. Das ganze Heer der silberbetreßten Höflinge blickte voller Furcht und Ungewißheit auf den fünfundzwanzigjährigen Mann, der schon als Kronprinz so ganz, ganz anders gewesen war als sein Vater. Allen schwante Böses. Tatsächlich flogen sie in hohem Bogen.

Es ist merkwürdig, daß Friedrich Wilhelm I. – er ist der spätere »Soldatenkönig« –, bei den heutigen Geschichtsschreibern so viel Wohlwollen und Verständnis, ja geradezu Sympathie findet. Freilich, so gesteht man zu, war er kein feinsinniger Mann, auch nicht kultiviert, aber er war »der Preuße«, die Verkörperung des preußischen Geistes.

Das eben war er *nicht*.

Die Quelle des preußischen Geistes war der

Große Kurfürst gewesen, und die Verkörperung wurde erst Friedrich der Große.

Sympathie verdient Friedrich Wilhelm nicht einen Moment. Er war ein unkultivierter, jähzorniger, despotischer Prolet, der bedauerlicherweise einen Körper wie eine Lokomotive hatte. Schon aus seiner Knabenzeit sind lauter Gemeinheiten bekannt. Er schlug in der Wut seine Spielkameraden nieder, darunter den jungen Herzog von Kurland; er stieß den Hofmeister v. Brandt hinterrücks eine steinerne Treppe hinab, und es war ein Glück, daß der Ärmste sich nicht das Genick brach. »Mein lieber Sohn«, rief die Königin Sophie Charlotte (Vorgängerin der Irren), die das mitangesehen hatte, »was machst du bloß!« Wie Sie sehen, war die Königin die Erfinderin der antiautoritären Erziehung. Sie nannte sich gern »die erste preußische Republikanerin«. Sie begründete es auch: Sie unterhalte sich lieber mit Leibniz als mit einem vertrottelten Grafen. Jetzt wissen wir also, wie man Republikanerin wird.

Friedrich Wilhelm I. dankte es seiner Mutter schlecht; so wie es ja auch heutige Bälger den Eltern nicht danken können. Er hat einmal in einem der seltenen Augenblicke der Selbsterkenntnis gesagt, seine Mutter sei schuld an seinen Fehlern, sie hätte ihn streng erziehen müssen.

Er hatte als Kind alle bösen Eigenschaften, die sich denken lassen. Er war roh und hinterhältig, er war überheblich, er war stinkend faul, er lernte nicht einmal anständig schreiben. Als er größer wurde, zeigte er an nichts anderem Interesse als an Soldaten und Geld. Hatte er wenigstens Courage? Als junger Mann machte er freiwillig im Gefolge des Herzogs von Marlborough und des Prinzen Eugen einige Schlachten mit, auch jene berühmte von Malplaquet, die fünfunddreißigtausend Tote forderte.

Gefiel ihm das? Nein, er war von dem Gemetzel angewidert. Er war, wie er selbst entdeckte, friedliebend.

Was war also mit ihm los? War er feige, als er feststellen mußte, daß eine Kugel keine Rücksicht auf illustre Personen nimmt? Nein, er war wohl nicht feige, obwohl das schwer zu beweisen ist. (Es wurde einmal ein Gentleman-Attentat auf ihn verübt, wobei er nicht mit der Wimper zuckte. Aber wie stark hätte er mit der Wimper zucken müssen, damit es bemerkt worden wäre?)

Möglicherweise ist der Grund für seine peinliche Vermeidung von Kriegen ein viel skurrilerer: Ein Krieg hätte ihn in seinem Schalten-und-Walten gestört. Grob ausgedrückt: Ein Krieg wäre »höhere Gewalt« als er gewesen, und das wäre nie in seinen Kopf gegangen. Er wollte der alleinige Schrecken sein.

Das ist ein bitterböses Urteil, aber wohl ein richtiges. Ich halte Friedrich Wilhelm für einen königlichen Paranoiker und glaube, daß das sehr genau zutrifft. Da Sie aber nicht gewillt sein werden, das

Lesen zu unterbrechen, um im Lexikon »Paranoia« nachzuschlagen, ich Sie jedoch zwingen möchte, die medizinische Definition zu lesen, muß ich also das Meyersche Lexikon zitieren. Lesen Sie bitte aufmerksam, es handelt sich um einen König, den Sie bisher vielleicht sehr anders sahen.

»Paranoia, eine Geisteskrankheit, bei der auf falschen Voraussetzungen logisch richtige Gedankensysteme aufgebaut werden. Wie das Denken bleibt auch das ihm folgende Handeln völlig geordnet. Im Gegensatz zu den Wahnvorstellungen bei Schizophrenie erfolgt bei der Paranoia keine Beeinträchtigung der Intelligenz. Vom einfachen Irrtum des Geistesgesunden unterscheidet sich die Verrücktheit der Paranoia dadurch, daß sie Vernunftsgründen kaum zugänglich ist. Aus dem fast immer zugrunde liegenden Größenwahn entwickeln sich nicht selten Tobsuchtsanfälle und Gewalttätigkeiten.«

Es gab niemanden – wörtlich: niemanden unter den anderthalb Millionen Menschen in Preußen –, der den König nicht fürchtete. Unbekannte flohen vor ihm, wenn sie ihn auf der Straße sahen. Dann keuchte er ihnen nach, zog ihnen mit dem Stock ein paar über und schrie sie an: Ihr sollt mich nicht fürchten, ihr sollt mich lieben!

Die Anekdote ist bekannt; leider ist es keine Anekdote, sondern Geschichte.

Sein Rechtsempfinden setzte aus, sobald das

Recht mit seinen Vorstellungen kollidierte. Die Historiker, die seine Regierung als eine Zeit der »Zucht und Ordnung« und als sein Verdienst hinstellen, lügen. Die geschichtlichen Quellen stehen jedermann offen. Sie lassen ein anderes Bild erstehen.*

Ein Menschenleben galt ihm wenig – nicht, daß er die Leichtfertigkeit und Kälte eines Gewissenlosen gehabt hätte! Gott behüte! – ein Leben galt ihm wenig, sobald er in cholerischer Erregung etwas durchsetzen wollte. Ein Proviantmeister in Memel hatte ein Defizit von dreitausend Talern in der Kasse; das Ministerium meldete es dem König, wobei es hinzufügte, der Mann sei sonst sehr brav und wolle das Defizit durch den Verkauf seines Hauses ausgleichen. Die Antwort Friedrich Wilhelms: »Ich schenke die Schuld, sollen aber aufhängen lassen.«

Der General-Fiskal Garbett versuchte den Geheimen Rat Wilke aus dem Amt zu drängen, indem er ihn wegen Steuerunterschlagung anzeigte. Die Prüfung ergab, daß alles in Ordnung war, lediglich bei der Soldatenwerbung hatte sich der Geheimrat einige Vorteile verschafft. Das Kriminalkollegium wollte ihn mit ehrenvoller Festungshaft von zwei Jahren bestrafen. Der König, wie stets in Wut, änderte den Rechtsspruch und

---

* Es gab nicht wenige, die abwanderten, weil ihnen die Luft zum Atmen zu dünn wurde. (Oder der Boden zu heiß.) Friedrich Wilhelm erklärte sie natürlich zu »Verbrechern«.

ließ den hochverdienten Mann öffentlich auspeitschen und dann einkerkern.

Ein Musketier des sehr geliebten Dönhoff'schen Regiments hatte bei einem Einbruch sechstausend Taler gestohlen. Das Militärgericht verurteilte ihn entsprechend den Militärgesetzen zum Tode. Als man das Urteil Friedrich Wilhelm meldete, war der König außer sich, zitierte die Richter herbei, verprügelte »die Schurken« und sprach den Soldaten frei.

Eine Dienstmagd, die angeblich einen silbernen Löffel gestohlen hatte, wurde auf Befehl Friedrich Wilhelms hingerichtet. Der Löffel fand sich später.

Auch in den entferntesten Dörfern lebte man in beständiger Sorge vor ihm. Da es fast keine Kasernen, sondern nur ungenügende Baracken-Unterkünfte gab, quartierte der König die Soldaten in Privathäusern ein. Dort mußten sie die besten Zimmer bekommen und verpflegt und bedient werden. Sie waren eine Landplage. Dazu kam das unglaubliche Rekrutierungssystem. Die »Werber« waren gefürchtet wie die Pest. Sie durchstreiften das ganze Land, überschritten auch die Grenzen und suchten nach »langen Kerls«. Väter und Söhne wurden vom Pflug weg und aus der Werkstatt heraus geholt und nach Berlin transportiert. Wieviele Familien den Ernährer verloren, war dem König egal. War ein »Kerl« über zwei Meter groß, so besichtigte Friedrich Wilhelm ihn wie eine seltene Briefmarke. Für einen Iren zahlte er einmal siebentausend Taler, das Dreifache, das seine Krönung gekostet hatte. Der Mann – und tausende wie er – war für sein Leben »versorgt«. Auf diese Weise soll er sogar zwei Priester »versorgt« haben. Ich glaube es; der König war so fromm, wie er rechtsliebend war, nämlich immer, wenn es nicht mit seinen paranoischen Vorstellungen kollidierte. Die Sache mit Gott glaubte er durch ein Gebet und ein gebeugtes Knie schon hinzukriegen.

Aber war er nicht, wie angeblich alle Dicken, im Grunde ein Mann, der nur das Gute wollte? Ja. Konnte er nicht auch sehr nett sein? Das ist eine andere Frage.

Sie denken an sein Tabakskollegium? In jenem abendlichen Zirkel brauchten die Generäle und Räte, die er einlud, bei seinem Eintritt nicht einmal aufzustehen! Großartig, nicht wahr? Man qualmte, erzählte Witze und lachte dröhnend. Diesem intimen Kreis wurde gelegentlich auch der kleine Kronprinz Friedrich als dressiertes Hündchen vorgeführt. Das Verhältnis Friedrich Wilhelms zu seinem Sohn ist eine Tragödie für sich. Aber noch ist es nicht so weit.

Damit ist der erste Teil meines Porträts des Soldaten-Königs beendet.

Sprechen wir jetzt von den armen Leuten.

Je näher der königlichen Sonne, desto mehr fror man. Man konnte in Berlin, sofern man arbeitete und verdiente, zwar jeden Morgen seinen Kaffee mit Honighörnchen oder »Schrippen« haben, aber der Anblick eines öffentlichen Galgens störte den Genuß doch sehr. In der Ferne lebte es sich etwas weniger bedrückt, sofern man nicht Leibeigener auf den großen Gütern der Adligen war. Der König hatte den Versuch unternommen, die Leibeigenschaft durch das Hintertürchen der Umwandlung der alten ritterlichen Lehnsgüter in freies Eigentum abzuschaffen; erstaunlicherweise genügte diesmal sein Machtwort nicht.

Man lebte, man hatte zu essen und ein Dach über dem Kopf. Daß die Junker ständig Peitsche schwingend durch die Felder gingen, ist gewiß nicht wahr. In Italien, in Frankreich, im Habsburgischen Reich war das Leben viel härter. Friedrich Wilhelm predigte dem Adel immerzu, daß gesunde Familien mit vielen Kindern das wichtigste und wertvollste seien, was ein Herr sich wünschen könne. Das predigte er in der einen Minute, in der nächsten knöpfte er ihm derartige Steuern ab, daß mancher Gutsbesitzer ins Schwitzen kam. Man begann, die Steuer zu betrügen. Auch die Handwerker schlängelten sich zwischen den Paragraphen durch. Sie arbeiteten schwer, zwölf Stunden am Tag waren normal. Sechs Stunden für den König! Man hätte sagen müssen: für den Staat, wenn man die Faust des Einen, Friedrich Wilhelms, nicht so direkt und sichtbar gefühlt hätte. Mit Unmut sah das Volk, daß der König die vielen neuen Emigranten dagegen unterstützte und oft ganz von Steuern befreite. Bauern, Techniker, Handwerker strömten noch immer ins Land auf der Flucht vor der Tyrannei ihrer Landesherren und der katholischen Kirche. Sie brachten außer ihrem kümmerlichen Hausrat auf dem Karren oder dem Rücken des Esels manches mit, was kostbarer war als Gold: Sie lehrten die Preußen den Tabakanbau, die Fayenceherstellung, die Seidenmanufaktur. Es kamen hervorragende Apotheker und Ärzte, Uhrmacher, Weber, Zinngießer und Zuckerbäcker. Auf die Zuckerbäcker hätte Friedrich Wilhelm verzichten können, aber die anderen erregten sein höchstes Wohlwollen. Das nahe Potsdam war zu dieser Zeit geradezu die internationale Dependance Berlins, es wimmelte von Franzosen, die sich behaglich niedergelassen hatten, von Österreichern, Holländern und Böhmen. Später entstand sogar eine russische Kolonie, das Viertel heißt heute noch Alexandrowka.

Natürlich bewogen Friedrich Wilhelm keine verschwiemelten Vorstellungen von Menschenrecht, sondern nüchterne ökonomische Überlegungen. Da haben die »modernen« Historiker ganz recht, ihm feinsinnige Ideale abzusprechen. Dennoch sollten sie sich ruhig ein bißchen mehr über die preußische Toleranz wundern. Europa war voll arroganter Fürsten, die keine Gewissensfreiheit duldeten, die das Volk und das Vieh fast gleichsetzten – nichts davon spürte man in Preußen. Die

Emigranten fühlten sich wie im Paradies und »kollaborierten« freudig mit dem König.

Ich habe das Wort »kollaborieren« absichtlich benutzt. Die Preußen befanden sich in einer seltsamen Situation. Eigentlich müßten Sie mich, wenn Sie könnten, schon längst unterbrochen und gefragt haben, worin das Preußische, der preußische Geist des Volkes steckte, wenn allenthalben gekungelt, gemogelt, geschwindelt und die Steuer betrogen wurde.

Dies ist ein Punkt, bei dem sich die modernen Historiker vor Behagen sielen. Aber das ist ein Kurzschluß. Als wir uns nach 1945 durchmogelten, durchschwindelten, durchkungelten und die Besatzungsmacht betrogen, waren wir so intakt, so gesund, so preußisch, wie dann nie mehr! Schief getretene Schuhe und eine geflickte Hose waren ein Ehrenkleid. Wer einen neuen Kamelhaarmantel trug, war suspekt. Ja, wir mogelten, kungelten und schwindelten, um durchzukommen; nicht, um reich zu werden; wir lebten *gegen* etwas. Dieses Etwas war nicht nur die Not; es war die Schande, gegen die wir lebten. Das ist preußisch. Verzeihen Sie: Das *war* preußisch.

Damals, unter dem Soldatenkönig, entschloß sich das Volk auch, gegen die »Besatzungsmacht« (stimmt haargenau: Besatzungsrecht geht vor Grundgesetz), das heißt Friedrich Wilhelm und seine Soldaten zu leben. Die Emigranten, die Kollaborateure, die ja mitten im Volk lebten und die Gnadensonne des Königs sehr bald als einen »Kamelhaarmantel« empfanden, wurden, sobald sie auf eigenen Füßen standen, nach kurzer Zeit zurechtgerückt. Bald hatten sie den gleichen Geist, und in der nächsten Generation waren diese Franzosen, Holländer und Österreicher preußischer als die alten Brandenburger. Gibt es (außer Kleist) einen Dichter, der preußischer war als der »Franzose« Fontane?

★

Der dicke König stand am Fenster seines Potsdamer Stadtschlosses und sah dem Exerzieren seiner »Langen Kerls« zu. Hinter ihm wartete Minister von Grumbkow und heuchelte Interesse. Friedrich Wilhelm über die Schulter:

»Wieviel Kerls haben wir jetzt?«

»Über zweitausend, Majestät, mit sechzig Offizieren.«

»Hat der Zar die versprochenen Riesen geschickt?«

»Sie sind unterwegs. Aber der Zar erwartet jetzt eiligst, daß er dafür die zugesagten Waffenschmiede erhält.«

»Sollen abgehen.«

»Freiwillig gehen sie nicht.«

»Freiwillig!« brauste der König auf. »Freiwillig!

Ich bin auch nicht freiwillig König! Abtransportieren, habe ich gesagt!«

»Wie Euer Majestät befehlen.«

»Ist die jüdische Synagoge fertig, die ich diesen Leuten erlaubt habe?«

»Fast.«

»Ich will hingehen, wenn sie eingeweiht wird.«

»In den jüdischen Gottesdienst, Majestät?«

»Ihr habt doch eben ›Gottesdienst‹ gesagt, Grumbkow. Also kann ich doch hingehen! Mit meiner ganzen Familie!«

»Auch mit den Prinzen?«

»Besonders mit den Kindern. Und ganz besonders mit Fritz. Wie geht es mit ihm vorwärts?«

»Der Prinz ist sehr intelligent, sehr klug.«

»Das wird er brauchen.«

»Und sehr musisch.«

»Das wird er nicht brauchen. Sagt ihm, er soll allen Firlefanz lassen. Lernt er gut? Übrigens: Ich habe jetzt zweitausend Schulen für das Volk eingerichtet; sagt den Geistlichen, daß sie kein Kind mehr einsegnen sollen, das nicht lesen und schreiben kann. Ich will das Geld für die Schulen und für die Steißtrommler nicht zum Fenster hinausgeworfen haben.«

»Ich glaube, es steht alles zum besten, Majestät.«

»Den Deubel steht's zum besten! Die Schusterkinder lernen, aber die von den Schulenburgs und den Bismarcks bleiben lieber strohdumm, als daß sie sich einen Magister leisten! Ich werde den alten Adel allmählich ganz aus der Verwaltung herausziehen und ins Militär stecken.«

»Die hohen Beamten werden, wenn sie aus dem Bürgerstande kommen, mit dem Adel ihre liebe Not haben. Er ist sehr hoffärtig.«

»Dann werde ich sie adeln. Ich habe ja mit dem Ilgen schon angefangen.«

»Ein äußerst glücklicher Entschluß, Majestät. Fortschrittlicher als bei irgendeinem anderen Souverän im Reich.«

»Fortschritt? Was soll das? Ich pfeife auf Fortschritt. Ich will Recht und Ordnung, so, wie es mein erlauchter Vater gemeint hat, als er den Schwarzen-Adler-Orden stiftete. Suum cuique, jedem nach seinem Verdienst. Übrigens: Was ist mit dem Kerl, der in dem Prozeß in Königsberg falsch Zeugnis abgelegt hat?«

»Er ist zu drei Jahren Kerker verurteilt.«

Friedlich Wilhelm drehte sich, plötzlich wütend und mit hochrotem Gesicht, um:

»Ich habe gesagt, suum cuique, Grumbkow. Diese elenden Richter! Ich befehle, daß dem Kerl die Zunge herausgeschnitten wird!«

»Majestät! Das Gericht hat . . .«

»Was geht mich das an! Nein: erst Zunge heraus, auf seinem Rücken annähen und dann das ganze Mensch hängen!«

»Majestät!«

»Hört Ihr schwer, Grumbkow?«

»Ich werde den Befehl des Königs weitergeben.«

»Und überhaupt: ein Beamter des Generaldirektoriums!«

»Ein ganz kleiner Beamter, Majestät.«

Friedrich Wilhelm schrie ihn an:

»Es gibt keine kleinen und großen Beamten. Es gibt keine kleine und große Wahrheit und keine kleine oder große Treue zum König! Und diesem jungen Katte verbiete ich weiterhin die Gesellschaft meines Sohnes. Ganz schlechter Einfluß auf Fritz. Er setzt ihm alle Grillen in den Kopf! Pfui Deubel! Sohn eines Feldmarschalls, pfui Deubel! Jetzt ist mir alle Freude an meinen Langen Kerls verdorben. Wie bin ich denn auf diesen Katte gekommen? Lauter Sorgen! Die Menschen sind doch rechte Canaillen! Arbeitet mein Generaldirektorium wenigstens ordentlich?«

»Das General-Ober-Finanz-Kriegs- und Domänendirektorium, Majestät, ist neben dem Heer die bedeutendste Schöpfung Eurer Majestät. Diese oberste Verwaltungsbehörde gibt es in keinem Lande Europas.«

»Ich will wissen, ob sie gut arbeitet!«

»Ziemlich gut. Euer Majestät nannten die Menschen in ihrer Schwäche vorhin selbst Canaillen.«

Der König schielte zu ihm hinüber:

»Ihr seid doch auch ein Mensch, Grumbkow, also auch eine Canaille?«

Grumbkow lachte etwas unsicher.

»Demnach ja, Majestät. Aber ich hoffe: die erträglichste.«

»Viele warnen mich vor Euch, Grumbkow! Ihr sollt bestechlich und untreu sein.«

»Wie soll ich mich vor Verleumdungen schützen, Majestät?«

»Aber wenn sie stimmen? Wie schütze ich mich vor Euch?«

»Indem Euer Majestät mich vorsichtshalber hinrichten lassen.«

»Ach, laßt mich doch in Ruhe! Alles Canaillen. Auch ich, Grumbkow?«

»Da also auch ich eine Canaille bin, antworte ich natürlich: Euer Majestät sind selbstverständlich keine.«

Friedrich Wilhelm nickte.

»Die Antwort ist schmeichlerisch, aber sehr gut. Ab heute, Grumbkow, will ich Euch auch mit der Führung der auswärtigen Politik betrauen. Setzt die Order auf! Meine Beine tun mir weh; ich glaube, ich habe Wasser. Ach, ist das eine Plage! Zum Tabakskollegium heute Abend soll Fritz erscheinen. Ich will ihm verkünden, daß wir im Januar zu König August nach Dresden fahren. Ich nehme diesen effiminierten Kerl weiß Gott nicht gern mit, aber der Vetter bittet darum. Na, schön, dann soll er eben mitkommen. Ich füchte nur, daß dem Schurken der Sachse mehr imponiert als sein Vater. Ihr, Grumbkow, kommt mit ihm einen Tag später nach. Gewohnt wird nicht im Schloß, sondern bei Feldmarschall Wackerbarth.«

»Ich freue mich auf die Reise.«

»Ich nicht. Ich bin am liebsten zuhause. Die feine Welt kann mir gestohlen bleiben. Sind sie nicht eine reine Freude?«

»Wer, Majestät?«

»Meine langen Kerls, wer sonst? Ihr etwa?«

★

August der Starke, Kurfürst von Sachsen und gewählter König von Polen, war das, was man in Bayern ein Urviech nennt. Ein großer Mann, stämmig, geschlechtsprotzend, prunksüchtig und leichtfertig. Aber er besaß Lebensart und Kultur, er besaß Höflichkeit und Humor. Größere Gegensätze als der elegante, draufgängerische Sachse und der plumpe, griesgrämige Preuße ließen sich nicht denken. Potsdam war ein Exerzierplatz, Dresden ein Korinth in seiner Blütezeit. Es roch nach Leichtsinn und Liebe. August hatte von seinen Mätressen und flüchtigen Geliebten mehr als dreihundert Kinder. Auch das empfand er als Humor.

Bei diesem allerchristlichsten Fürsten (er war um der Königskrone willen zum Katholizismus übergetreten) war also der prüde Friedrich Wilhelm I.

zu Gast. Vom Verlauf dieser Reise, die für den Kronprinzen schicksalhaft werden sollte, hat uns Wilhelmine, seine Schwester, einen ausführlichen Bericht hinterlassen. Ab und zu schwindelt sie ein bißchen. Sie war damals neunzehn Jahre alt, Fritz sechzehn, der Vater vierzig, August achtundfünfzig.

Der sächsische Kurfürst bedauerte, daß Friedrich Wilhelm nicht bei ihm zu wohnen gedachte, aber natürlich führte er ihn voller Stolz durch das ganze Schloß. Wie bei einem Sightseeing schritt August fröhlich plaudernd voran, und Friedrich Wilhelm stampfte mit dem Kronprinzen im Gefolge hinterdrein. Dann kam der historische Moment, als sie ein Kabinett betraten, in dem der Kurfürst seinem Gast etwas besonders Schönes zeigen wollte. Er ging zu einem Vorhang, zog ihn zurück und gab den Blick frei auf einen Diwan, auf dem splitternackt eine der schönsten Mätressen Dresdens lag. August amüsierte sich königlich. Totenstille.

Diabolisch wartete der Kurfürst, wie sein Gast sich aus der Affäre ziehen würde. Tatsächlich hatte der preußische König so viel Contenance, so etwas ähnliches wie eine höfliche Verbeugung anzudeuten. Er murmelte: »Man muß zugeben, eine sehr schöne Frau.« Dann drehte er sich um und erblaßte zum zweitenmal: Fritz stand hinter ihm und starrte die Nackte offenen Mundes an. Der Vater war mit einem Satz bei ihm und wie ein

108

Stiftsfräulein dem Zögling, stülpte er ihm den Hut über das Gesicht.

Die Nachrichtenübermittlung war damals gewiß nicht rasant, aber vierundzwanzig Stunden später wieherten bereits alle fürstlichen Herren im Reich. Diese Preußen! Diese trostlosen Komiß-Stiebel!

August mochte den jungen, höflichen und lebendigen Fritz sehr gern. Die beiden wurden Verschwörer. Der Kurfürst führte ihm an Geliebten zu, was sich der Junge ersehnte.

Auf der Rückreise nach Berlin erkrankte der Kronprinz. Der Vater erfuhr von den Ärzten nichts Präzises und glaubte an eine fiebrige Erkältung. In Wahrheit – die »Erkrankung« dauerte lange – hatte Fritz sich venerisch angesteckt. Es ist historisch ziemlich gesichert. Eine Gonorrhoe ist wahrscheinlich. Sie würde erklären, daß durch Befall der Testikeln und Quacksalberei der Ärzte der spätere König Friedrich II. fast ein geschlechtsloses Wesen wurde.

Es ist viel darüber geschrieben – besser gesagt – geschrien worden, denn besonders im neunzehnten Jahrhundert war man empört über diese Theorie. Patrioten schrien, Ärzte schrien dagegen; die Erregung wäre heute noch da, wenn unser Zeitalter nicht so vollständig gleichgültig gegenüber allem Schicksalhaften wäre.

Wilhelmine muß es vom Bruder selbst erfahren haben. Sie hatte, das ist wahr, eine Leidenschaft für gruselige Sachen, und sie dramatisierte gern, aber es ist ja wohl das Wesen eines Dramas, dramatisch zu sein. Und es war ein Drama.

Das Verhältnis zum Vater wurde immer problematischer. Friedrich Wilhelm verachtete den »Weichling« Fritz, er verhöhnte ihn öffentlich, er prügelte ihn sogar öffentlich. Die Mutter warf sich dazwischen, Generäle stellten sich dem Rasenden in den Weg, in manchen Augenblicken mußte man um das Leben des Kronprinzen, dieses »Schurken«, fürchten.

Natürlich gab es Gründe: kein Paranoiker handelt grundlos. Fritz war zweifellos etwas affektiert, was der Vater haßte. Fritz war musisch, was der König verachtete. Der Junge »watschelte«, wie der Vater es nannte, statt wie ein Soldat aufzutreten. (Als Prinz erhielt er früh hohe Offiziersränge, Friedrich Wilhelm degradierte ihn immer wieder.) Daß der Junge Soldatentum und Politik verabscheute und das auch zeigte, brachte den König zur Weißglut und – in Gedanken an die Zukunft Preußens – ins Schwitzen.

Fritz war unreif. Er fürchtete den Vater, denn er kannte dessen Allmacht. Er hat ihm Briefe geschrieben, die erschütternd sind.

»Meinem lieben Papa,
ich habe mich lange nicht unternehmen mögen, zu meinem lieben Papa zu kommen, theils weil es mir abgerathen, vornehmlich aber, weil ich mich noch einen schlechten Empfang als den ordinai-

ren sollte vermuthen sein, und aus Furcht, meinen lieben Papa mehr mit mein gegenwärtiges Bitten zu verdrüssen, habe es lieber schriftlich thun wollen. Ich bitte also meinen lieben Papa, mir gnädig zu sein, und kann hierbei versichern, daß nach langem Nachdenken mein Gewissen mir nicht das Mindeste gezeihet hat, worin ich mich etwas zu reprochiren haben sollte; hätte ich aber wider mein Wissen und Willen gethan, daß meinen lieben Papa verdrossen habe, so bitte ich hier unterthänigst um Vergebung und hoffe, daß mein lieber Papa den grausamen Haß, den ich aus allem seinen Thun genug habe wahrnehmen können, werde fahren lassen; ich könnte mich sonsten gar nicht darin schicken, da ich sonsten immer gedacht habe, einen gnädigen Vater zu haben und ich nun das Contraire sehen sollte. Ich fasse dann das beste Vertrauen und hoffe, daß mein lieber Papa dieses Alles nachdenken und mir wieder gnädig sein wird; indessen versichere ich Ihn, daß ich doch mein Tage nicht mit Willen fehlen werde und ungeachtet seiner Ungnade mit unterthänigstem und kindlichstem Respect bin meines lieben Papa unterthänigster und getreuester Diener und Sohn

Friedrich.«

Der König antwortete ebenfalls mit einem Brief. Er redete den Sohn mit »er« an, wie man es damals mit der niedrigsten Schicht des Volkes tat.

»Sein eigensinniger, böser Kopf, der nit seinen
Vater liebet, denn wann man nun alles thut, ab-
sonderlich seinen Vater liebet, so thut man, was er
haben will, nit wenn er dabei steht, sondern wenn
er nit alles sieht. Zum andern weiss er wohl, daß
ich keinen effiminierten Kerl leiden kann, der
keine menschliche Inclinationen hat, der sich
schämt, nit reiten noch schießen kann und dabei
malpropre an seinem Leibe, seine Haare wie ein
Narr sich frisieret und nicht verschneidet und ich
dieses alles tausend mal repremandiret, aber alles
umsonst und keine Besserung in nits ist. Zum anderen hoffärtig, recht bauernstolz ist, mit keinem
Menschen spricht als mit welche, und nit popular
und affabel ist, und mit dem Gesichte Grimassen
macht, als wenn er ein Narr wäre, und in nits meinen Willen thut, als mit der Force angehalten, nits
aus Liebe und er alles dazu nits Lust hat, als seinem eigenen Kopfe zu folgen, sonsten alles nits
nütze ist. Dieses die Antwort.

Friedrich Wilhelm.«

Vieles von dem, was der Vater schrieb, entsprach
sicher der Wahrheit. Gewiß war Friedrich Wilhelm halb verrückt, aber der Sohn war zweifellos
ein Heuchler und er war verweichlicht, vor allem
aber war er erschreckend grün.
Hier könnte man die tückische Frage stellen, ob
Friedrich Wilhelm diesen Sohn gegen einen bulli-
gen Exerzierstiebel, gegen einen Rammbock von

Sohn getauscht haben würde. Ich halte diese fiktive Frage nicht für müßig, sondern im Gegenteil für überraschend aufschlußreich. Der König hätte diesen Sohn gegen keinen anderen, gegen niemand getauscht! Fritz erinnerte ihn (in einsichtigen Stunden) an den eigenen Vater, an Friedrich I., dessen Schwächen, dessen Weichlichkeit er ebenso genau kannte wie dessen versteckte Gerissenheit. Der Soldatenkönig hatte den Vater geliebt. In Fritz argwöhnte er einen ähnlichen Charakter. Wäre er nicht Thronfolger gewesen, so hätte er ihn ebenso bewundert wie er heimlich seinen Vater bewundert hatte. Friedrich Wilhelm hatte ein recht gutes Gedächtnis und hätte die Hände gehoben bei dem Ansinnen, sich einen Sohn zu wünschen, wie er selbst im Jugendalter gewesen war: gefühllos, roh, undankbar und faul. Nein, um keinen Preis; auch nicht um den Preis des »Schurken« Fritz. Der Kronprinz hat dem Vater einmal nahegelegt, ihn von der Thronfolge auszuschließen. Friedrich Wilhelm tat es nicht, er spielte nie mit dem Gedanken, was unsere Deutung des Dilemmas eigentlich bestätigt. Der König, so paranoisch er war, ist in Wahrheit verzweifelter gewesen als der Sohn. Der Zwiespalt in der Brust des Vaters heizte seine Wut immer aufs neue an.

Eines Tages, als die Familie »angetreten« war, um dem König die Hand zu küssen, ereignete sich etwas an sich Belangloses, was aber die bittersten

Folgen hatte. Fritz zögerte einen Augenblick, den Bruchteil einer Sekunde zu lange, der Vater riß ihn an den Haaren zu Boden und befahl, ihm die Stiefel zu küssen.

Der Junge tat es.

Als der König, rasend vor Wut über diese Charakterlosigkeit, brüllte: »Wenn mein Vater mich so behandelt hätte, wäre ich schon hundertmal geflohen oder hätte mich erschossen!«, da gingen dem Sohn die Augen auf.

Der Kronprinz war nicht stark genug, sich das Leben zu nehmen, denn dazu gehört eine tiefe Verzweiflung (die er so tief nicht spürte) oder ein sehr großer Mut (den er noch nicht besaß). Er wählte den anderen Ausweg, den unglücklichsten, der sich denken läßt: Er beschloß zu fliehen.

In den Schulbüchern des vorigen Jahrhunderts wird dieses Kapitel sehr ausführlich, sehr mitleidig und sehr romantisch behandelt. Heute wird es mit wenigen Zeilen abgetan. Richtig ist, daß die Flucht, die ja nicht gelang, halb Tragödie, halb Groteske war. Alles daran war dilettantisch. Aber auch ein tragikomisches Erlebnis kann ein Schlüsselerlebnis werden, das aus einem achtzehnjährigen Träumer einen Mann macht.

Schon anläßlich einer Reise nach Ansbach bereitete er die Flucht nach Frankreich vor, was, hunderte von Kilometern von der französischen Grenze entfernt, kindisch war. Der Markgraf von Ansbach witterte Scherereien, weil sich die Verschwörer so unauffällig wie der Kukluxklan benahmen, und ließ den Kronprinzen überwachen. Fritz schrieb einen Klagebrief an seinen Freund und Mitverschworenen Katte nach Berlin. Aber er vergaß, das Schreiben richtig zu adressieren; es landete bei einem anderen Katte.

Die Reise des Königs ging weiter nach Heidelberg. Dort nun sollte die Sache steigen; Frankreich lag greifbar nahe. Fritz fieberte vor Erregung: Vermummung, Mondnacht, Flüstern, Schleichen, Pferdegetrappel, bis der Page Lunte roch und die Generäle weckte. Die alten Herren fuhren schleunigst in die Hosen, warfen sich aufs Pferd und stellten den Flüchtling im nächsten Dorf.

Aus.

Sind Sie im Herzen mit ihm? Dann sind Sie kein Preuße. So sehr ich mich prüfe: Ich kann keine tiefere Empfindung für diesen Jungen aufbringen, für den Gesetz und Pflicht leere Worte waren. Ich kann auch für Oktavian kein Gefühl aufbringen. Ich muß auf Augustus warten.

Friedrich Wilhelm bekam, als ihm der Fluchtversuch gemeldet wurde, keinen Tobsuchtsanfall. Die Erklärung wird sein, daß er starr war. Das, was er dem »Feigling Fritz« dauernd vorgehalten hatte, nun tatsächlich zu erleben, muß ein furchtbarer Schock gewesen sein. Nie hätte er selbst gewagt, als Jüngling zu fliehen!

Seine Spannung löste sich erst, als sie wieder zu Hause waren.

Zwei Militärgerichte verurteilten Katte zu lebenslänglicher Festungshaft und waren durch keine Wutausbrüche und Drohungen des Königs zu bewegen, von diesem Richterspruch abzugehen. Darauf verhängte Friedrich Wilhelm aus eigener absolutistischer »Machtvollkommenheit und Gottesgnadentum« die Todesstrafe. Aus dem Fenster seiner Zelle in Küstrin mußte der Kronprinz auf Befehl des Vaters die Hinrichtung mitansehen.

Auf seinem Gang zum Schafott blickte Katte zum Zellenfenster hoch. Der Kronprinz bat ihn mit lauter Stimme um Verzeihung, und Katte antwortete, er sterbe leicht für den geliebten Freund.

Der König verlangte auch für seinen Sohn den Tod. Der Kaiser intervenierte, Fürsten intervenierten, die Mutter weinte und flehte, halb Europa war in Aufruhr.

Schließlich hatte Friedrich Wilhelm ausgetobt. Erschöpft und einem Schlaganfall nahe, sprach er die Begnadigung aus.

1730 – Fritz war damals achtzehn Jahre alt.

Wie sieht ein Staat aus, in dem solche Dinge passieren? Er müßte schlecht aussehen. Aber es war nicht der Fall. Ich bin sicher, daß das Volk in dem Ereignis keinen Familienzwist sah, sondern dumpf eine Tragödie von antikem Ausmaß spürte. Ich glaube, daß es ein Todesurteil über den Prinzen erwartet hatte, denn der Vater war kein »Vater«, er war der Areopag, das Blutgericht des alten Athen, der Sitz des Ares, der kein Gefühl, nur das Gesetz der Götter kannte. Die Menschen erlebten Antikes und duckten sich.

Wenn ein Volk von Charakter in solcher Situation ist, verschludert es entweder oder es wischt die Träne weg und verbockt. Auch wir wischten 1945 die Träne weg und verbockten, aber als wir nicht mehr die »armen Leute« waren, verschluderten wir.

Preußen blieb arm. »Gelobt sei, was hart macht«, ein Wort von dem verbockten »Preußen« Nietzsche.

★

Die Zerreißprobe hatte beide erschüttert. In dem Kronprinzen ging eine Veränderung vor. Aber auch beim König. Nach der Begnadigung hatte der Vater den Sohn in die Verwaltung abkommandiert, dann in ein Leibregiment. Beide Aufgaben erfüllte der Kronprinz mit großem Ernst und Gehorsam. Er schrieb genaue Berichte nach Berlin, die zum Teil überraschende Erfolge in den königlichen Domänen melden konnten, worüber der Alte große Freude zeigte. Sie äußerte sich darin, daß er den Sohn in Ruhe ließ und die Augen zudrückte, wenn er hörte, daß Fritz noch immer seinen Liebhabereien nachging, philosophierte, französisch las und Flöte spielte.

Des Königs Vertraute berichteten auch, daß der Kronprinz vor seinem Regiment eine tadellose Figur mache und mit Eifer Taktik und Strategie in der Kriegskunst studiere.

Na, endlich! Dieser Schurke Fritz! Flötete immer noch nebenbei! Gut, meinethalben sollte das sein Ersatz für das Tabakskollegium sein.

Auch der Vater stürzte sich in die Arbeit. Der Schurke würde ja bald König sein, der Staat mußte dann fest gemauert dastehen. Er klopfte mit dem Krückstock auf die Geldtruhen, die bis obenhin gefüllt waren. Zehn Millionen Taler – er lachte, wenn er an die anderen fürstlichen Prasser und Verschwender dachte. Die Hofhaltung in Wien verpulverte zwanzig Prozent der Einkünfte, Preußen zwei!

Und achtzigtausend Soldaten unter Gewehr! Lieb' Vaterland, magst ruhig sein.

Und sonst? Was hat er sonst noch geleistet außer ewigen Tobsuchtsanfällen, Todesurteilen und Kujonieren seines Sohnes?

Wie sollte er einmal vor seinen Herrgott treten? Da er überzeugt war, daß jeder mit einer Art Liste vor den ewigen Richter hinzutreten habe, überschlug er, was er anführen konnte:

»Ich habe die Junkers ihre Autorität ruiniert, damit der Staat wie ein rocher de bronze dasteht.«

Gott würde wissen, was für ein Stück Sauarbeit das gewesen war.

»Ich habe ihre verschuldeten Rittergüter aufgekauft, damit sie nicht verkommen.« Hat ihn eine schöne Stange Geld gekostet.

»Ich habe in Ostpreußen, das mir der liebe Herrgott durch Epidemien gräßlich heimgesucht hat, neue Dörfer und Städte für die Salzburger Emigranten anlegen lassen. Hat mich auch Geld gekostet.«

»Ich habe die Schulpflicht eingeführt, weil mich der Stumpfsinn von meinen Langen Kerls zur Verzweiflung gebracht hat.« Na ja, das war keine große Sache. Kostete nichts.

»Die Verwaltung habe ich reformiert. Ist jetzt kein Schweinestall mehr wie bei den anderen allen. Hat auch Geld gekostet und mich oft in Wut versetzt.«

Was noch?

Ihm fiel im Moment nichts mehr ein. Er war müde. »Er weiß ja doch alles besser«, dachte er und schlief ein.

★

1733 hielt er es für an der Zeit, seinen Sohn zu verheiraten.

England schlug für Friedrich und Wilhelmine eine Doppelhochzeit mit dem englischen Thronfolger und dessen Schwester vor. Leider beging der englische Brautwerber den Fehler, zugleich gegen

119

den Kaiser zu intrigieren, worin Friedrich Wilhelm allergisch war. Er packte den Gesandten an der Brust und warf ihn aus dem Kabinett. Geändert hatte er sich also nicht.

Nein, der König mißtraute den aufgeklärten »aufgeblasenen« Engländern. Was er sich für seinen Sohn wünschte, war eine anständige, gehorsame, möglichst dümmliche Prinzessin, vor der er selbst keine Minderwertigkeitskomplexe zu haben brauchte. Er entdeckte sie in Elisabeth von Braunschweig. Das unterwürfige achtzehnjährige Schäfchen fand er großartig.

Fritz fand sie weniger großartig, aber ohne mit der Wimper zu zucken, stimmte er dem Wunsch des Vaters zu.

Friedrich Wilhelm war glücklich.

Warum stimmte Friedrich sofort zu?

Die Frage ist leicht zu beantworten. Die Hochzeit war für ihn ohne Bedeutung. Er hat die Ehe nie vollzogen. Ein einfacher Satz, mit dem wir heute darüber hinweggehen. Ahnen wir noch, wie viel Traurigkeit, Leid und Beschämung dahinter steckt? Und wieviel ohnmächtige Wut? Was es heißt, sich nicht verraten zu dürfen, keinen Vertrauten zu besitzen, bei dem man sich ausweinen kann? Weinen? Natürlich, er war ja noch so jung.

Er mußte es allein tragen. Vielleicht hatte Katte sein Geheimnis gewußt. Katte war tot, gestorben für ihn, nicht für König und Vaterland, nicht vor dem Feind, – für ihn persönlich, für ihn allein. Sein fatalistisches Verhältnis zum Tode, zum Opfer und zum Sterben begann. Er ist später nur noch einmal schwach geworden – in einer Schlacht.

1734 übersiedelte der Kronprinz nach Rheinsberg. Der Vater hatte ihm das kleine Schlößchen geschenkt (gekauft!), und Friedrich durfte es nach seinem Geschmack umbauen. Er versammelte einen Kreis von Künstlern und Philosophen um sich. Der Vater schwieg.

Diese Rheinsberger Jahre waren die glücklichsten im Leben Friedrichs. Pesne hat ihn gemalt, ein volles, rosiges Gesicht mit großen Augen und schwellendem Mund. Gekleidet ist er in den Küraß, einen Purpurmantel über die Schulter geworfen. Der Ausdruck ist frei, aber wachsam. Noch erinnert er in nichts an den Alten Fritz.

Im Mai 1740 starb Friedrich Wilhelm mit zweiundfünfzig Jahren. Der alte Sünder empfing den Tod mit bewunderungswürdiger Fassung. Trotz schwerer Wassersucht hatte er noch eine Inspektionsreise nach Ostpreußen unternommen, von der er krank zurückkam. Er fühlte das Ende kommen und befahl den Hofprediger zu sich, der sogleich zu beten begann. »Nicht so laut!« schrie der König ihn an.

Dann wollte der fromme Mann sich mit des Königs Sünden befassen. Friedrich Wilhelm bestritt, Sünden begangen zu haben. »Blödsinn! Den

Schurken ist allen recht geschehen!« Als der Prediger ihn daran erinnerte, daß er vor Gott nicht als König, sondern als namenloser Mensch »nackt und bloß« erscheinen werde, fiel Friedrich Wilhelm gleich noch etwas ein: »Apropos, ich will in Uniform beerdigt werden. Und jetzt verschwindet!«

Er ließ sich Särge vorführen und den gewählten sogleich neben sein Bett stellen. Da stand er auch, wenn die Familie vor dem Kranken defilierte. Als er Fritz vor sich sah, äußerte er plötzlich die Kater-Idee, abzudanken. Aber er kam nicht mehr dazu. Mit einem Anruf Christi verschied er.

Der »Schurke« Friedrich war König.

9

Wenn Friedrich Wilhelm aus dem Himmel, in den
zu kommen er fest geglaubt hatte, auf sein Preußen herabblickte, wird er keine große Freude gehabt haben: Die Leute jubelten über das Ende der
»Besatzungsmacht«, tanzten und sangen, sanken
sich in die Arme und dankten Gott.
Der neue König sah es, und zum erstenmal um-
wölkte sich seine Stirn. Und als jemand aus seinem Freundeskreis eine anzügliche Bemerkung
machte, donnerte Friedrich ihn an: »Sie haben
nicht mehr den Prinzen vor sich; Sie stehen vor Ihrem König!«
Ach, du lieber Himmel!
Bestürzte Mienen.
War das derselbe Fritz, der noch vor kurzem im
vergnügten Kreis das alberne »Gedicht« geschrieben und sich scheckig gelacht hatte:

>»Darum, Wutscherl,
>herzigs Trutscherl,
>gib dein Patschhanderl her.
>Du mein Lieberl,
>ich dein Biewerl,

du mein Weiberl,
ich dein Mann.«

Es gab nur wenige, die ihn durchschauten und richtig beurteilten. Der französische Gesandte hatte einmal nach Paris geschrieben: »Der Prinz bietet ein Beispiel dar, wie man mit beständiger Aufmerksamkeit sich selbst bei den einfachsten Maßnahmen in acht nehmen muß. Mit Verstellungskunst verbunden, ähnelt sein Charakter dem seines Vaters. Diejenigen, die ihn am besten kennen, sind überzeugt, daß man dereinst unter großen Opfern mit ihm als König Bekanntschaft wird machen müssen. Er wird nicht derselbe sein, aber was er sein wird, wer weiß es?«
Der dänische Gesandte in einem Bericht: »Bekanntlich verstellte sich der Kronprinz so tief und besitzt solche Selbstbeherrschung, daß man seine Absichten gar nicht mutmaßen kann.«
Der sächsische Gesandte charakterisiert Friedrich hochinteressant: »Ich hüte mich, sein Bild zu zeichnen, und bezweifle, daß dies jemandem gelingt. Sein wahrer Charakter ist undurchdringlich. Ich begnüge mich, von denjenigen Zügen zu reden, die ich ihm auf Grund der Ansichten zuschreibe, zu denen er sich mir gegenüber stets bekannt hat. Er ist gut, hochherzig, mitleidvoll mit dem Unglück anderer und voll heftigem Abscheu gegen Ungerechtigkeiten. Er arbeitet an sich. Er hat mir einmal mit einem Vers Voltaires geant-

wortet: ›Gar mancher glänzt wohl auf der zweiten Stufe, doch auf der ersten lischt das Licht ihm aus‹.«

Und dann kommt in dem Brief des sächsischen Gesandten der überraschende Satz: »Ich glaube, seine größte Leidenschaft ist der Ruhm.«

Die Bevölkerung hatte Friedrich als den unglücklichen Prinzen in Erinnerung, einen zierlichen, kleinen Jüngling (wenn man seine Uniform, die auf uns überkommen ist, ansieht, merkt man mit Rührung, wie zerbrechlich der König gewesen sein muß), als duldsam, tolerant und im Freundeskreis so vergnügt.

Sobald er König geworden war, hatte er, um für die Notleidenden den strengen Winter zu lindern, die Lebensmittelmagazine öffnen lassen, an die zu Zeiten seines Vaters niemand rühren durfte. Er hatte auch Urteile kassiert, Steuern gemildert, harte Befehle aufgehoben, er hatte das verhaßte Regiment der Langen Kerls aufgelöst und aus Potsdam weggeschickt, er hatte eine Art Pressefreiheit verkündet, was dazumal unerhört war, und befohlen, alle Glaubensbekenntnisse zu achten und zu dulden.

Das ließ sich doch gut an? Wo gab es denn das noch auf der Welt? Nirgends!

Aber eines Tages fiel das Volk aus allen Wolken.

Am 20. Oktober 1740 starb in Wien Kaiser Karl VI.

Am 26. Oktober rief Friedrich – er lag mit Fieber

zu Bett – die alten Generäle zu sich und konferierte tagelang mit ihnen hinter verschlossenen Türen.

Das Ausland sah diese Geheimniskrämerei mit Mißtrauen. Aber das Mißtrauen schwand wieder, als die Gesandten berichteten, daß der König heiter und unbeschwert und seine glanzvollen Soireen »entzückend« seien. In solchen Nächten (man tanzte bis vier Uhr morgens) fanden Truppenverschiebungen in Richtung Schlesien statt. Der österreichische Gesandte erfuhr es durch Spione und schickte einen Eilkurier nach Wien. Der Staatsrat Maria Theresias lachte.

Im Dezember ließ Friedrich wissen, er böte Habsburg einen Bündnisvertrag an. Preis: Schlesien.

In Wien schüttelte man verwundert den Kopf.

Darauf sandte Friedrich ein Ultimatum: Er verlangte auf Grund der bis in das Jahr 1537 zurückliegenden Verträge die Herausgabe von Schlesien. Maria Theresias Staatsräte hielten den preußischen Herrn für verrückt. »Einem Fürsten wie Ihnen, der als Reichs-Erzkämmerer dem Kaiser das Waschbecken hinhalten muß, kommt es nicht zu, der Tochter des Kaisers Gesetze zu geben!«

Am 14. Dezember waren die Truppenbewegungen abgeschlossen; Friedrich reiste an die Front ab.

Wie genial, schrieben die Hurra-Patrioten des vorigen Jahrhunderts. Wie genial die Weltlage erkannt: Habsburg besaß nichts als Feinde und ein kaum regierbares, zersplittertes Reich. Der Streit um die deutsche Kaiserkrone war in vollem Gange. Preußen hatte achtzigtausend Mann unter Waffen, Österreich dreißigtausend. In Friedrichs Kasse waren zehn Millionen Taler, in Maria Theresias Kassen nichts.

Ich finde es von Friedrich gerissen, aber nicht genial. Unter genial verstehe ich etwas anderes. Tiere zanken sich um Beute; Land und Menschen sind kein blutiger Fetzen Fleisch. Es gab auch keine politische Zwangslage, es gab nur eines, und in seinen Erinnerungen sagt er es selbst: »Meine Jugend, die Glut der Leidenschaft hat mich der Ruhe entrissen ... der Besitz schlagfertiger Truppen, eines wohlgefüllten Staatsschatzes und der Drang, mir einen Namen zu machen, waren die Gründe, die mich zum Kriege bewogen.«

Ich höre geradezu den späteren Kaiser Augustus über den früheren Oktavian sprechen!

Was für ein rätselhafter Mensch, dieser junge Herr!

Das Volk überkam das nackte Elend. Das preußische Volk ist militärisch, aber nicht kriegerisch. Das eine bezeichnet das Denken und das Gehabe, das andere den Tatendrang und den Mutwillen. Die preußische Eigenschaft zeigt die Einstellung zum Kriege als »Vater aller Dinge«, aber nicht den Wunsch nach Krieg.

Im Lande ging das arbeitsame Leben weiter, die Gedanken der Menschen aber waren in Schlesien

– auch bei dem jungen König, obwohl sie ihn nicht verstanden.

Am 1. Januar 1741 stand das preußische Heer bereits vor Breslau. Feindwiderstand hatte es nirgends gefunden. Die kleinen über das Land gesprenkelten Festungen waren zum großen Teil mit Invaliden besetzt und ergaben sich ohne einen Schuß. Die Schlesier begrüßten es mit Jubel: Das Land war vor der Gegenreformation lutherisch gewesen und hatte das dann büßen müssen. Die Gefängnisse waren voll von »Verbrechern«, die sich geweigert hatten, zum katholischen Glauben zurückzukehren. Aber auch die Katholiken sahen die Zukunft rosig. Schlesien war für Wien stets nur das fünfte Rad am Wagen gewesen. Der König verkündete Glaubensfreiheit, klopfte Superintendenten wie Bischöfen auf die Schulter und schwang abends das Tanzbein mit den vor Freude und Ehrfurcht ersterbenden Bürgerstöchtern. Friedrich war in Euphorie: So kinderleicht hatte er sich Kriege nicht vorgestellt.

Er wachte auf, als die Nachricht vom Anrücken eines österreichischen Heeres eintraf. Gerade kraxelte es über das Riesengebirge und schickte sich an, der preußischen Armee die Verbindung mit der Heimat abzuschneiden. Friedrich brach das Tanzen ab und machte sich mit seinen Truppen auf die Socken. Man zog dem Feind entgegen, hatte aber keinen Schimmer, wo man ihn treffen würde.

Sie trafen ihn bei Mollwitz, und zwar im gemütlichsten Augenblick des Soldatenlebens: beim Abkochen. Hätten die Preußen sofort angegriffen, so würde von den Österreichern nicht viel übriggeblieben sein. So aber wollten sie erst den König informieren, und als es losging, war der Überraschungseffekt beim Teufel. Die österreichische Reiterei walzte die preußische Kavallerie nieder, die Österreicher durchbrachen die Front, die Schlacht war verloren. Jedenfalls schien es dem König so, und Feldmarschall Graf von Schwerin bestärkte ihn absichtlich in dem Glauben. Friedrich brauchte sein Pferd nicht erst noch herumzureißen, es stand schon mit dem Schwanz zum Feind.

Kaum war der junge Herr davongaloppiert, übernahm der alte Schwerin den Befehl; er war keineswegs der Meinung, daß die Schlacht verloren sei. Er formierte die Grenadierregimenter wie auf dem Exerzierplatz, und mit der Exerzierplatz-Präzision funktionierte die Maschinerie. Die Infanterie faßte Gleichschritt und trat in furchterregender Breite an: knien, schießen, vorwärtsschreiten, knien, schießen, vorwärts. Es war, wie ein österreichischer Beobachter schrieb, ein faszinierender Anblick. Da kamen sie, die preußisch-spartanischen Hopliten!

Die österreichische Infanterie begann zu zögern, zu wanken, kehrtzumachen, zu fliehen. Die Reiterei wurde vom Strudel erfaßt und mitgerissen.

Eine Stunde nach dem Verschwinden des Königs war die Schlacht von Mollwitz entschieden: Schwerin sandte die Kuriere mit der Siegesbotschaft los, den König zu suchen.

Es ist schlimm: Der König ist achtzig Kilometer weit geflohen! Die Siegesnachricht erreichte den völlig verstörten jungen Herrn um zwei Uhr nachts.

Er hatte gesiegt!

Die Scham über seine Flucht hat Friedrich sein Leben lang nicht überwunden. Katte war für ihn gestorben – (»Für Sie zu sterben, ist leicht«) – und er selbst war geflohen. Er hat auch dem alten Schwerin im tiefsten Herzen nie verziehen, »daß er ihn schwach gesehen«.

Alle Zeugnisse stimmen überein, daß in dieser Nacht die letzte Wandlung in dem König vor sich ging. Wie soll man sie nennen? Er wurde furchtlos? Nein, niemand ist ohne Furcht. Vielleicht, was Katte gefühlt hatte: Sterben ist schwer, aber *für* etwas sterben ist leicht? Das könnte es sein. Es umschließt das Preußische.

★

Nach der Schlacht von Mollwitz befand sich Friedrich in einer Lage, die man etwas ironisch-aktuell mit einem Autor vergleichen kann, der soeben einen Bestseller auf den Markt geworfen hat.

Das ganze Ausland horchte auf, wie Verlage in solchem Falle aufhorchen, und es prasselte Bündnisangebote.

Preußen hatte im Augenblick kein Bündnis nötig, wohl aber die anderen. Bayern begann den Erbfolgekrieg gegen Wien, Frankreich wünschte von Maria Theresia das Elsaß, Spanien wollte die Habsburger Gebiete im eigenen Land »befreien«, Franz von Lothringen, Maria Theresias Ehemann, wünschte Kaiser zu werden, was den meisten mißfiel. Friedrich brauchte bloß die Hand auszustrecken, und schon baumelte an jedem Finger ein »Verbündeter«.

Das war eine Situation, die ihn sehr verblüffte. Er begriff, daß er europäische Geschichte gemacht hatte.

Er wählte zunächst den Bündnispartner Frankreich. Frankreich hielt Wien in Schach, und das war gut.

Ich will Sie mit allem weiteren verschonen; ich will nur damit erklären, wie es 1742 zu einer Schlacht bei Chotusitz kam, und wie die Preußen nach Böhmen gelangten.

Zu Fuß. Es ist damals wacker marschiert worden. Auch die Österreicher, soweit sie noch ihr Heer besaßen, kamen zu Fuß, waren sehr müde und wurden geschlagen. Die Bayern standen inzwischen schon in St. Pölten, was bekanntlich von

Wien nur noch einen Katzensprung entfernt ist. Mit einem Wort: Maria Theresia reichte das Wasser bis zum Halse. Sie war bereit, den Verlust Schlesiens anzuerkennen und Frieden zu schließen. Der schlesische Krieg war beendet.

Der König zog das Fazit: Eine runde Million Menschen mehr, vier Millionen neue Steuereinnahmen. Auf der Verlustseite: Zehntausend Verwundete, Invalide und Tote.

Als Friedrich in Berlin einzog, standen viele Tausende Spalier und jubelten ihm zu. Ob auch die Hinterbliebenen darunter waren, weiß ich nicht; ich möchte es aber vermuten.

Sind so die Menschen? Ja, so sind sie. Schlesien? Schlesien bedeutete ihnen nichts, aber die Fahne! Die Fahne! Die von Kugeln zerfetzte Standarte des Ruhmes läßt den Schmerz vergessen. Das ist nicht nur preußisch, das ist genau so französisch, englisch, italienisch. Die Nation, die dieses Phänomen nicht mehr kennt, ist klug, aber verloren.

»Wie würde mein Vater erstaunen«, schrieb Friedrich, »wenn er mich an der Spitze einer siegreichen Armee sähe! Er würde seinen Augen nicht trauen!« Nein, der Vater würde ungerührt gebrüllt haben: »Wo sind meine zehn Millionen Taler, du Schurke? Auf Schlesien pfeife ich.«

★

Hier muß ich Sie leider mit einer trockenen Erklärung belästigen. Ich muß Ihnen sagen, was es mit diesem »angeblichen« Anspruch auf Schlesien auf sich hat. Manche lieben's lang: ich mache es kurz.

Es gilt heute als chic, Friedrichs Erbanspruch als reine Machenschaften zu bezeichnen. Auch Gutwillige wackeln zweifelnd mit dem Kopf; dann kennen sie den Sachverhalt nur halb.

Zweihundert Jahre vor Friedrich hatten die brandenburgischen Hohenzollern mit den ihnen verwandten Herzögen von Liegnitz, Brieg und Wohlau einen gegenseitigen Erbvertrag geschlossen. Zur Zeit des Großen Kurfürsten trat der Erbfall ein: die schlesischen Linien starben im Mannesstamm aus. Ehe der Große Kurfürst jedoch einen Fuß auf den neuererbten Boden setzen konnte, hatte Habsburg die Gebiete bereits an sich gerissen. Man stellte sich honorig und bot dem Kurfürsten als »Ersatz« den Kreis Schwiebus an – eine Art Schrebergarten. Da der Brandenburger, wie stets, in Nöten war, wagte er sich an eine Supermacht wie den Kaiser nicht heran und sagte Ja und Amen.

Bis hierher ist alles in Ordnung, und die modernen flotten Historiker machen einen Punkt. Aber die Geschichte geht kriminell weiter.

Einige Wochen *vor* dieser Regelung machte Wien sich an den damals noch unmündigen Kurprinzen heran und beschwatzte den törichten Jungen zu dem schriftlichen Versprechen, den Schrebergarten Schwiebus sofort nach seiner Thronbesteigung wieder herauszugeben. Sobald der Tag gekommen war, verlangte der Kaiser energisch die Erfüllung der Verpflichtung und vereinnahmte Schwiebus tatsächlich.

Hier liegt der Fall nun sonnenklar. Der Kaiser erfüllte gegenüber dem Großen Kurfürsten juristisch den Tatbestand der »arglistigen Täuschung«. Arglistige Täuschung, das heißt im Strafrecht Irrtumserregung infolge Unterdrückung wahrer Tatsachen, bestraft das Gesetz und hebt die Rechtsfolgen auf.

Ist das klar?

Ferner war der Kurprinz überhaupt nicht handlungsberechtigt. Wenn er das nicht wußte, so wußten es die Minister in Wien, die den Jungen nach dem Regierungsantritt erpreßten.

Das Fazit ist, daß der alte Erbvertrag noch in Kraft war. Friedrich II. war formal im Recht, so leid es mir für die moderne Schickeria und die Preußen-Hasser tut.

★

Jeder Richter wird Ihnen sagen, daß ein Betrüger ein Dauerkunde vor Gericht zu werden pflegt. Es bleibt nicht beim einzigen Mal.

Auch Österreich – der Staatsrat erwies Maria Theresia wirklich keinen guten Dienst – war entschlossen, den Frieden von Breslau zu brechen. Es wählte den Vorwand sehr geschickt, fast undurchsichtig. Habsburg schickte ein Heer gegen das Elsaß, das Frankreich zugefallen war, und rief damit die Bündnispflicht Friedrichs mit Frankreich auf den Plan.

Es funktionierte. Sobald es aussah, als würde der jämmerlich schwache französische König Ludwig XV. Elsaß sang- und klanglos aufgeben, mußte Friedrich befürchten, daß Österreich sich ungehindert auf Preußen stürzen würde. Das konnte auch ein Blinder voraussehen.

Und tatsächlich, statt im Elsaß weiter vorzugehen, rief Maria Theresia die Armee zurück. Wörtlich: »Es wäre großartig, wenn man diesen Teufel Friedrich mit einem Schlage zermalmen könnte.«

Jedoch, der »Teufel« kam ihr zuvor und war schneller auf den Beinen. Im Handumdrehen erschien er in Prag.

Was sollte er, zum Kuckuck, in Prag? Er saß da und wartete auf eine Schlacht. Aber der österreichische Feldmarschall Traun hatte sich, nachdem auch er Böhmen erreicht hatte, verschanzt und tat gar nichts.

Die Lebensmittel wurden knapp. Die Städter versteckten Mehl und Fett, die Bauern trieben das Vieh in die Wälder und schlugen sich in Verstecke. Die preußische Truppe begann zu hungern.

Mehrere tausend Mann desertierten, jene Fremden, die noch der Soldatenkönig gepreßt hatte. Langsam wurde Friedrichs Lage gefährlich. Einen Angriff wagte er nicht.

Aus dieser Klemme rettete ihn Maria Theresia: Sie rief Marschall Traun ab und schickte an dessen Stelle ihren lieben Herrn Schwager, der so furchtbar gern die Armee führen wollte. Es hat große Tränen-Szenen zwischen den Ehegatten gegeben, denn Maria-Theresia wußte, daß Karl von Lothringen als Heerführer eine Null war. Schließlich gab sie nach.

Sobald Friedrich das hörte, versuchte er einen Trick, der so albern war, daß er ihn gegenüber Marschall Traun nie gewagt haben würde: er marschierte nach Schlesien zurück und ließ durch berittene Überläufer dem Prinzen die Nachricht zukommen, er habe sein ganzes Heer zu einer langen Linie aufgelöst und entlang der schlesischen Grenze aufgestellt. Was für eine Vorstellung! Würdig eines Polizeiwachtmeisters, der einen Schmuggler fassen will.

Karl aber glaubte. Er glaubte immer alles. Natürlich waren seine Offiziere nicht so naiv, nicht erst Aufklärer vorauszuschicken. Sie meldeten, jenseits des Riesengebirges seien sie auf eines der Lager gestoßen, sie hätten Biwakfeuer gesehen.

Das stimmte. Die Feuer brannten vor den Zelten, aber die Zelte waren leer.

Karl marschierte auf Schlesien los.

Bei Hohenfriedberg schnappte die Falle zu. Im Morgennebel fielen die Preußen über den Gegner her und schlugen ihn so schnell, daß Karl noch beim Frühstück im Hauptquartier saß, als schon alles vorüber war.

Friedrich hatte den (leichtsinnigen) Plan ausgeheckt und die Schlachtordnung und Taktik selbst bestimmt. Sie war ein Meisterwerk. Sein erstes. Dann setzte er sich hin und komponierte den Hohenfriedberger Marsch; jedenfalls sagt das das Meyersche Konversationslexikon.

Nun, er wird sich nicht hingesetzt und komponiert, sondern auf den Weg gemacht haben, den Österreichern hinterher. Er überquerte die Berge und biwakierte in der Nähe von Soor in Böhmen mit zwanzigtausend Mann in einem engen Tal – was Karl May für sehr unvorsichtig gehalten hätte! Wie oft hat Old Shatterhand seine Gegner nicht in solcher Lage ratzekahl vernichtet!

Dieselbe glänzende Idee kam jetzt auch unserem Karl. Er teilte seine Armee, riegelte vor den Preußen den Ausgang und – alles heimlich im Dunkel der Nacht – hinter ihnen den Eingang ab, eine Aufgabe, die immer Winnetou zu übernehmen pflegte. Im ersten Morgengrauen sollte der Überraschungsangriff starten.

Nun hatte aber Karl das Pech, daß Friedrich ein Frühaufsteher war, er hatte die mir persönlich höchst unangenehme Eigenart, schon um vier Uhr auf den Beinen zu sein und seine Offiziere zusammenzutrommeln. Es bedeutete für ihn also keine Überrumpelung, als ihm der Feind am Ausgang des Tales gemeldet wurde. Er war bereit und reagierte richtig: Er warf sich auf den Gegner, zerfetzte mit der Reiterei erst den einen und dann den anderen Teil der Österreicher, denn leider hatte Karl vergessen, mit beiden Teilen gleichzeitig anzugreifen. Das ging, wie Karl May sagen würde, fast schneller, als man es berichten kann.

Ein Meisterstück. Sein zweites. War er doch ein Feldherr? Langsam mußte man es glauben. Am meisten beeindruckt war England, das sollte sehr bald große Bedeutung haben.

Und nun tat Friedrich etwas, was ihn wirklich als großen Strategen ausweist: Er ließ Karl laufen und kehrte nach Schlesien zurück.

Maria Theresia hätte jetzt reif sein müssen. Aber ihr Haß auf den Preußen war zu groß, sie warf nicht das Handtuch, sie trommelte neue Bundesgenossen zusammen. Die Sachsen mobilisierten und die Russen sammelten in aller Heimlichkeit zehntausend Mann an der Grenze, die, Gewehr bei Fuß, auf einen Wink aus Wien warteten.

In Wien jedoch war man gerade nicht zuhause, sondern in Frankfurt am Main. Maria Theresias Traum ging in Erfüllung: ihr lieber Franz wurde zum deutschen Kaiser gekrönt. Natürlich ohne die Stimme des Kurfürsten Friedrich; die Waschschüssel mußte ein anderer halten. In Frankfurt war trotz des bösen Schlags von Soor alles eitel Wonne. Franz hielt lachend Reichsapfel und Szepter in die Höhe und Maria Theresia warf ihrem gekrönten Liebsten Kußhändchen zu. Man berichtete es Friedrich. Er zog ein Gesicht, als hätte er Zahnschmerzen. Von da ab titulierte er die Kaiserin, die Zarin und Madame Pompadour »die Unterröcke« – ein Wort von großen Folgen.

Zurück in Wien machte man es sich erst einmal gemütlich, aber aus den Augen verloren hatte Maria Theresia den »Teufel« nicht. Sie und ihre Räte grübelten und konspirierten, und schließlich legten sie ihr Ei: Prinz Karl (es geht eben nichts über Verwandtschaft) sollte Friedrich in Böhmen binden (er stand längst nicht mehr dort), und Sachsen sowie Rußland würden auf Berlin marschieren.

Ein kühner, eines Karl würdiger Plan, der schön gewesen wäre, hätte man ihn vor Mollwitz geboren. Jetzt kam er ein bißchen spät.

Friedrich erfuhr von der brillanten Idee und gab dem alten Dessauer, Fürst von Anhalt und Generalfeldmarschall aus der Zeit des Soldatenkönigs, den Befehl, mit seinen Heimat-Regimentern in Sachsen einzumarschieren, möglichst schnell, bevor die Russen sich in Bewegung setzten. Der »Alte Dessauer« hatte sechsundsiebzig Jahre auf dem Buckel und war ein Mann aus echtem Schrot und Korn, das heißt im Klartext, er war senil, bockbeinig und rheumatisch. Er verstand Bahn-

hof und wollte erst einmal für alle Mann Brot bak-
ken. Aber der König, in Ängsten, machte ihm in
einem saugroben Brief Beine (»Was glauben Sie
eigentlich, bin ich der Fürst von Zerbst?«).

Mit Wut im Bauch stieß der Dessauer bei Kesselsdorf auf die sächsische Armee. Er würde ihnen
schon zeigen, wer er war, und griff sofort an, obwohl die Sachsen sich auf einem vereisten Hö-
henzug (es war Dezember) gut eingegraben hatten. Die Verluste waren furchtbar. Sie rührten sogar das versteinte Herz des Alten. Er kniete nieder
und betete die später berühmt gewordenen Worte: »Herrgott hilf mich! Und wenn du mich nich
helfen willst, hilf wenigstens die anderen nich!
Dann wirste schon sehen!«

Er stürzte sich selbst ins dichteste Schlachtge-
tümmel. Drei Kugeln zerfetzten seinen Waffen-
rock.

Die Schlacht wäre verloren gegangen, wenn die
Sachsen nicht einen Fehler gemacht hätten: Sie
verließen ihre Stellungen und stürmten hügelab-
wärts, direkt in die Säbel der preußischen Drago-
ner.

Die Nachricht von der Niederlage bei Kesselsdorf
entsetzte den Wiener Hof. War denn gegen diesen
Teufel kein Kraut gewachsen? War wirklich alles
aus?

Franz meinte, ja. Maria Theresia meinte: einstweilen.

Die Russen, verschreckt (»Gebe Gott, daß dieser

Mensch nicht mit uns dasselbe macht wie mit den Sachsen!«) drängten auf Frieden.

Am Weihnachtsmorgen 1745 unterzeichnete der kaiserliche Bevollmächtigte in Dresden die Akte der Abtretung Schlesiens.

Der sogenannte 2. Schlesische Krieg war zuende.

Nicht die Preußen, sondern Frankreich und England waren die ersten, die von diesem Tage an den König »Frédéric le Grand« und »The Great« nannten.

★

Friedrich der Große war entstanden.

Nun wissen wir also, wie man »der Große« wird: Mit dreiunddreißig Jahren, vier gewonnenen Schlachten und zwanzigtausend Toten.

Das ist eine sehr bittere Feststellung. Ich kenne nur einen »Großen« in der Weltgeschichte, bei dem jede Bitterkeit fehlt: Albertus Magnus. Aber das liegt weit zurück, und seitdem haben sich die Menschen auf keinen aus der Geisteswelt mehr besonnen. Man hat Dante, den Schöpfer der italienischen Sprache und des christlichen Mythos »divino« genannt, Luther, den Schöpfer der deutschen Sprache und des neuen Glaubens, erhaben und verehrungswürdig, Goethe olympisch. Aber

»der Große«? Nein. Was ist das denn, »der Große«? Es ist offenbar etwas Rätselhaftes, etwas, was
nicht allein in der Leistung umschlossen liegt, es
scheint ein Strahlungsvermögen zu sein, ein
Strahlungsvermögen, das alle erreicht.

Hier, an dieser Stelle, können wir mit einer Frage
vielleicht einen Schritt weiterkommen: Für wen
war Dante »divino«? Für wen war Goethe der
Olympier? Nur für einen Teil, einen in Wahrheit
kleinen Teil des Volkes.

Aber gilt das nicht auch für Albertus Magnus, den
Grafen von Bollstädt? Zweifellos. Nur war da-
mals, im 13. Jahrhundert, dieser kleine Teil des
Volkes der einzig denkende Teil, der einzig exi-
stierende Teil. Dieser Teil trug jene Zeit, er *war* sie.
Deshalb genügte es, wenn *er* den Namen »der
Große« vergab. Er war »alle«. Nur ein ganzes Volk
kann den erhabenen Titel vergeben.

Dieses »alle«, so primitiv es klingt, kommt dem
Kern der Wahrheit sehr nahe. Ja, alle. Auch die,
die nichts begreifen und nichts verstehen. Sie haben die Kriege nicht verstanden, sie haben geblu-
tet, sie verarmten bis zum Erbarmen, sie verloren
Väter und Söhne, sie sahen nichts in ihren Händen und nannten ihn, ihren König, den Großen.
Denken Sie nicht an Euphorie. Er war nicht allein
der Sieger – das hätte nicht genügt –, er war das
Symbol des lohnenden Lebens geworden, er war
der mitreißende Gedanke, er war das Strahlende
am preußischen Geist. Er war nicht divino, denn

er fluchte gottserbärmlich, und er war nicht olympisch, denn sein Jackett war von Schnupftabak ständig verkleckert – er war groß, er hatte etwas Schicksalhaftes, er hatte das rote Telefon zu den Göttern wie schon einmal einer in der Weltgeschichte: Augustus.

Ich kann es nachfühlen, aber ich kann ihm noch nicht folgen. Für mich ist Friedrich erst wirklich »der Große«, als er im Alter die Gelassenheit und Wunschlosigkeit derer hat, die unsterblich sind. Bis jetzt sehe ich nur den Sieger, den Schicksalsträger, den Bruder der Götter, aber noch nicht den Menschen, der weise und aus Weisheit wieder klein geworden ist und vor dem ich das Knie beugen möchte.

★

Jedoch der Mensch zeigte sich bereits. In einem Gespräch sagte er – nicht müde, sondern mit großem Feuer: »Wie kommen wir Menschen dazu, große Pläne auszubrüten, die so viel Blut kosten? Wir wollen leben und leben lassen! . . . Ein Regent muß seinen Beruf (!) darin sehen, so viel es in seiner Macht liegt, menschliches Elend zu heilen. Ein Fürst ist für sein Volk, was das Herz für den Körper ist. Er empfängt Blut von allen Gliedern und treibt es zurück bis in die äußersten Spitzen.«

Er glaubte, viele Friedensjahre vor sich zu haben. Es wurden elf.

In dieser Zeit arbeitete er Tag und Nacht am inneren Ausbau des Staates. Ich sage »und Nacht«. Tatsächlich war es noch dunkel, wenn er sich von seinem Lager erhob. Er war anspruchsloser als sein Leibhusar. Er liebte sehr wohl das Schöne, auch Prunkvolle, er liebte es als Augen-Erlebnis. Für sich persönlich vermied er jeden Aufwand. Er frühstückte spärlich, trödelte etwas herum, ehe er sich ebenso spärlich wusch. Er fuhr sommers wie winters in dieselbe, etwas verdreckelte Kluft und in die meist ungeputzten Stiefel. (»Ich glaube, ich sehe manchmal ein bißchen wie ein Ferkel aus.«) Dann begann die Arbeit, Briefe, Akten, Berichte und Rapporte. Der Krieg hatte vieles durcheinandergebracht, vieles verschlechtert, vieles liegen lassen. Ihm waren auch über manches die Augen aufgegangen. Er begann seine Reformen. Es waren nicht ein paar Federstriche oder Randbemerkungen, es waren Umwälzungen, über die die Welt zu staunen begann.

Er verfügte neue Prozeßordnungen. In Zivilklagen sollte niemand, auch nicht der König, ein Wort mitzusprechen haben. In Strafverfahren hatte die Schuldfindung ausschließlich bei den Richtern zu liegen. Die langwierigen schriftlichen Verfahren wurden durch mündliche Verhandlungen ersetzt. Er verlangte kurze Justiz unter Berücksichtigung der sozialen Umstände!! Die Rich-

ter, die bisher wie Anwälte Rechnungen stellten, wurden beamtet und verloren nun von selbst alles Interesse, Prozesse in die Länge zu ziehen. Strafurteile aus den Provinzen wünschte er zu sehen. »Ich will verhindern, daß da gehudelt wird!«
Den Wirtschaftsminister entließ er. Er übernahm die Aufgabe selbst. Es prasselte Verordnungen, daß den Beamten Hören und Sehen verging. Er sah alles, hörte alles und bildete sich ein, alle Welt stünde ebenfalls um vier Uhr nachts auf. Es herrschte ein Tempo, daß es dem Ausland den Atem verschlug.

Seiner Zeit war er um hundert Jahre voraus. Das war nicht die Frucht seiner Beschäftigung mit der Aufklärung, es war sein Charakter. Sollten die Pachtverträge mit den Staatsgütern erneuert werden, so befahl er, Knechte und Gesinde über ihre Verhältnisse und vor allem über die Behandlung durch den Herrn zu befragen. Gefielen ihm die Zustände nicht, flog der Pächter. Er machte auch vor dem Adel nicht Halt. Die Gräfin Gessler, bei der haarsträubende Zustände zutage kamen, ließ er prozessieren; die Richter erkannten auf sechs Jahre Haft. Friedrich schimpfte: »Zu wenig für diese Bauernschinder!« Bei Bestechung und Erpressung drohte er mit Aberkennung des Adels und Zwangsarbeit.

Der britische Gesandte schrieb nach Hause: »Ich möchte lieber ein Affe in Borneo als ein Minister in Preußen sein!«

Das Volk war heilfroh. Es war hart, das Leben, aber man wußte, woran man war. In jedem Frühling machte sich der König auf die Reise durch Städte und Dörfer. Er kreuzte zum Schrecken der Dorfschulzen auch in den kleinsten Flecken auf. Er sprach mit den Bauern (»Kerls, ihr sollt mehr Kartoffeln anbauen, Preußen soll Kartoffeln essen, das ist was Gutes!«) und Handwerkern (»Podewils, wir haben es nicht nötig, Wolltuche draußen zu kaufen; wir brauchen Wollspinner, sechzigtausend«), er besuchte Klippschulen, schimpfte, wenn er hörte, daß sich die Schulmeister noch nebenher mit Bierausschank Geld verdienten, und wünschte, daß den Dorfkindern nicht zu viel beigebracht würde. »Lernen sie zuviel, so laufen sie in die Städte und wollen Sekretäre und so'n Zeugs werden. Der Sohn eines Spritzenmeisters soll nicht studieren, sondern spritzen!«

Er wußte, wieviel Unzufriedenheit geweckt werden konnte. Nicht nur durch falsche Illusionen, auch durch Luxus. »Da geben sie sich die größte Mühe mit viel Kosten Ananas und Bananen und dieses ganze exotische Zeug einzuführen. Man kann mir sagen, was man will, der Mensch ist wertvoller als alle Ananasse der Welt. Auf den Menschen soll man aufwenden!«

War der König von der Inspektion zurückgekehrt (müde, von Arthritis geplagt), so atmeten alle im Lande auf, auch die, die sein Wohlgefallen erregt hatten. Auf wen sein Auge fiel, der bekreuzigte sich: er sah schon Potsdam und Vier-Uhr-Morgens vor sich.

In Wien, in München, in Dresden, in Paris, in London blinzelte man nervös mit den Augen. Was für ein Mensch! *Wie* alt war er? Vierzig? Einundvierzig?

Aus Schlesien hörte man, daß er den Katholiken alle Freiheiten ließ! Daß er katholische Gottesdienste besuchte. Daß er sich dann nicht auf den Thronsessel, sondern auf eine Bank mitten in der Gemeinde setzte. Daß er von den Kanzeln verkünden ließ, man dürfe nur vor Gott niederknien, nicht vor ihm. Was für ein Teufel!

★

Der König arbeitete mindestens zehn Stunden am Tag. Zwei Stunden spielte er Flöte, allein oder mit seinem Hofkapellmeister Quantz und dem Kammerorchester, und zwei Stunden lang aß er zu Mittag; abends so gut wie nie.

Den kleinen Rest des Tages verquackelte er mit Knobelsdorff, der ihm seinerzeit Rheinsberg umgebaut hatte und ihm nun seinen Lieblingsplan verwirklichen sollte, ein »Weinberghaus« zu bauen. Er hatte dazu die Terrassen am Fuße des »Ruinenbergs« ausgesucht. Berlin mochte er nicht, das Potsdamer Palais war zu groß und zu eisig; er wollte ein »Weinberghaus«. Knobelsdorff stand vor diesem Wort etwas ratlos, und Friedrich (»Alle Landbaumeister sind Idioten!«) begann, ihm seine Pläne selbst aufzuzeichnen. Nachdem Knobelsdorff die Skizzen gesehen hatte, war ihm klar, daß er das Wort »Weinberghaus« ein klein wenig mißverstanden hatte; was er da auf dem Papier erkennen konnte, war ein entzückendes Rokoko-Schlößchen. Es wurde das Sanssouci.

Friedrich selbst gab ihm den Namen. Zuerst aber nannte er es ironisch Cent soucis – hundert Sorgen. Sehr treffend, denn er war blank. Fast drei Jahre später, mit den letzten Groschen, wurde es vollendet. Es war ein Festtag, als er einzog. Ein eigenes Heim! Ein eigenes Haus! Sie lächeln? Lächeln Sie nicht. Friedrich fühlte genau das. Man kann auf Violinen verschieden spielen, aber gestimmt sind sie alle gleich auf e, a, d, g.

Noch eine andere Leidenschaft gönnte er sich. Aber das ist eine Sache, die mich so in Rage bringt, daß ich das alte Kapitel damit nicht verunreinigen möchte. Ich bringe sie also in einem neuen Kapitel unter, auch wenn sie das nicht verdient.

10

Die ungeschlachte Umgebung, das geistlose, rüde Benehmen und Sprechen seines Vaters haben den Knaben Friedrich der französischen Kultur und Sprache geradezu in die Arme getrieben. Französisch war die feine, die elegante Welt. Seine Erzieher und seine Gespielen bestärkten ihn noch darin.

Das Deutsch, das Friedrich schrieb, war haarsträubend. »Sofort« schrieb er »so vohrt«, statt »die Oder« schrieb er »der oder«, »Eliksihr« für »Elixier« und »möghe« für »möge«. Er wußte, daß es skandalös war (»Je parle comme un cocher« – ich spreche deutsch wie ein Fuhrknecht), aber er änderte es nicht. Infolgedessen las er keine deutschen Bücher. Er kannte Lessing nicht, nicht Herder, nicht Klopstock, nicht Kant, nicht Winckelmann (der es ihm kleinlich nie verzieh); er kannte auch Goethe nicht, ausgenommen den »Götz von Berlichingen«, den er als »elendes Zeux« abtat.

Racine war Spitze.

Nun gut, darüber läßt sich streiten.

Er fand nur Gellert einmal für würdig, vor ihm

zu erscheinen. Und darüber läßt sich nun nicht mehr streiten. Gellert, befragt, welche großen Männer die deutsche Literatur denn habe, war zu eitel, als daß ihm einer eingefallen wäre.

Die Malerei gab Friedrich nicht viel ab. Er schätzte Antoine Pesne. Franzose natürlich.

In der Musik, in der er als Komponist sehr begabt war, hielt er Mozart für einen Schwätzer. (Aber er schätzte Bach. Klarheit, pflegte er zu sagen, ist die erste Regel).

Das alles kann man runterschlucken, aber nicht das Kapitel Voltaire.

Seien Sie versichert, daß ich Voltaire gelesen habe.

Was ist er literarisch? Eine Vogeltränke, aus der man zur Erfrischung einen Schluck nimmt und dann weiterfliegt. Aber man stellt die Vogeltränke doch nicht wie eine Suppenschüssel täglich auf den Mittagstisch, rührt sie durch bis auf den moddrigen Grund und trinkt in vollen Zügen!

Und das tat leider Friedrich.

Schon in seiner Jugend hatte er mit dem Franzosen korrespondiert. Natürlich antwortete ihm Voltaire schleimig schmeichlerisch. Der Briefwechsel wurde lebhafter, der Gedankenaustausch intensiver. Dabei drückte Voltaire stets ungeniert auf die Tube; der junge Friedrich, grün und einsam wie er damals war, schluckte alles.

Voltaire hatte bereits einige erfolgreiche Bücher veröffentlicht, er war zeitweilig der bunte Vogel der Pariser Salons gewesen, er hatte aber auch schon zweimal im Kittchen gesteckt. Charakterlich war er ein Widerling, hinterhältig, treulos und perfide.

Zum erstenmal kam er zwischen den Schlesischen Kriegen nach Potsdam. Es geschah in der Maske des politischen Flüchtlings – zwischen ihm und der französischen Regierung verabredet. Er sollte die Pläne Friedrichs in Erfahrung bringen.

Friedrich, hungernd nach Esprit, glaubte in ihm den Mann gefunden zu haben, der ihm adäquat war. Voltaire konnte bestrickend im Umgang mit Menschen sein, die für ihn wichtig waren, er war geistreich, ein ungewöhnlich witziger, spitzzüngiger, amüsanter Alleinunterhalter, wie man es heute nennen würde. Er besaß erhebliches, wenn auch keineswegs profundes Wissen und kannte alle modernen Strömungen, vor allem in der englischen Aufklärung. Aber als Voltaire, seinem Auftrag gemäß, Friedrich das Ansinnen stellte, ihm, seinem »besten Freund«, Einblick in seine Korrespondenz zu geben, durchschaute der König ihn. Voltaire reiste beleidigt ab. Friedrich schrieb in einem Brief: »Eine niedrige Seele in einem schönen Geist.«

Nach dem Frieden von Dresden sehnte sich Friedrich schon wieder nach »dem schönen Geist« und vergaß die niedrige Seele. Er lud ihn ein. Voltaire forderte vierzigtausend Taler. »Sire, Sie sind vielleicht der bedeutendste Mensch, der je auf einem

Thron gesessen hat. Sie sind anbetungswürdig.«
Der Soldatenkönig hätte ihn einen Schurken genannt.

Er kam, wenn auch nicht für vierzigtausend Taler,
und der König ehrte ihn neben fünftausend Talern jährlichem Ehrensold mit dem Pour le mérite
und dem Kammerherrn-Schlüssel.

Von nun an sah man diesen Mitesser täglich an
der Tafel in Sanssouci sitzen und schwatzen. Nebenbei klaute er.

Zum ersten großen Krach kam es, als der Franzose
windige, das heißt verbotene finanzielle Spekula-
tionen mit sächsischen Schuldscheinen unternahm. Dann ließ Voltaire heimlich ein Pamphlet
drucken, wozu er die Erlaubnis hätte einholen
müssen. Zur Rede gestellt, leugnete er, der Autor
zu sein. Als er überführt wurde, war er so beleidigt, daß er abermals abreiste. Orden und Kam-
merherrnschlüssel, die der König zurückforderte,
nahm er mit.

Kaum war er in Frankreich und sicher, nicht mehr
nach Berlin zurückzukehren, brach sein ganzer
Haß gegen den König durch. Von nun an ergos-
sen sich Kübel von Lügen und Schmutz über
Friedrich.

War der König endlich geheilt?

Fragen Sie einen enttäuschten Liebhaber, ob er
geheilt ist.

Damit schließt dieses Kapitelchen. Ich verstehe,
daß man Voltaire liest. Aber wie man diese Laus

ertragen kann, das verstehe ich nicht und ist wohl nur aus der völligen traurigen Vereinsamung des Königs zu erklären.

11

Friedensjahre.

Es ist dokumentarisch, daß Friedrich alles tat, um den Frieden zu erhalten. Er hatte zwar die beiden Friedensverträge in der Tasche, aber er sah klar: Wenn der erste schon einmal gebrochen worden war, würde auch der zweite gebrochen werden. Er war kein großer Psychologe, jedoch schätzte er Maria Theresia richtig ein. Allein würde sie es wohl nicht noch einmal wagen, also galt es zu erschnuppern, was in der Luft lag. Zarin Elisabeth war in der Hand einer Clique um den Preußenhasser Bestuschew, sie war beständig damit beschäftigt, den Himmel nach Geliebten, Wodka und englischen Pfunden oder französischen Louisdors abzusuchen. Sie war als Verbündete Österreichs die größte Gefahr, denn ihr Menschenreservoir war unerschöpflich. Die zweite Gefahr war Frankreich. Ludwig XV. war Wachs in den Händen der Pompadour, die den Frauenverächter und Spötter Friedrich nicht ausstehen konnte. Aber, so kalkulierte Friedrich, Frankreich war der natürliche Feind Habsburgs.

Er glaubte, beruhigt sein zu können.

Er irrte sich. Das Schicksal Preußens wurde in Amerika entschieden. Zum erstenmal kam das kleine, ländliche Preußen mit der Weltpolitik in Berührung. Es ging für zwei Großmächte, England und Frankreich, um mehr als um den kleinen Klecks Schlesien, den die Dame in Wien wiederhaben wollte, es ging um einen gigantischen Kontinent: England und Frankreich kämpften in Amerika um die Macht. Dem Sieger würde die Neue Welt gehören.

Fragen Sie mich nicht, warum und wozu einem eine Neue Welt gehören muß, ich weiß es nicht, ich bin kein Engländer und kein Franzose.

In London saßen die entschlosseneren Staatsmänner. Sie wußten, daß sie auf dem Kontinent eine verwundbare Stelle hatten, Hannover, ihr Kronland. Es lag einem preußischen Zugriff jetzt, während England in Amerika gebunden blieb, geradezu einladend offen da. Und da die Lords von sich auf Friedrich schlossen, waren sie überzeugt, Preußen würde der Verlockung nicht widerstehen.

Jetzt gab es – so schien es den Lords – zwei Möglichkeiten, Hannover zu schützen: entweder durch einen bezahlten Polizisten, zum Beispiel Rußland (tatsächlich spielte man mit dem Gedanken, achtzigtausend Russen zu »engagieren«), oder durch den mutmaßlichen Dieb selbst, Preußen. Die zweite Lösung war die geniale: Man bot

Preußen ein Bündnis an: Unantastbarkeit und Garantie Hannovers gegen gewaltige Hilfsgelder. Die Berechnung war: Verbündet sich Preußen mit England, so folgt auf dem Fuße ein Bündnis Paris–Wien. Die englischen Lords sahen noch weiter. Maria Theresia, mit Frankreich und Rußland im Bunde, würde sofort losschlagen. Frankreich würde Truppen abstellen müssen, Truppen, die ihm dann in Amerika fehlten.

Die Rechnung war perfekt. Preußen mußte Frankreich binden, möglichst lange. Jede von Preußen gewonnene Schlacht gegen Frankreich war eine in Amerika gewonnene Schlacht gegen Frankreich.

Viele Historiker werfen Friedrich vor, das perfide Spiel nicht durchschaut zu haben. Ich kann das nicht glauben. Ich frage, was dem König anderes übrigblieb?

Schon lange *vor* dem englischen Vertrag hatte Maria Theresia die Freundschaft mit Madame Pompadour angebahnt. Sie versprach Wallonien, also ein Reichsland, gegen Schlesien. Und aus Petersburg berichtete der sächsische Gesandte nach Dresden wörtlich, man sei entschlossen, den König von Preußen ohne weitere Erörterungen anzugreifen. Wien war entzückt und gab die Neuigkeit der prächtigen Entwicklung der Verhandlungen mit Paris nach Petersburg weiter. Die drei »Unterröcke« waren sich einig. Wie gesagt, der größte Teil dieser Absprachen lag vor dem Westminster-Vertrag Friedrichs. »Das sind die vergnügtesten Nachrichten, die sich denken lassen«, lachte der österreichische Kanzler Kaunitz, und Maria Theresia lachte mit. Man sprach bereits offen von einer Teilung Preußens.

Was also hätte Friedrich tun sollen, um als Engel für die heutigen Professoren dazustehen? Kennen wir seine Lage nicht aus eigener Erfahrung allzu gut?

Kriege haben ihre Ursache seltener in den Gegensätzen als in der Übereinstimmung anderer.

Beklommenen Herzens entschloß er sich, den Stier bei den Hörnern zu packen und fragte in Wien ohne Umschweife und diplomatisches Herumgerede an, ob Maria Theresia noch zu dem Frieden von Dresden stehe. Er bat um klare Antwort. Die Kaiserin flötete etwas von »eigener Sicherheit« und »Maßnahmen« (was ihr Kaunitz auf einen Zettel gekritzelt hatte). Das sagte sie, als erwiesenermaßen schon achtzigtausend österreichische Soldaten, fünfundzwanzigtausend französische und einhundertfünfzigtausend russische mobilisiert waren.

Warten Sie noch eine Minute und Sie werden erleben, daß das böse Preußen den Frieden brach und in ein fremdes Land einfiel. Damit wird dann für die heutige Welt der Schuldige klar sein.

Der englische Historiker und Sozialethiker Carlyle aber schrieb später das klassische Wort: »Friedrich besaß das viel kürzere Schwert, aber er brachte es schneller aus der Scheide«. Dieses Urteil des Engländers ist richtig.

Im August 1756 tat der in die Enge getriebene König den verzweifelten Schritt. Er brach in Sachsen ein. Der Krieg, der sieben Jahre dauern und furchtbare Blutopfer fordern sollte, begann.

»Ich rufe den Himmel zum Zeugen an«, schrieb Friedrich an seinen Gesandten, »daß ich unschuldig bin an allem Unheil, was daraus folgen wird«.

Er *war* unschuldig.

*

Ihr Majestäten! Wo seid ihr? Ich sehe nur eine an der Front, die anderen sitzen zu Hause. Ludwig XV. amüsiert sich, Elisabeth trinkt, Maria Theresia betet. Für sie ist der Kampf um Schlesien zur Entlastung ihres Gewissens ein katholischer Religionskampf geworden.

Das klingt besser. Das hat auch bei den Ungarn gezündet. Ja, die Ungarn machen auch mit. Schlesien! Schlesien! (Apropos, wo liegt das?)

Heute, ihr Majestäten, ist Schlesien polnisch. Das Schicksal hat alles annulliert, was damals geschah. Alles Blut ist umsonst geflossen, alles Elend, alles Leid umsonst erlitten. Wie weit also muß man vorausschauen, um nicht sinnlose Opfer zu bringen? Fünfzig Jahre? Zweihundert Jahre? Tritt dann nicht die Resignation über die Sinnlosigkeit der Wünsche ein? Kommt man dann nicht mit einem Schlage zur Raison? Wird man dann nicht bescheidener und friedfertiger? Sich vorzustellen, daß in hundert Jahren das Schicksal einen Affen aus uns gemacht haben wird? Aus unserem Ehrgeiz, unserer Hitzigkeit, unserer Wut, unseren unseligen Trieben?

Ist es nicht so?

Ich weiß nicht, ob es so ist. Vielleicht.

Verschwunden wäre dann aber auch alles Streben. Verschwunden der Patriotismus, die Charakterprobe, der Mut, der Glaube, die Hoffnung, alles das, was lebenswert ist, alles, was den Menschen so menschlich macht: das Irren.

Vielleicht gibt es Völker, bei denen es denkbar ist; für Preußen ist es undenkbar.

Das sei schrecklich, meinen Sie? Nun gut, dann ist es schrecklich, aber es ist von großartiger Menschlichkeit.

★

Für die Berichterstattung über den Verlauf des Siebenjährigen Krieges muß ich zu einem anderen Modus greifen. Ich glaube nicht, daß Sie die Schilderung jeder der zahllosen Schlachten hören

möchten. Ich werde mich der Form des Kriegsta-
gebuchs bedienen.

1. Oktober 1756
Das erste Gefecht! Das zur Verteidigung und Un-
terstützung Sachsens herangeführte österreichische Heer ist in einer Nebelschlacht bei Lobositz
geschlagen worden.

15. Oktober 1756
Die sächsische Armee, die auf der Festung Pirna
zusammengezogen ist, hat kapituliert. Der König
hatte sie eingeschlossen und ausgehungert. Die
Unfähigkeit des sächsischen Kanzlers Graf Brühl
ist wirklich erstaunlich. Im preußischen Lager
kursiert das Wort des Königs: »Ich möchte bloß
wissen, warum Brühl tausendfünfhundert Perük-
ken besitzt, wenn er keinen Kopf hat.«
Die Sachsen haben eine Neutralitätsakte unter-
zeichnet.

Weihnachten 1756
Der preußische König verbringt die Festtage in
Dresden. Er besucht die Gemäldegalerie und die
Oper und scheint zuversichtlich und ruhig. Dagegen aber spricht ein geheimer Tagesbefehl an
seine Generäle: Sollte ich vom Feinde gefangen
genommen werden, so verbiete ich, daß man auf
meine Person die geringste Rücksicht nimmt.
Sollte ich aus meiner Haft etwas anderes schrei-

ben, so ist das null und nichtig. Kein Lösegeld! Ich bin bereit, mich für den Staat zu opfern. Mein Bruder soll an meine Stelle treten. – (Lesen Sie es noch einmal und denken Sie an heute.)
Es ist beschlossen, in Böhmen weiterzumarschieren. 30000 Mann unter General Lehwald stehen in Ostpreußen, um die Russen zu erwarten. Man spricht von 90000 Russen.

4. Mai 1757
60000 Österreicher liegen in den Schanzen vor Prag, 60000 Preußen greifen an. Der Boden ist ein einziger Morast, zweimal müssen die Preußen zurückweichen. Die Schlacht steht auf des Messers Schneide. Ein unersetzlicher Verlust: Feldmarschall Schwerin ist gefallen! Der dritte Angriff gelingt unter schweren Verlusten. 12000 Tote auf beiden Seiten. Die Reste der österreichischen Einheiten fliehen in die befestigte Stadt zurück.
Man beschließt, sie nach dem Beispiel Pirnas auszuhungern.

10. Juni 1757
Der österreichische Marschall Daun rückt zum Entsatz Prags heran. Friedrich stellt sich ihm bei Kolin mit einem geringen Teil seiner Armee, um Prag nicht zu entblößen. Daun ist fast zweimal so stark. Die Schlacht läßt sich gut an, nimmt aber dann eine verhängnisvolle Wendung. In seiner Verzweiflung galoppiert der König mit vierzig

Mann und dem Tambour selbst gegen die feindlichen Geschütze, bis man ihn zurückreißt. Die Schlacht ist verloren.

Eiligst zurück zu den Truppen vor Prag.

20. Juni 1757

Der König ist völlig niedergeschlagen. Sein Bruder, Prinz Heinrich, ist im Lager und rät, Schlesien zurückzugeben. Als wenn das noch aktuell wäre! Der Prinz scheint über die Niederlage seines Bruders nicht unglücklich zu sein. Er steht reichlich oft im Gegensatz zu ihm.

26. Juli 1757

Die Kriegshandlungen kommen wieder in Gang. Die Nachrichten sind schlimm. Bei Hastenbeck hat sich der hannoversche Befehlshaber, der Herzog von Cumberland, den anrückenden Franzosen entgegengeworfen. Augenzeugen berichten, daß er die Schlacht in Wahrheit gewonnen hatte, die Lage jedoch verkannte und einen Neutralitätsfrieden schloß.

Lehwald ist geschlagen worden! Die Russen überfluten Ostpreußen und wüten unter der Zivilbevölkerung.

Die Hauptarmee in Schlesien muß sich zurückziehen. Die Österreicher haben schon die halbe Provinz wieder in Besitz.

Dem König bleibt militärisch kaum etwas zu tun. Er verhandelt jetzt mit Richelieu. Der Herzog antwortet nicht einmal. Die ganze Umgebung des Königs liegt ihm täglich und stündlich in den Ohren, Frieden um jeden Preis, wenigstens mit Frankreich zu schließen. Gequält entschließt sich der König, sich an die Marquise de Pompadour zu wenden. Er bietet ihr für den Frieden das zu Preußen gehörende Fürstentum Neuchâtel und fünfhunderttausend Taler.

Noch immer keine Antwort. Es ist, um schamrot zu werden.

16. Oktober 1757

Eine Schreckensnachricht: Der österreichisch-ungarische Graf Hadik ist bis Berlin durchgestoßen. Der König will es noch nicht glauben, aber es ist verbürgt, daß die Ungarn in Berlin spazierengehen. Mit einer Handvoll Männer, dreitausend, ist ihm das gelungen.

Es kommt die erlösende Nachricht, daß die Bürger ihm hundertachtzigtausend Taler gezahlt haben, und Hadik ist wieder abgezogen.

Nach den letzten Berichten hat Österreich 100000 Mann mobilisiert. Frankreich scheint nicht viel weniger ins Feld geschickt zu haben; in Ostpreußen sind 90000 Russen eingefallen, das ergibt etwa 300000. Dagegen steht die Hauptmacht des Königs mit 60000 und die geschlagene Lehwald-Armee mit 25000. Der König muß aus seiner Lethargie aufwachen.

5. November 1757
Der Augenblick ist gekommen. Die französischen
Truppen in Hannover haben alles kahl requiriert
und leiden unter Hunger. General Soubise hatte
den Plan, den König in seinem sächsischen Quartier zu umgehen und in Preußen einzufallen.
Der König, diesmal rechtzeitig informiert, kommt
ihm zuvor. Bei Rossbach zwischen Weißenfels
und Merseburg überfällt die zwanzigtausend
Mann starke Resttruppe die Franzosen und
schlägt sie entscheidend. Die Reiterei unter dem
jungen General von Seydlitz verfolgt sie bis zum
Harz.
Keine großartige Schlacht, aber sie verschafft dem
König gegen Westen hin Luft.

20. November 1757
Erstaunlich ist die Reaktion auf den Sieg bei Rossbach. Ganz Deutschland scheint von König Friedrich begeistert zu sein. Der Hauptgrund wird
wohl sein, daß die Bevölkerung über das Brand-
schatzen der französischen und zusammenge-
würfelten süddeutschen Armee so erbittert war.
Man berichtete dem König, daß das einfache Volk
im »feindlichen« Bayern, Württemberg und ganzen Rheinland einen Vers singe: »Und kommt der
große Friedrich und klopft nur auf die Hosen, so
läuft die ganze Reichsarmee, Panduren und Franzosen!«

164

22. November 1757

Die Russen, die Ostpreußen kahlgefressen haben, sind in Versorgungsnöten. Nichts klappt bei ihnen. Sie ziehen sich aus Preußen zurück. Zarin Elisabeth soll erkrankt sein. Die Neuigkeiten sind gut.

23. November 1757

Eine Hiobsbotschaft ist eingetroffen: Die in Schlesien stehenden Truppen unter dem Herzog von Bevern sind von den Österreichern unter Erzherzog Karl gestellt und geschlagen worden. Breslau ist kampflos gefallen, die Provinz jetzt vollständig in der Hand des Feindes. Der Herzog von Bevern gefangen. Die Reste der schlesischen Armee sind verstreut und sollen nur noch 20000 Mann betragen.

24. November 1757

Rossbach hat den König aufgeweckt. Er befiehlt, nach Schlesien aufzubrechen! Es ist winterlich kalt, alle, auch der König, leiden. Es geht in Eilmärschen vorwärts. Über seine Pläne spricht der König nicht. Alle tappen im Dunkeln.

28. November 1757

Die Rossbach-Armee zählt noch zwölftausend Mann. Jedoch stoßen jetzt täglich Reste der Bevern-Truppen zum König. Sie sind sehr demoralisiert, fassen aber angesichts des von ihnen bewunderten Königs neuen Mut. Der Winter ist hereingebrochen, aber während des Marsches werden keine Zelte aufgeschlagen. Es brennen des Nachts nur Wachtfeuer, an denen sich die Männer aufwärmen können, ehe sie ihren Platz dem Nächsten freimachen und sich wieder in den Schnee legen. Die Truppe sieht mit Staunen, daß auch der König seinen Platz am Feuer einem Soldaten überläßt.

30. November 1757

Der König hat soeben alle Generäle der geschlagenen Bevern-Armee festnehmen lassen. Die Mannschaft behandelt er väterlich.

1. Dezember 1757

Die Armee, die jetzt knapp 30000 Mann stark ist, hat Breslau fast erreicht. Die Stadt liegt fünfundzwanzig Kilometer entfernt. Der König hat bei Leuthen haltgemacht. Auf den Anhöhen von Leuthen hat sich die österreichische Truppe verschanzt. Befehlshaber ist Prinz Karl von Lothringen. Er hat mindestens 60000 Mann zu seiner Verfügung. Die preußischen Soldaten sind übermüdet und halb erfroren, aber die Stimmung ist gut. Aller Augen ruhen auf dem König.

4. Dezember 1757

Es ist so weit! Die Generäle sind zusammengerufen worden. Der König, zwischen ihnen in seiner dünnen, abgetragenen Montur im Schnee stehend, hält ihnen folgende Ansprache; er spricht französisch, um in dieser ernsten Stunde die Komik seines fehlerhaften Deutsch zu vermeiden.

»Meine Herren! Ich habe Sie hergerufen, um Ihnen zunächst für die treuen Dienste, die Sie mir und dem Vaterland geleistet haben, zu danken. Ich sage das mit tiefster Rührung. Es ist wohl keiner unter Ihnen, der sich nicht durch eine große, ehrenvolle Leistung ausgezeichnet hätte. Mich auf Ihren Mut und Ihre Erfahrung verlassend, habe ich den Plan der Schlacht gemacht, die ich morgen liefern werde. Muß! Ich werde gegen alle Regeln der Kunst einen zweimal stärkeren, auf Anhöhen verschanzten Feind angreifen. Mir bleibt keine Wahl, oder alles ist verloren. Wir müssen den Feind schlagen oder uns alle von seinen Kanonen begraben lassen. So denke ich, und so werde ich handeln.

Ist einer unter Ihnen, der nicht so denkt, der möge jetzt gleich seinen Abschied fordern. Ich werde ihn ohne den geringsten Vorwurf gewähren.«

Der König wartet, und als alles totenstill bleibt, fährt er fort:

»Ich habe es mir gedacht, daß mich keiner verlassen würde. Sollte ich fallen und Sie für das, was Sie morgen tun werden, nicht belohnen können, so wird es das Vaterland tun.

Gehen Sie nun ins Lager zurück und wiederholen Sie, was ich Ihnen gesagt habe, den Regimentern.

Ich werde jedes genau beobachten. Das Kavalle-
rie-Regiment, welches sich auf Befehl nicht sofort
todesverachtend auf den Feind stürzt, lasse ich
nach der Schlacht absitzen und nach Hause marschieren. Das Bataillon Infanterie, das zu stocken
anfängt, verliert die Fahnen und die Säbel, und
ich lasse ihm die Tressen von der Uniform schnei-
den.
Nun leben Sie wohl, meine Herren! Morgen um
diese Zeit haben wir den Feind geschlagen, oder
wir sehen uns niemals wieder.«

5. Dezember 1757

Die Reiterei steht unter der Führung von General
v. Zieten, die Infanterie befehligt Moritz von Anhalt, der Sohn des alten Dessauer. Der König hat
das Heer in »schiefer Schlachtordnung« aufgestellt, das heißt, mit weit zurückhängendem rechten Flügel. Prinz Karl, der der Meinung ist, von
Böhmen her Friedrichs Strategie gut zu kennen,
läßt sich täuschen. Er hält die Rückwärtsbewe-
gung des rechten Flügels für eine Flucht und kon-
zentriert alle Kräfte auf den anderen.
Der rechte Flügel umgeht unter Deckung eines
Höhenzuges die feindliche Flanke, greift plötzlich
an und rollt von der Seite die gesamte österreichische Front auf. Der Kampf ist entschieden.*

---

* Napoleon hat die Schlacht von Leuthen ein strategisches Meisterwerk genannt, das genügen würde, Friedrich zu den größten Feldherren zu zählen.

15. Dezember 1757
Aus England treffen fünf Millionen Taler Hilfsgelder ein.
London scheint Kopf zu stehen, man hat wie
schon nach der Schlacht von Rossbach in die
Schaufenster das Bild König Friedrichs gestellt,
und die Straßen sind illuminiert. Es treffen sichere
Nachrichten ein, daß die Österreicher ganz Schlesien geräumt haben.

24. Dezember 1757
Der König verbringt die Festtage in Breslau, seiner
»dritten Hauptstadt«, gemeint ist: nach Berlin und
Königsberg.

17. Januar 1758
Ein Eilkurier bringt die Nachricht vom Tode des
designierten Thronfolgers, Prinz August Wilhelm, des Königs Bruder. Er starb am 12. Januar.
Prinz Heinrich äußert sich erbittert über des Königs Gelassenheit.

24. Januar 1758
Der König begeht seinen sechsundvierzigsten
Geburtstag unter den Soldaten. Der französische
Außenminister hat, wie man erfährt, an seinen
Gesandten in Wien geschrieben, der Krieg sei ver-
loren. Maria Theresia scheint der gleichen Mei-
nung zu sein.

11. Mai 1758

Elisabeth von Rußland ist wieder genesen. Im Vertrauen auf ihr Menschenreservoir hat sie die Fortführung des Krieges beschlossen. Österreich mobilisiert aufs neue.

3. Juni 1758

Der König schreibt in einem Brief an seine Schwester die bemerkenswerten Sätze: ». . . diese Lumpen von Kaisern, Kaiserinnen und Königinnen! Sie werden mich noch einmal zu diesem Seiltanz zwingen. Welche Menschenopfer! Welch entsetzliche Schlächterei! Das Vorurteil der Welt stempelt diese Bluttaten zwar zum Heldentum; wenn man sie aber von nahem sieht, sind sie grauenvoll.«

20. August 1758

Die Meldung trifft ein, daß ein russisches Heer vor Frankfurt an der Oder erschienen ist.
Der König, seufzend, bricht mit 14 000 Mann nach Frankfurt auf.

24. August 1758

Vorabend der Schlacht, die der König bei Zorndorf zu schlagen gedenkt. Er sitzt in einer Mühle und dichtet. Der Schweizer Catt, sein Vorleser und Vertrauter, berichtet, daß er dem König Vorwürfe gemacht habe, vor der Schlacht zu dichten. Der König habe geantwortet: Was ist denn an dieser Schlacht so Ungewöhnliches? Ich bin seit langem an diesen Wirrwarr der Schlachten gewöhnt, ich denke den ganzen Tag daran, jetzt will ich wie irgendein anderer Mensch mich beschäftigen und kritzeln.

25. August 1758
Der König hat ruhig und so fest geschlafen, daß man ihn wecken mußte. Die Schlacht ist im Gange und der Ausgang zum Schrecken aller ungewiß; die Russen kämpfen verzweifelt, weil im Falle einer Niederlage die Erschießung droht. Es sind ungeschulte Soldaten, zum Teil Leibeigene oder Kriminelle, die noch beim Anmarsch Ketten trugen.
Zwei kritische Momente werden durch Moritz von Anhalt-Dessau und Seydlitz persönlich gerettet. Auch der König greift ein; mit einer Bataillonsfahne in der Hand marschiert er inmitten seiner Grenadiere auf die russischen Linien los.
Der Kampf ist zu Ende. Er dauerte zehn Stunden und endet mit dem Sieg des Königs.

26. August 1758
Die Russen fluten zurück. Das Land ist wieder frei.

10. September 1758
Das Heer geht nach Süden. Die Österreicher unter Marschall Daun sind eingebrochen. Der König kann nicht überall sein. Die großen Verluste ma-

chen sich bemerkbar. Ersatz, der eintrifft, ist nicht mit der alten Truppe vergleichbar.

10. Oktober 1758
Preußen und Österreicher liegen sich in geringer Entfernung gegenüber. Daun greift wie gewohnt um keinen Preis an, und der König vermeidet eine Begegnung. Sein Heer wird in Schlesien gebraucht. Er biwakiert auf einer der Anhöhen bei Hochkirch, südöstlich von Bautzen.

12. Oktober 1758
Es hat eine Auseinandersetzung zwischen dem König und Feldmarschall Keith gegeben, der das Lager für äußerst gefährdet hält und umquartieren will.
Der König ist unbesorgt.

14. Oktober 1758
Es ist noch Nacht: die Österreicher kommen! Die Prophezeiung Keiths ist eingetroffen. Die Preußen sind unvorbereitet, ihre Artillerie verliert sofort die Geschütze, die Österreicher drehen die Kanonen um und schießen auf die Preußen mit deren eigenen Granaten.
Der Tag kommt, der Kampf tobt immer noch, aber das Ende ist abzusehen, der König hat die Schlacht verloren. Er weiß, daß er allein die Schuld trägt. Marschall Keith ist gefallen, Moritz von Anhalt-Dessau schwer verwundet. Seine

Umgebung beobachtet, daß der König eine Schachtel mit Giftpillen mit sich führt.

17. Oktober 1758
Soeben traf die Nachricht ein, daß Wilhelmine von Ansbach, die Schwester des Königs, gestorben ist.
Der König durchwacht eine düstere Nacht.

18. Oktober 1758
Es geht weiter. Marsch auf Görlitz, die Stadt ergibt sich. Sobald der König irgendwo auftaucht, ziehen sich die Österreicher, als hätten sie Hochkirch verloren statt gewonnen, zurück. Es geht kreuz und quer durch Niederschlesien.
Der König ist trotz seiner Niederlage so gefürchtet, daß Daun es vorzieht, einen neuen Zusammenstoß einstweilen zu vermeiden. Er zieht sich nach Böhmen zurück. Schlesien ist wieder frei.

★

Ihr Majestäten! Ihr Kaiser, Zaren und Könige, wie tragt ihr die hunderttausend Toten? Ich sehe euch nicht. Ich habe immer nur den einen, den einzigen gesehen, den schmächtigen, kleinen, leidenden König in der von Kugeln zerfetzten Uniform; dem eine Schnupftabakdose in der Brusttasche das Leben rettete; dem zwei Pferde unter dem Leib weg-

173

geschossen wurden; der im Schnee schlief und seinen Platz am Feuer den Soldaten überließ; der euch Majestäten Lumpen nannte.

Er ist jetzt im Unglück, aber ganz Europa spricht nur von ihm, denkt nur an ihn. Er verkörpert etwas. Was verkörpert ihr? Er ist schon jetzt ein Mythos; was seid ihr?

Man mag die Kriege für schrecklich halten – auch die Preußen hielten sie für schrecklich –, man mag sich bekreuzigen – auch das Volk hat sich bekreuzigt –, aber dieser Mensch und seine Kriege, gerade die Kriege, haben das Preußentum endgültig besiegelt. Nach dem Kriege war jeder dritte oder vierte Mann durch das Inferno der Schlachten an der Seite des Königs gegangen; sie prägten die ganze Bevölkerung endgültig. Ich wage zu sagen, daß erst jetzt der preußische Geist ganz da war. Wäre Preußen den Weg weiter gegangen wie unter dem Soldatenkönig, würde Preußen nicht Preußen geworden sein. Ohne dieses Fegefeuer der Kriege kein Preußentum. Jetzt ist es soweit, den König Friedrich den Großen zu nennen.

★

Das Jahr 59 sah ihn in einer verzweifelten Lage. Am 12. August wurde er bei Kunersdorf von Österreichern und Russen gestellt. Er schlug Daun, aber die Masse der Russen erdrückte das preußische Heer. Ein Rest der Armee unter General v. Finck sollte ihnen in den Rücken fallen. Dieser General hatte schon in österreichischen und russischen Diensten gestanden, er versagte und wurde im sächsischen Maxen mit elftausend Mann gefangen.

Man fragt sich, was konnte jetzt eigentlich noch passieren?

Schlimmes.

England hatte in Amerika gesiegt, Preußen war nicht mehr von Nöten. Der englische Kanzler Pitt wurde entlassen und die Hilfe für Preußen eingestellt.

Die Folgen waren katastrophal: Es bedeutete das Ende der Rekrutierungen, das Ende der Zivilverwaltung, alle Beamten waren ohne Gehälter.

In dieser Lage griff Friedrich (»den Großen« wollen wir uns in diesem Augenblick schenken) zu einem dubiosen Mittel. Er beschloß, das Geld zu entwerten. Er gab Befehl, die preußischen Münzen nicht mehr rein silbern, sondern verfälscht zu prägen. Er wandte sich an drei Bankhäuser, die begierig zugriffen: Ephraim, Itzig und Isaak. Ein Konsortium von Millionären, zu dem noch Bernhard, Friedländer und Liepmann Meier Wolf gehörten. Ihre Adresse war natürlich nicht Kunersdorf oder Maxen, sondern Berlin-Mitte.

Auf diese Weise kratzte der König noch einmal das Geld für hundertzehntausend Rekruten zusammen, die die Werber aus aller Welt heranschleppten. Dreizehn Pfennig pro Tag und Mann, macht vierzehntausend Mark täglich. Eigentlich zum Fenster hinausgeworfen, denn »die ganze Bande taugt nur, um sie dem Feind mal von weitem zu zeigen«.

Mit diesem Haufen, durchsetzt mit den alten Kämpen, zog der König abermals los. Die Österreicher waren inzwischen wieder nach Schlesien spaziert, Laudon forderte Breslau zur Übergabe auf, aber General Graf Tauentzien widerstand. (»Wenn sich Breslau nicht ergibt, werde ich nicht einmal die Leibesfrucht schonen!« – »Nur zu! Weder ich noch meine Soldaten sind schwanger.«)

Der preußische Vormarsch findet bei Liegnitz ein Ende. 90000 Österreicher und 80000 Russen warten bereits auf den König.

14. August 1760

Der König kennt die Stärke des Gegners, will aber trotzdem angreifen. Die Österreicher haben sich geteilt. Laudon und Daun liegen etwa fünf Kilometer voneinander entfernt. Der König hofft, mit beiden einzeln fertig werden zu können.

Er legt sich, nur in den Mantel gehüllt, auf die Erde zum Schlafen. Vier Stunden.

15. August 1760

Es ist Nacht. Die Lagerfeuer, vom Feind einzusehen, brennen, aber das Feuer wird von ein paar Bauern wachgehalten, die Truppe ist heimlich abmarschiert und packt Laudon völlig überraschend von der Flanke. Um fünf Uhr morgens ist Laudon geschlagen. Daun hat von der Schlacht überhaupt nichts bemerkt. Es ist fast nicht zu glauben; die Preußen haben so lautlos wie möglich gearbeitet, aber die Schüsse müssen doch gehört worden sein.

Daun erwacht, Panik bricht aus. Sein Armeeteil flieht. Er reißt die Russen mit. Die Schlacht ist gewonnen.

26. August 1760
Österreicher und Russen haben sich wieder gesammelt, stoßen nach Berlin vor und besetzen es. Der König macht kehrt.

Das Unwahrscheinliche trifft ein: Die Nachricht von seinem Anmarsch veranlaßt den Feind, Berlin fluchtartig zu räumen. Es entbehrt trotz des tödlichen Ernstes nicht der Komik.

2. Oktober 1760
Der König hat die Absicht, in Sachsen zu überwintern. Dazu muß er aber erst Daun verjagen, der bei Torgau sitzt. Die Armee zieht langsam und müde südwärts.

3. November 1760
Die preußische Armee hat die österreichischen Stellungen erreicht, sie scheinen uneinnehmbar. Vor allem mit Artillerie ist Daun gesegnet.

Der König entschließt sich, seine Truppen zu teilen. Er will den Feind umgehen, um an die Höhen heranzukommen; gleichzeitig soll General von Zieten vom Fuß des Hügels her angreifen.

Es ist Nacht, kalt und ein scharfer Schneesturm hat eingesetzt.

Die Umgehung verzögert sich, es ist zwei Uhr mittags, als der König endlich angreifen kann. Die österreichische Artillerie ist mörderisch, die Truppen kommen nicht vorwärts. Der König steht selbst mitten im Kampfgetümmel. Wieder werden ihm drei Pferde unter dem Leib weggeschossen, eine Kartätsche wirft ihn aus dem Sattel, er bleibt einen Augenblick besinnungslos liegen, springt dann aber von selbst wieder aufs Pferd.

Von Zieten ist nichts zu sehen und zu hören.

Kein Zweifel, die Schlacht ist verloren. Der König befiehlt, sich zurückzuziehen. Auch Daun hält den Kampf für beendet. Er läßt biwakieren und übergibt den Oberbefehl. Er ist verwundet. Er diktiert noch schnell die Siegesbotschaft für Wien und reitet dann davon.

Inzwischen ist es Abend. Joachim-Hans von Zieten wartet immer noch auf den Befehl einzugreifen, den Befehl, den er längst hat. Schließlich ringt er sich zum Angriff durch und stürmt nachts die Höhen.

Er trifft auf die völlig perplexen Österreicher und sprengt die ganze Armee. Daun muß seiner Siegesnachricht eine zweite nachjagen: Die Preußen haben gesiegt. Eine Erklärung weiß er nicht, er schreibt: »Gott hat es wohl so haben wollen, sonst ist es unverständlich.«

★

Friedrich war nicht weniger verblüfft.
Kein Zweifel, die Trottligkeit Zietens, der zwar über alles Lob tapfer, aber sonst kein großes Licht war, hatte dem König die Schlacht gerettet. Friedrich dankte es ihm sein Leben lang.
Übrigens gab es nicht viel Grund zum Jubeln. Schlesien steckte wieder voller Österreicher, und außer Daun gab es noch den weit fähigeren Laudon. Und es gab die Russen, die sich ebenfalls in Schlesien tummelten.
Als das neue Jahr kam, besaß Friedrich noch 60 000 Mann, die Hälfte davon Fremde. Seine Spannkraft ging dem Ende zu. Er war krank und elend. Er aß kaum noch etwas, konnte es nicht bei sich behalten und spuckte Blut. Reiten war ihm eine Qual, er litt an beiden Beinen an Arthritis.
Im Frühjahr marschierte er nach Schlesien. Aber einen Angriff wagte er nicht. Er befestigte ein starkes Lager bei Bunzelwitz und harrte der Dinge, die da kommen würden. Der Gegner war nicht weniger zermürbt. Es war, um einen Begriff aus der Welt des Schachspiels zu übernehmen, ei-

gentlich eine Patt-Stellung: Die Königsfigur kann nicht geschlagen werden, aber sie ist eingeklemmt und kann nicht mehr ziehen.

Hier plötzlich kam die große Wende! Die Zarin Elisabeth starb. Der neue Zar, Peter III., war ein leidenschaftlicher Bewunderer Friedrichs, er bot ihm sofort den Frieden an (»Ich wäre lieber preußischer General als russischer Zar«) und schlug ihm vor, an seiner Seite zu kämpfen.

Wien war fassungslos.

Noch einmal bekam Maria Theresia Auftrieb, als die Nachricht von der Ermordung Peters eintraf und seine Gemahlin Katharina sich resolut auf den Thron setzte. Was würde sie machen?

Auch Friedrich der Große wußte es nicht. Er hatte sie zwar nie »Unterrock« genannt, aber Katharina war eine kühl überlegende Frau und Ostpreußen eine große Verlockung. Um sie auf keine dummen Gedanken kommen zu lassen, entschloß sich der König, noch einmal ein Exempel zu statuieren. Wollte Gott, daß es glückte!

Der geeignete Mann war zur Hand: der leidgewohnte Daun. Er saß in Mittelschlesien auf den Höhen von Burkersdorf (Friedrich: »Diese Österreicher scheinen ihre Heimat im Kaukasus zu haben; sobald sie einen Berg sehen, müssen sie rauf«). Der König griff ihn mit einer Strategie wie in seinen schönsten Tagen an und schlug ihn.

Das Schicksal, dem er auf diese Weise noch einmal auf die Finger geklopft hatte, wandte sich nun endgültig. Die russischen Truppen zogen ab, Maria Theresia bot den Frieden an. Friedrich der Große, ewiger Schauspieler, der er war, zierte sich noch ein bißchen und ließ sich den Friedensentwurf erst einmal ins Französische übersetzen, so miserabel verstand er österreichisch.

Dann war es soweit.

Am 15. Februar 1763 unterzeichneten Preußen, Sachsen und Österreich den »Hubertusburger Frieden«.

12

Ein »alter« Mann von einundfünfzig Jahren kehrte heim. Mit ihm die Tausenden »alter« Männer, auch wenn sie noch jung an Jahren waren. Darunter die Einbeinigen, die Hinkenden, die Einarmigen, die Krummen. Und alle arm wie Kirchenmäuse.

Berlin stand Kopf, als es hieß, am 30. März werde der König seinen Einzug halten. Schon am Morgen war alles auf den Beinen. Ehrenpforten waren aufgebaut, Girlanden schmückten die Straßen. Am Stadttor, an dem man den König erwartete, waren die Innungen aufmarschiert, zum Teil stolz beritten, der Magistrat zu Pferde, die Zivilbehörden und alle Offiziere, die in der Stadt lagen.

Man wartete. Es war kalt. Es wurde Mittag, man wartete noch immer. Mit blaugefrorenen Händen und roten Nasen wartete man auch abends noch.

Sie waren am falschen Tor aufgezogen, der König war längst angekommen.

So etwas vertragen die Berliner schlecht. Erbost und enttäuscht gingen alle nach Hause.

Und die Moral von der Geschicht?
Entzieh dich der Verehrung nicht.
Hurra ist oft der einzige Lohn
für den im Krieg gefallenen Sohn.

Dieser Gedanke war Friedrich bestimmt fremd. Aber irgend jemand muß ihm die Herzlosigkeit vorgeworfen haben, denn am nächsten Tage fuhr er in seinem uralten Wagen durch die Straßen, grüßend und lächelnd und ab und zu einen Mann heranwinkend und mit ihm sprechend. Berlin war versöhnt, denn Berliner sind nicht nachtragend.

Dann schlief er sich erst einmal aus – bis vier Uhr früh. Der neue Alltag begann, als lägen nicht sieben Jahre dazwischen.

Das erste, was er verfügte, war die Verteilung aller Militärpferde an kriegsgeschädigte Bauern. Dann ließ er die Magazinvorräte an die Bedürftigen austeilen, und schließlich leerte er die Kriegskasse zum Wiederaufbau des Landes aus. Es waren zwar die miserablen Taler (»Außen Friedrich, innen Ephraim«), aber es war immerhin Geld. Als die herbeizitierten Landräte anfangen wollten, ihre wohlpräparierten Reden zu verlesen, fuhr er sie an: Haltet den Mund! Bis übermorgen wünsche ich eine genaue Aufstellung über den Bestand an Pferden, Ochsen, Kühen, Schafen, Brotgetreide, Kartoffeln und Sommersaat. Verlieren Sie keine Zeit, au revoir!

Das große Flattern begann.

Schwierig war auch die Lage der Kaufmannschaft. Viele Firmen waren im Kriege bankrott gegangen. Der Auslandshandel lag vollständig darnieder. Man verlangte draußen den dreifachen und vierfachen Preis, wenn die Händler mit Ephraimtalern bezahlen wollten. Gutes Geld hatte der König nicht. Er untersagte die Einfuhr von Waren, die ebensogut im Lande hergestellt werden konnten. Er gab Beihilfen für neue Fabriken. In den Seidenfabriken brachte er siebentausend entlassene Soldaten unter, in den Wollwebereien dreizehntausend.

Hier kommt mir ein Gedanke, der mir nicht abwegig scheint. Die Nachwelt hat Friedrich stets vorgeworfen, daß er nur Adlige zu Offizieren machte. Jedoch könnte die Überlegung eine Rolle gespielt haben, daß nach Beendigung eines Krieges die entlassene Truppe arbeitslos, brotlos war. Soldaten konnte man als Arbeiter unterbringen, einen Oberst schwer. Die Adligen jedoch besaßen fast alle Höfe und Güter und konnten sorgloser ihren Abschied nehmen. Zu viele Dokumente sprechen gegen eine blinde Verherrlichung des Adels. »Haben Tugend und Talente Vorfahren nötig?« schrieb er an seinen Bruder. »Alle Menschen, von denen die Erde wimmelt, sind Kinder eines Vaters, und trotz allen Hochmuths, den Euer Rang Euch gibt, sind sie von Eurem Blut!«

Um dem Handel zu helfen, verfiel er auf eine damals sensationelle Idee. Er gründete eine Königliche Bank. Der Erfolg war überraschend. Nicht nur Unternehmer, auch kleine Sparer vertrauten ihr Geld der neuen Staatsbank an. Waisen- und Kindergelder, deren Hinterlegung bisher ein Prozent Verwaltungsgebühr gekostet hatte, wechselten zur Königlichen Bank, die keine Abgabe verlangte, sondern noch mit drei Prozent verzinste.

Geld, Geld mußte hereinkommen! Ostpreußen mußte aufgebaut werden, Kanäle sollten entstehen, Land erschlossen, hunderttausend Morgen Moor urbar gemacht, neunhundert neue Dörfer gesiedelt werden. »Bei den Steuern müssen Billigkeit und Menschenfreundlichkeit mitsprechen. Wer nur hundert Taler im Jahr zu verzehren hat, soll nicht mehr als zwei abgeben. Wer aber tausend hat, kann gut hundert zahlen!« (!)

Geld! Er kam auf eine zweite, nicht weniger originelle Idee: Er rief die erste »Klassenlotterie« der Welt ins Leben. Wie sich seine Gedanken sieben Jahre lang nur um Krieg und Schlachten gedreht hatten, so drehten sie sich jetzt beständig um Geld.

Nicht für sich. Er lebte bescheiden. Als ihm nach einem Gastmahl die Rechnung »zum Abzeichnen« vorgelegt wurde, schrieb er an den Rand: »25 Thaler und 10 Groschen? Gestohlen! Ungefähr hundert Austern sind auf dem Tisch gewesen, kostet 4 Thaler, die Kuchen 2 Thaler, Quappenleber 1 Thaler, der Fisch 2 Thaler, die Süßigkeiten auf Russisch 2 Thaler, macht 11 Thaler, das übrige gestohlen! Da ein Essen mehr heute gewesen, Hering und Erbsen, kann 1 Thaler kosten, also was über 12 Thaler ist impertinent gestohlen! Friedrich«

Natürlich zahlte er die fünfundzwanzig Taler, die Schimpfkanonade genügte ihm. Nach solch gespieltem Zorn konnte er sich gelassen umdrehen und eine Arie zu Grauns neuer Oper komponieren oder der Tänzerin Barberina ein freundliches Billettchen schreiben und ihr huldigen, indem er sie mit seiner wackligen, dreißig Jahre alten Kutsche abholen ließ.

Die Toleranz des Königs machte das Leben angenehm. Man konnte Mohammedaner sein und seinen Gebetsteppich ungehindert auf dem Alexanderplatz ausbreiten und sich niederlassen, es kam weder ein Polizist noch ein Mercedes Benz, der einem Schwierigkeiten machte. Man konnte sich beschneiden lassen und auch einen Fez tragen. Immer, sofern man ein freier Mensch war, und das waren alle Untertanen seit 1763, als Friedrich als erster Souverän der Welt die Leibeigenschaft »in allen königlichen, sowie adligen und Staatseigentums-Dörfern« abschaffte. Natürlich, im fernen Ostpreußen, »beim Deibel uf de Renn«, bekam ein aufsässiger Knecht immer noch seine herzerweichenden Prügel, so schnell ging das nicht mit den Gesetzen.

Das Leben in den kleinen Städten und Dörfern war recht armselig, aber wo auf der Erde nicht?

Von der weiten Welt hörte man nur aus den Gazetten, die »nicht genieret« waren und auch oft kein Blatt vor den Mund nahmen. Der Alltag war monoton, das bißchen Glück und Freude mußte am häuslichen Herd fabriziert werden. Das ist nicht das Schlechteste, jedenfalls gesünder, als es geliefert zu bekommen. Handgemachtes Glück ist am bekömmlichsten. Man hatte ein Dach über dem Kopf, man arbeitete, man hatte seine Pellkartoffeln mit Speckstippe, ein feines Essen, und sonntags gab es Bohnen mit Hammelfleisch. Wilhelm liebte seine Marie und zog die Mütze, wenn der einbeinige Veteran vorüberhumpelte. Wilhelm trug seine neue Bundhose und ein Hemd mit roter Weste, Mariechen einen groben Rock bis zur Wade, eine hochgekrempelte Bluse und ein enges Mieder; und der alte Mollwitz-Kämpfer hatte noch seine Montur an; die meisten entlassenen Soldaten trugen sie in Ermangelung von etwas Besserem weiter. Auf einen Ausländer muß es den Eindruck gemacht haben, als stünde Preußen ständig unter Waffen. Manchmal kam eine verstaubte Kutsche mit Reisenden aus Berlin durch. Das war der Augenblick, wo der Invalide salutierte. Vor diesem Ereignis mußte sogar seine Erzählung von Hochkirch und Kunersdorf eine zeitlang zurücktreten.

Ach! Berlin! Wo der König wohnte (er wohnte dort gar nicht, er verabscheute es), wo sein Sanssouci stand (beinahe), wo die Königin weilte (nie), wo man zu Mittag »gewiß schier Butter aß«. Ja, » da pulste das Leben«. (Sie hatten keine Ahnung, wie es in Paris, in London, in Venedig zuging! Es war Rokokozeit!)

Ach, Berlin! Es war so harmlos.

Man hatte seine kleinen Vergnügungen, Ressourcen, Hausbälle, Musikabende, Landpartien und die damals sehr beliebten Picknicks. Alles strebte, sich wohlsituiert, besser situiert zu zeigen, als man war, in der »bel étage« zu wohnen, möglichst mit einem »Berliner Zimmer«, jener großen, dunklen, unnützen Höhle, die bis in die heutige Zeit ihr gespenstisches Dasein führt. Dort tanzte man. Von den Möbeln karrte man alles, was aus der Zeit des Soldatenkönigs stammte, zum Trödler und schaffte sich – man sah auf Sanssouci – die zerbrechlichen französischen an.

Die Töchterchen mußten singen, auch wenn sie keine Nachtigallen waren. Man krächzte zusammen mit dem Herrn Vetter die Arien aus den Opern von Graun, Gluck und Händel, oder, wenn man ganz modern war, vom jungen Mozart nach den Klängen des Klaviers, das die Mama bearbeitete. Übrigens meistens ungewöhnlich gut. Oma und Tante nippten an einem Täßchen echten Kaffees, der teuer und limitiert war. Papa und Onkel Joseph, der mit seinen zwei Zentnern nur auf der Kante des neuen Sofas zu sitzen wagte, nahmen von Zeit zu Zeit eine Prise und niesten in das Pianissimo. Dazu zogen sie ihr feines Taschentuch aus dem Rockschoß, um nicht so ferklig auszusehen wie ihr König. Sie hatten die Beine übereinandergeschlagen, was damals sehr »leschär« war, und zeigten stolz ihre elfenbeinfarbenen, seidenen Kniehosen und die Schnallenschuhe. Für später hatten beide noch eine kleine diskrete Verabredung.

Fröhliche Freizügigkeit machte sich breit. Die Mädchen poussierten nach Strich und Faden, denn die jungen Männer waren rar. Die Dame des Hauses ließ sich anbeten und Billettchen schreiben, am liebsten auf französisch. Die flotten unter den älteren Herren besuchten, wenn dem einzelnen die Courage fehlte, zu zweit und zu dritt eines der vergnüglichen Häuser, auf deutsch Bordelle, die unter Friedrich dem Großen ein solides Dasein führten. Dorthin war auch der Papa mit Onkel Joseph unterwegs.

In einem zeitgenössischen Bericht heißt es: »Madam Schubitz, als eine der erstklassigen Kaffeeschenkerinnen Berlins bekannt, zum Beispiel hat sich über die niedrige Klasse der Kupplerinnen hinausgeschwungen, Mädchen von feinerer Lebensart zu sich genommen und einen gewissen gesitteten Ton in ihrem Hause eingeführt, das einer kleinen Feenhütte gleicht und mit kostbaren Mobilien und Trumeaux ausgeziert ist. Sie hat es so weit gebracht, daß sie ihre eigene Equipage mit ihrem Namenszug hat und einen Kutscher in Livrée und ihre eigene Loge in dem Komödienhaus

hält. Finanzmäßig genommen ist diese Frau in einer großen Residenzstadt kein Übel.«
Den letzten Satz verstehe ich nicht, sonst aber alles sehr gut.
Einmal Berlin zu besuchen, war natürlich für die Herren und Damen aus Stallupönen und Tangermünde der Traum.
Berlin hatte damals schon neunzehn Gasthöfe Erster Klasse. Ein Zimmer »vorne raus« (sehr vornehm, heute der Schrecken jeden Gastes) kostete einen Taler, »hinten raus« zwölf Groschen. Ein Mittagessen mit fünf Gängen kostete sechzehn Groschen. Allerhand Geld! Na ja, es war eben Berlin! Ärmere Reisende konnten in Schlafstellen für sechs Groschen übernachten und für drei Groschen zu Mittag essen.
Kannte der König das Berliner Leben?
Natürlich. Bestimmt hatte er auch von Madam Schubitz gehört und wird wie üblich seine bissigen Bemerkungen gemacht haben. Solange pünktlich Steuern gezahlt wurden, durfte sie getrost in einer Loge sitzen. (Er selbst saß bei einer Opernaufführung auf einem Stühlchen hinter dem Dirigenten und schaute ihm zur Kontrolle in die Partitur! Er war wirklich der Schrecken für alle, auf die sein Auge wohlwollend fiel.)
Es waren Friedensjahre, wer weiß, wie lange. Sollte Berlin leben, wie es wollte. Seine Polizeibeamten sorgten dafür, daß keine Skandale entstanden.

Was ihm in Berlin recht war, wäre ihm in den kleinen Städten und Dörfern nicht recht gewesen. Er hielt von Berlin sowieso nicht viel. »Preußen« lag für ihn draußen.

Und so ist es eigentlich auch immer gewesen.

★

1772, Friedrich der Große war sechzig Jahre alt, kriegsmüde, kränklich, gichtig, trat ein Ereignis ein, das alle Historiker, die »in« sein wollen, als Schandfleck für Preußen bezeichnen: die berühmt-berüchtigte Teilung Polens. Drei Staaten, Österreich, Rußland und Preußen teilten sich die Beute.

Nicht wahr, Sie werden nicht übermäßig erstaunt sein, wenn ich Ihnen sage, daß von dem Schandfleck für Preußen nichts übrigbleibt, sobald man in der Geschichte nachblättert. Dazu müssen Sie etwas – nicht viel – Geduld aufbringen. Friedrich der Große brachte sie auch auf.

Im Jahre 1740, in dem Friedrich zur Regierung kam, hatte der polnische »nationale« König Stanislaus Leszczynski Preußen die Provinz Westpolen (das spätere Westpreußen) angeboten. Das geschah aus freien Stücken und war nicht so ungewöhnlich für polnische Verhältnisse. In Polen verscherbelte man in finanziellen Nöten oft Land.

Diesmal sollte der Entgelt aber kein silberner Vitaminstoß sein, sondern ein harmloses kleines Bündnis zwischen Preußen und Polen.

Preußen lehnte ab. Nicht aus Zartgefühl, sondern weil Rußland mit den Augen rollte.

Warum rollte es?

Weil es – das ist geschichtlich – Appetit auf ganz Polen hatte. Um das zu verstehen, muß man die Verhältnisse im damaligen Polen kennen. Es war eigentlich gar kein Staatsgebilde, sondern eine Art Wildfreigehege, in dem es etwa dreißig Zwölfender gab, die schalteten und walteten, wie es ihre Geweihe erlaubten. Diese dreißig altadligen Familien besaßen ungeheure Ländereien und sämtliche Lebewesen, die auf ihrem Boden lebten. Wenn diese Lebewesen zufällig auch adlig waren (halb Polen war »adlig«), so änderte das nichts daran. Der Herr Baron konnte Prügel beziehen, daß die Schwarte knackte. Er konnte auch ganz verschwinden, es gab keinen höheren Richter als den Zwölfender.

Das Volk ging in Lumpen. Die Landleute schliefen auf Stroh und hausten in Holz- und Lehmhütten mit dem Vieh unter einem Dach. Sie waren unterernährt und krank, Ärzte gab es nur in wenigen Städten. Die Städte selbst verdienten – außer Warschau, Krakau und Gnesen – den Namen nicht. Geld kursierte überhaupt nicht, man tauschte. Nur die Zwölfender lebten, sofern sie sich nicht gelegentlich gegenseitig auszurotten versuchten, in Saus und Braus. Aus dieser Zeit stammt das Wort von der »polnischen Wirtschaft«.

1763 war der letzte polnische König gestorben. Der traditionelle »Reichstag« regierte pro forma, war aber nichts anderes als ein Familientreffen des Hochadels. Ein gefundenes Fressen für Rußland, wobei der Witz darin liegt, daß es in der russischen Provinz kaum anders aussah.

Zarin Katharina hatte es dringend nötig, ihrem Volk etwas Baldrian zu verabreichen. Erstens hatte der Siebenjährige Krieg nichts als Tote gebracht, zweitens mußte sie vergessen machen, daß sie keine Russin sondern gebürtige Deutsche war, und drittens sorgte sie sich um die griechisch-orthodoxen Minderheiten, die ebenso wie die protestantischen in dem düster katholischen Polen verfolgt wurden und ihres Lebens nicht sicher waren.

Katharina wünschte, ihren Günstling am Hofe, den liebesstarken Stanislaw Poniatowski als neuen polnischen König zu lancieren. Auf diesem Umweg ließ sich Polen russifizieren.

Herr Poniatowski war Fürst. Noch nicht lange, erst fünf Minuten. Er gehörte nicht zu den Zwölfendern. Er war gewissermaßen Auslandspole. Seine Familie war nicht sonderlich angesehen, sie stammte überhaupt aus Italien und hieß ursprünglich Torelli di Montechiarugolo. Poniatowski war streng römisch-katholisch, aber rußlandhörig, also vorzüglich geeignet. Er sollte vor allem die griechisch-orthodoxen Polen schützen. Es ist kaum zu glauben, aber an diesem Nachsatz scheiterte zunächst seine Kandidatur. So streng waren dort die Bräuche und sind es heute noch.

Zarin Katharina mußte also mit Brachialgewalt vorgehen. Aber wie? Weder Preußen noch Österreich würden dabei friedlich zusehen. Man mußte sich also verbünden. Mit wem?

Mit Österreich? Die Gefahr, daß Österreichs Macht wuchs und es wieder Appetit auf Schlesien bekam, würde sofort die Preußen auf den Plan rufen. Auch war Maria Theresia zu fanatisch katholisch, als daß sie mit der Gleichsetzung der griechisch-orthodoxen »Abtrünnigen« einverstanden gewesen wäre. Mit Preußen verbünden? Das riefe Österreich auf den Plan.

Und so, meine Freunde, kam in Petersburg die famose Idee zustande, niemanden zu erzürnen, sondern alle für ihr Stillhalten zu belohnen. Zarin Katharina und ihr Exgeliebter Poniatowski versprachen Friedrich Westpolen (jenes Westpreußen, das er 1740 sowieso hätte haben können) und den Österreichern das zehnmal so große Galizien. Im Osten schnitt sich Rußland ein Stück ab. Zum Vergleich: sechshunderttausend ehemalige polnische Untertanen (darunter schon zahlreiche Deutsche) wurden preußisch, zwei Millionen russisch, drei Millionen österreichisch.

Das also ist der »Schandfleck«. Was hätte Fried-

rich machen sollen? Verzichten? Dann hätte Rußland sich Westpolen genommen und sich zwischen Ostpreußen und Brandenburg geschoben.
Hätte er das tun sollen, nur um zu verhindern,
daß zweihundert Jahre später ein paar Mo-
ral-Apostel von »Schandfleck« sprechen? Prophe-
tisch schrieb Friedrich II. einmal an seinen Bruder: »Rußland ist eine gewaltige Macht, die eines
Tages ganz Europa erzittern lassen wird.«

Der polnische Reichstag, in dem ja nur die Hirsche
saßen, wurde von Katharina mit drei Millionen
Rubel bestochen und erhob Stanislaw Poniatowski zum König.

Der Alte Fritz lachte. Maria Theresia weinte
(Friedrich: »Sie weinte, aber sie nahm«), Katharina rieb sich die diamantenblitzenden Händchen,
die Hirsche steckten die Rubel ein und die sechshunderttausend »Polen« dankten Gott, preußisch
zu werden. Zur Feier des Tages aßen sie zwei
ganze Laibe echten Roggenbrotes auf, wie sie sie
seit Jahren nicht mehr auf einem Haufen gesehen
hatten. Dann kehrten sie das faulige Stroh auf die
Gasse und schütteten frisches auf. Zu mehr
reichte es einstweilen nicht; denn Friedrich der
Große konnte zwar hexen, aber, wie es so schön
heißt, nur langsam.

Jahr für Jahr bereiste der König nun das neue Gebiet. Die Bevölkerung war zum Erbarmen arm,
das Land selbst herrlich. Um im Ausland keinen
Neid zu erregen, jammerte und stöhnte der König

und nannte Westpreußen eine Sandwüste, in der es nur Flöhe und Juden gäbe.

Ehe er an die Ansiedlung von Deutschen, an den Aufbau der Städtchen und den Bau des Bromberger Brahe-Kanals zwischen Weichsel und Oder ging, schuf er erst einmal Ordnung. Er hob die tief eingewurzelte Leibeigenschaft auf, gab den Bauern Land, befahl die unparteiische, gleiche Behandlung von Deutschen, Polen, Katholiken und Protestanten ohne Ansehen der Person und ordnete an, daß alle städtischen Beamten und Dorfschullehrer polnisch zu lernen hatten. Die einfachen Polen erlebten zum erstenmal Schulunterricht, den der »Reichstag« summarisch verboten hatte, um das Volk tumb zu halten. Daraufhin genehmigten sie sich, als sie ihren Namen schreiben konnten, noch einmal einen Wecken Brot, um zu feiern.

★

Friedrich der Große war sechsundsechzig Jahre alt, als er noch einmal etwas unternahm, was in den Geschichtsbüchern heute nur »erwähnt« zu werden pflegt, denn es bietet keine Gelegenheit zum Schimpfen. Eine kriegerische Tat, aber wohl die einzige liebenswerte in der ganzen Weltgeschichte. Wir wollen uns auch mit dreißig Zeilen begnügen, doch sie haben es in sich.

Joseph II., Maria Theresias ältester Sohn und Mitregent, war ein netter gefährlicher Wirrkopf, heutzutage besonders Liebkind, denn er war »sozial« und versteuerte zum Beispiel den Wein, der in seinem Keller lag, was rührend aber kindisch ist. Er hatte auch seine paar Fehlerchen; so lockte es ihn angesichts kleiner Ländchen beständig, sie zu überfallen. Am meisten lockte ihn Bayern. Nun war zwar Bayern nicht klein, aber schwach. Er bot dem bayerischen Kurfürsten mehrfach einen Tausch an: Gib mir Bayern und ich mache dich zum König in meinem gestohlenen Galizien oder gebe dir die österreichischen Niederlande (das heutige Belgien). Bockbeinig und an das bayrische Bier und die Weißwürste gewöhnt, wollte Karl Theodor partout nicht, worauf Menschenfreund Joseph mobilisierte. Er vermutete, der Feldzug würde ein Spaziergang werden, und er wäre es auch geworden, wenn sich hier nicht Friedrich der Große eingeschaltet hätte. Wie der Blitz aus heiterem Himmel erklärte er Österreich den Krieg!

Joseph fuhr, wie von der Tarantel gestochen, zurück. Bayern blieb Bayern, und Joseph kehrte still zu seinen Steuererklärungen heim.

Diese Episode, meine Freunde, ist wert, in den bayrischen Schulen auswendig gelernt zu werden. Ohne den Preußen Friedrich wären die Wittelsbacher Fürsten von Belgien und ganz Süddeutschland österreichisch geworden.

Damals wurde in Bayern ein Lied geboren (ich kannte es nicht, ich las es bei Reiners), das ging so:

>»Der Vater wird es seinem Sohn
und der dem Enkel sagen,
wie gut es war im Bayernland
zu König Friedrichs Tagen.
Sie werden noch in Dankbarkeit
sein Angedenken feiern,
der keiner war von Wittelsbach
und doch so gut den Bayern.«

Dankbarkeit?
Na ja, ist ja auch schon lange her, diese Sache mit den Saupreißen.

★

Als Friedrich der Große nach Hause kam und von seiner Rosinante stieg, zum letzten Mal und endgültig, wer stand da vor der Tür und bat, in preußische Dienste treten zu dürfen? Ein junges, zweiundzwanzigjähriges Herrchen aus dem Nassauischen, namens Freiherr von Stein. Er war nur einer von vielen, die es nach Norden, nach Preußen zog.
Schon zu Lebzeiten war der König eine Legende geworden. Möchten Sie ihn sehen, wie Fontane einen Zeitgenossen ihn schildern läßt?
»Was er dem Volke war, das ließ sich erkennen,

wenn er, von der großen Revue kommend, seiner Schwester, der alten Prinzeß Amalie, die er oft das ganze Jahr über nicht sah, seinen regelmäßigen Herbstbesuch machte. Ich sehe ihn vor mir wie heut: er trug einen dreieckigen Montierungshut, die weiße Generalsfeder war zerrissen und schmutzig, der Rock alt und bestaubt, die Weste voll Tabak, die schwarzen Samthosen abgetragen und rot verschossen. Hinter ihm Generale und Adjutanten. So ritt er auf seinem Schimmel, dem Condé, durch das Hallesche Tor, über das Rondell in die Wilhelmstraße ein, die gedrückt voller Menschen stand, alle Häupter entblößt, überall das tiefste Schweigen. Er grüßte fortwährend, vom Tor bis zur Kochstraße, wohl zweihundertmal. Dann bog er in den Hof des Palais ein und wurde von der alten Prinzessin an den Stufen der Vortreppe empfangen. Er begrüßte sie, bot ihr den Arm, und die großen Flügeltüren schlossen sich wieder. Alles wie eine Erscheinung. Nur die Menge stand noch entblößten Hauptes da, die Augen auf das Portal gerichtet. Und doch war nichts geschehen: keine Pracht, keine Kanonenschüsse, kein Trommeln und Pfeifen; nur ein dreiundsiebzigjähriger Mann, schlecht gekleidet, staubbedeckt, kehrte von seinem mühsamen Tagewerk zurück. Aber jeder wußte, daß dieses Tagewerk seit fünfundvierzig Jahren keinen Tag versäumt worden war, und Ehrfurcht, Bewunderung, Stolz, Vertrauen regte sich in jedes einzelnen Brust, sobald sie dieses Mannes der Pflicht und der Arbeit ansichtig wurden.« –

Unter den letzten, die den König besuchten, war Graf Mirabeau, ein Mann der neuen Zeit, der spätere französische Revolutionär. »Ich war«, schrieb er, »fast eine Stunde beim König. Welch ein erschütternder Anblick, einen großen Mann leiden zu sehen. Ich war ergriffen. In der langen Reihe von Menschen, denen ich begegnet bin, hat mich nichts so ergriffen, wie dieser Mann. Dieser Ausnahmemensch wird bis zuletzt Herrscher sein.«

Der »Herrscher« hatte innerlich den Titel längst abgelegt und war nur noch ein Mensch, alt und müde.

★

Alt und krank und einsam. Das ist schlimm.

Schlimm die Stille, die um einen herrscht, aus der kein Echo kommt. Alles, was man denkt und woran man sich erinnert, ist Vergangenheit, sogar die Gegenwart ist es schon. Man lebt allein im Weltall.

Adolph Menzel hat ihn gezeichnet, wie er verlassen auf der Terrasse von Sanssouci sitzt, den Mantel fröstelnd um die Schulter geschlagen, in Gedanken versunken, eine winzige Gestalt vor dem prunkvollen Schloß.

Die Glut der Jugend ist erloschen; an die hochfliegenden Ideen kann man sich kaum noch erinnern. Das Herz schlägt noch, aber es schlägt für nichts mehr. Es ist niemand da, den man fragen könnte, wo die Jahre geblieben sind, niemand, der einem sagt: Es war gut, es war alles gut so, wir danken dir.

War alles gut? Hat er alles richtig gemacht? Ist Preußen groß? Ist es jetzt ein Vaterland? Für alle Ewigkeit? Sind die Toten nicht vergeblich geopfert? Hat er die Wunden heilen können?

Niemand da, der antwortet. Er ist allein.

Sprich nicht vor dich hin, König Friedrich, die Diener hören zu und könnten lächeln. Sprich zu den Windspielen, deinen letzten Freunden. Das darf man, ohne sich zu schämen. Frage sie, ob sie dich lieben. Frage sie, ob sie dir treu sind. Frage sie auch ruhig, ob du damals in der Schlacht von Kunersdorf oder Hochkirch oder irgendwann eine Schuld hattest. Vor allem aber frage sie immer wieder, ob sie dich lieben, denn Liebe hast du nie kennen gelernt. Ein Leben ohne Liebe ist sehr schwer. Ist es schwer gewesen? Ja, sehr schwer. Es war alles sehr schwer, Vater, und dein Schurke hat viel gelitten. Aber bald ist es vorbei.

★

Im August 1786 starb der »Alte Fritz«, den alle die, denen er auf die Zehen getreten hatte, den »bösen Fritz« nannten. Seine letzten Worte waren: »La montagne est passée, nous irons mieux«.

Ich kann sie übersetzen, aber ich begreife sie nicht ganz. Bitte, schreiben Sie mir nicht, um mir zu sagen, er habe gemeint, ihm ginge es jetzt besser. Er hat gewußt, daß er sterben würde.

Meinte er dies?

13.

Friedrich Wilhelm II., Friedrichs Neffe, Sohn seines jüngeren Bruders, war bereits zweiundvierzig Jahre alt, als er das Erbe antrat. Er regierte von 1786 bis 1797. Wie schön, wenn damit alles gesagt wäre. Über ihn ist damit tatsächlich alles gesagt, aber nicht über die turbulente Zeit.

Der neue König war ein riesengroßer, schwerer Kerl, ein gutmütiger Trampel. Der alte Prinz Heinrich, sein Onkel, sagte einmal grob: »Mein dicker Neffe ist ein Schwachkopf, er läßt sich von Günstlingen und Maitressen an der Nase herumführen, er ist faul und wird nur die Menge der königlichen Nichtstuer vergrößern.«

Die trüben Prophezeiungen Friedrichs des Großen »Mein Neffe wird den Schatz verschwenden, die Armee wird verrotten, der Staat zugrunde gehen«, erfüllten sich bis auf eine. Der Staat hielt.

Was der alte Fritz zu viel gehabt hatte, hatte Friedrich Wilhelm II. zu wenig, und was Friedrich zu wenig gehabt hatte, hatte er zu viel. Er war mehrfach verheiratet, auch morganatisch, und vertrödelte seine Zeit mit Weibern, mit Wilhelmine

Enke, die mit vierzehn Jahren zu ihm kam und deren Schwester eine reine Hure war, mit Julia Voss, die er zur Gräfin erhob, mit Wäscherinnen und Trompetertöchtern, die er alle an den Hof zog und an die er den Staatsschatz verschleuderte.

Er war so träge, daß ihm das Denken Schmerzen bereitete. Er hatte keinen Anteil an dem geistigen Leben Berlins, das gerade jetzt aufblühte, ein bißchen giftig aufblühte, aber blühte. Berlin begann, sich vom Land abzunabeln.

Das Land lebte seinen alten Trott. Auch in Berlin hatte das einfache Volk sich kaum verändert, aber darüber lag jetzt eine Dunstschicht, die es vorher nicht gegeben hatte. Gewiß, sie waren alle schon vorher dagewesen, aber sie hatten sich nicht gefunden. Zum erstenmal bildeten sich nun »cercles«, »Salons«. Die beiden berühmtesten waren die Salons von Henriette Herz und Rahel Levin. Auch Dorothea Veit, Tochter von Moses Mendelssohn, spielte eine große gesellschaftliche Rolle. Eine kultivierte Schicht, kein Zweifel, aber ihr haftete etwas von Schickeria an.

Wilhelm von Humboldt verkehrte dort, Schlegel, Chamisso, Fichte, Hufeland. Die Gastgeberin empfand es als Ehre, war aber auf der anderen Seite blasiert genug zu erwarten, daß sich auch die Humboldts und Chamissos geehrt fühlten. Man saß bis tief in die Nacht bei Kerzenlicht, sprach über die »Aufklärung« und Amerika, knabberte Konfekt und trank ein Glas Wein (seit die Kaffee-Rationierung von Friedrich Wilhelm aufgehoben war, galt Kaffee nicht mehr als chic). Auch die Damen kokettierten statt mit Alabasterbusen mit Geist.

Über allem schwebte etwas Romantik und ein lüsternes Freiheitslüftchen, nichts Ernsthaftes, denn wer sich wohlig fühlt, revoltiert nicht. »Seit zwei ein drittel Wochen sitze ich hier in Berlin«, schreibt Jean Paul, »und muß noch die folgende bleiben, weil Iffland meinetwegen Schillers Wallenstein geben will. Noch in keiner Stadt wurde ich mit solcher Idolatrie aufgenommen. Bei Mazdorff logire ich köstlich; seidene Stühle, Wachslichter, Erforschung jedes Wunsches, vier Zimmer zum Gebrauch. Der gelehrte Konsistorialrat Zöllner und achtzig Menschen in der Yorkloge zusammen meinetwegen – Männer, Frauen und Töchter des Gelehrtenkreises. Viel Haarlocken erbeutete ich, ein Uhrband von dreier Schwestern Haar, und viele gab mein eigener Scheitel her, so daß ich ebenso wohl von dem leben könnte, was auf meiner Hirnschale wächst, wie was unter ihr. Ich war überall. Der Ton hier ist leicht und gut. Nur in Berlin ist Freiheit, bei Gott! Dieses architektonische Universum nimmt mich so ein, daß ich es vielleicht im Winter beziehen werde. Diesem glänzenden Juwel fehlt nur die Fassung – eine schöne Gegend. Ich war auch in Sanssouci. Geheiligt und gerührt stand ich in diesem Tempel des aufgeflogenen Adlers.«

Klar, daß der Alte Fritz, dieser aufgeflogene Adler, ihn zum Teufel gejagt hätte.

In diese wonniglich schnurrende Atmosphäre platzte die Nachricht vom Ausbruch der Französischen Revolution. Das große Köpfen begann; die Guillotine forderte Zehntausende von Opfern. Emigranten strömten über den Rhein und ließen sich mit Sack und Pack in Deutschland, natürlich auch in dem »glänzenden Juwel« Berlin nieder.

Die Revolution war jetzt Gesprächsthema Nummer eins in den Salons. Revolution aus der Ferne ist für Intellektuelle stets sehr interessant. Gewiß, man erschrak. Aber nicht zu sehr.

Das Volk hatte kein Verständnis für die Guillotine. Preußen blieb, wie es war. So fest saß Friedrich der Große im Sattel.

Im August 1792 hörte Europa die Schreckensnachricht, das französische Königspaar sei vom Pöbel gefangen genommen und in den Temple gebracht worden. Wien war außer sich, Marie Antoinette war die Tochter Maria Theresias. Der Kaiser, Franz, beschloß sofort, mit der Revolution in Paris kurzen Prozeß zu machen. Auch Friedrich Wilhelm gedachte, sein Scherflein beizusteuern und ein Kontingent Truppen zu stellen. Der Dicke ergrimmte wie Zeus und beschloß, »Paris dem Erdboden gleichzumachen«. Das Wort kursierte bald in Frankreich und heizte den Patriotismus bis zum Siedepunkt an. Alles, ob Revolutionär oder nicht, eilte zu den Waffen. Bei Valmy, wo Franz seine so sehr ersehnten Kriegslorbeeren zu ernten gedachte, wurde sein Heer unter dem greisen Tatterich Herzog von Braunschweig geschlagen – die Revolution hatte ihren ersten Sieg auf dem Schlachtfeld errungen! Kriegsberichter auf deutscher Seite war Johann Wolfgang von Goethe. »Der Anfang einer neuen Ära der Weltgeschichte ist da«, schrieb er, »und ihr werdet sagen können, ihr seid dabeigewesen!«

Marie Antoinette und ihr Gemahl wurden geköpft. Die Revolution nahm die Ausmaße einer Sturmflut an.

War es immer noch so interessant, bei Kerzenlicht und Königsberger Marzipan das Schlachten zu beobachten? Oh nein, jetzt nicht mehr. »Dabeigewesen«, bitte nicht! Der schwärmerische Fichte, der blasse Friedrich Schlegel, für die noch fünf Minuten vorher »der allgemeine Wille des Volkes die einzige sittliche Grundlage für einen Staat« gewesen war, drehten sich um hundertachtzig Grad und riefen Pfui über den Rhein hinüber.

Das Jahrhundert näherte sich seinem Ende und Friedrich Wilhelm II. auch. Er war herzleidend, und die Kurpfuscher und Magnetiseure, denen er sich anvertraute, konnten ihn nicht retten.

Im November 1797 starb er. Er starb sozusagen an der Schulter seiner Haupt-Kurtisane, der Gräfin Lichtenau, verehelichte Rietz, geborene Enke.

Damit ist über den ach so gutmütigen, freundlichen, bequemen, volksverbundenen, liberalen, alle Menschen, auch die Diener mit »Sie« anredenden, lebensqualitätvollen, griffig-humanen Friedrich Wilhelm II. alles gesagt. Kehre zurück, Alter Fritz, kehre zurück! Alles vergeben.

14

Ich besitze einen zeitgenössischen Stich, auf dem Friedrich der Große einen kleinen Knaben von neun oder zehn Jahren in Kinderuniform beobachtet und sagt: »Dieser, glaube ich, läßt sich Schlesien nicht wieder nehmen.«

Der kleine Steppke war der Sohn des soeben verstorbenen Friedrich Wilhelm II. Der Alte Fritz, dem der Neffe zuwider gewesen war, hatte den Knaben um so mehr geliebt und alle Hoffnungen auf ihn gesetzt. Er hielt ihn für bescheiden aber selbstbewußt, für sauber und ehrlich, für fleißig, für musisch, für genügsam und für besonnen.

Das alles *war* Friedrich Wilhelm III., manches leider in zu großem Maße. Er wurde nicht nur ein bescheidener Mann, sondern ein scheuer, nicht nur ein sauberer Charakter, sondern ein überempfindlicher. Wäre er ein einfacher Bürger gewesen, so müßte man ihn ins Herz schließen; er wäre der liebenswerte Preuße geworden. Aber er war dazu verurteilt, König zu sein, und da vergrößern sich Schwächen und Fehler ins Ungeheure.

Er wurde ein Sonderling. Und ausgerechnet auf

diesen sensiblen, so leicht verwundbaren Monarchen (fast zögert man, bei ihm das Wort Monarch zu gebrauchen), ausgerechnet auf ihn kam es faustdick herunter. Sie wissen es: die napoleonische Zeit und der Zusammenbruch des Reiches 1806.

Für das Volk war der neue König ein unbeschriebenes Blatt. Niemand hatte ihn je gesehen, niemand gehört. Das einzige, was man von ihm kannte, war seine Gemahlin. Es ist keine andere als »die Königin Luise«.

Er hatte sie als Kronprinz kennen und schon bei der ersten Begegnung lieben gelernt. Das war kein Kunststück: Alle Welt liebte sie. Sie war schön und hatte einen engelsgleichen Charakter. Goethe, der alte Charmeur, nannte sie eine »himmlische Erscheinung«. Wahrscheinlich war das nicht zu viel gesagt. Bei ihrem Einzug in Berlin umarmte und küßte sie das Bürgermädchen, das ihr einen Blumenstrauß überreichte. Die Oberhofmeisterin bekam fast einen Ohnmachtsanfall. »Wie?«, wunderte sich Luise, »darf man das denn nicht?«

Auch Friedrich Wilhelm III. sah sehr gut aus. Er hatte ein nobel wirkendes Gesicht und eine tadellose Gestalt. Er wirkte immer wie aus dem Ei gepellt. Ein schönes Paar. Ein glückliches Paar.

Leider täuschte der Schein. Der König konnte nur an seltenen Tagen seine Melancholie überwinden. Als er den Thron bestieg, stand er vor einem Berg von Schwierigkeiten. Die Kasse war leer, der Vater hatte alles verschwendet. Die Privatschatulle enthielt nur Schuldscheine. Gold, Edelsteine waren kaum noch vorhanden – sie hingen an den Hälsen der Kurtisanen. Das Heer war in trostloser Verfassung. Die Offiziere spielten Rentier, die Soldaten gingen spazieren. Die Schickeria von Berlin war dem König ein Brechmittel. Er haßte Zynismus und Unmoral.

So stand er also da.

Was tun?

Es schien alles ruhig. Katharina von Rußland war tot, der neue Zar Paul I. gutmütig und friedlich, Franz II. in Wien engherzig und ohne beunruhigende Pläne, Frankreich seit der Errichtung des Direktoriums unter einem gewissen Napoleon Bonaparte zur Vernunft gekommen.

Keine Gefahr von außen, also.

Er konnte sich Preußen widmen. Er setzte sich in dem kargen Arbeitszimmer an seinen schlichten Schreibtisch. Der Schreibtisch blieb leer. Der König bemerkte mit Unruhe, daß er nichts zu tun hatte. Die Verwaltung lief automatisch. Die Kabinettsräte, die er des morgens zum Rapport befahl, unterrichteten ihn über lauter Belanglosigkeiten. Tatsächlich legte man ihm kaum etwas vor, weil von ihm eine Entscheidung doch nicht zu bekommen war. Johann Gottfried Schadow, der mit dem Hof eng verbunden war und die wunderschöne Doppelstatue von Luise und ihrer Schwester schuf, schrieb einmal: »Im Grunde war er kein angenehmer Herr, Königin Luise hat viel mit ihm ausgestanden. Er war immer trocken, zum Entsetzen langweilig und besonders unschlüssig. Er schob alles auf und mußte zum kleinsten Schritt gedrängt werden, weil er alles bezweifelte.«

Das Schlimme war, daß er sich nicht zur geringsten Härte entschließen konnte. Ging eine Kabinettsorder hinaus, so geschah gar nichts. In einer Order heißt es: Kein Soldat, wes Standes er auch sei, soll sich unterstehen, einen der geringsten Meiner Bürger zu brusquiren; denn die sind es, nicht Ich, die die Armee unterhalten, in ihrem Brote steht das Heer der Meinen Befehlen anvertrauten Truppe, und Arrest, Cassation und Todesstrafe werden die Folge sein, die jeder Contravenient von Meiner unbeweglichen Strenge zu erwarten hat.

Es ist nie eine Cassation, nie eine Todesstrafe ausgesprochen worden.

Der König interessierte sich für die sittliche Haltung der Menschen, aber nicht für Verfehlungen, die ihm zu Ohren kamen. Als ihm ein Schuldiger genannt werden sollte, winkte er ab: »Will den Namen nicht wissen. Habe ein unglückliches Gedächtnis, könnte mir einst wieder einfallen, würde dem Menschen, wenn er etwas erbitten wollte, nachteilig sein. Vergessen. Vergeben.«

Dieses Häschen saß auf Preußens Thron, als der Aigle, Napoleon, nach Deutschland aufbrach.

Das Volk war ahnungslos.

Das Leben war schön.
Das war es doch? Ja, das war es.

★

Onkel August Wilhelm (nach dem jüngeren Bruder Friedrichs des Großen) war soeben von seiner Reise nach Berlin heimgekehrt. August Wilhelm, mit Nachnamen Plaeschke (das ke ist schlesisch), war in Hirschberg im Riesengebirge zu Hause, kein unbedeutender Mann, er repräsentierte einen exquisiten Likör, so wie Hirschberg durch seinen »Stonsdorfer« und Thienelts »Kroatzbeere« immer für feine Schnäpse berühmt gewesen ist. Den Likör von F. A. Plaeschke sel. Witwe trank man jetzt sogar bei Hofe. Daher die Reise.
Seine Schwägerin, Witwe Plaeschke, vierzig Jahre alt mit Matronenhäubchen auf dem Kopf, und ihre zwei Buben stürmten ihm aufgeregt entgegen, als die Postkutsche auf dem Marktplatz, direkt vor den »Lauben« hielt. Es hatte geschneit, Onkel August Wilhelm schüttelte erst einmal den Schnee von seinem Pelz, denn die Kutsche war ab Görlitz ausgebucht gewesen, und er hatte auf der rückwärtigen Bank draußen sitzen müssen, sieben Stunden lang.
Nach den ersten Umarmungen polterten sie alle vier die dunkle Haustreppe hinauf. Eine Magd

nahm den Mantel ab, knickste tief und begleitete ihn in sein Zimmer.

Später, nachdem er sich erfrischt und umgezogen hatte, saß man in der guten Stube »vorneraus«, und das Erzählen begann. Der Kachelofen bullerte ein Buchenholzfeuer, in der Röhre brieten Äpfel und verbreiteten Adventsduft, der Tisch war mit einer Schmiedeberger Tüllspitze gedeckt, in der Mitte stand ein Alpenveilchen, dessen Topf mit einer grünen Manschette umgeben war, daneben die dickbäuchige Kanne mit buntgehäkeltem Kaffeewärmer, und in den Tassen mit dem feinen Goldrand dampfte der süße, gesahnte Kaffee. Vor den Fenstern tanzten die Flocken, und der Schnee dämpfte alle Geräusche von der Straße, als hörte man sie durch Watte. Ach, wie war es gemütlich! Wie lange lag der Siebenjährige Krieg zurück? Nie wieder! Nie mehr!

Am meisten staunte Frau Lotte Plaeschke über August Wilhelms Haarschnitt. Weggefahren war er noch mit dem kleinen »Tabaksbeutel« im Nakken, und jetzt war er handbreit geschnitten, trug einen kurzen Scheitel und das Haar in die Stirn gekämmt. Das sah, so schien es ihr, irrsinnig komisch aus.

»So«, begann August Wilhelm, »trägt der König das Haar. Das ist das Allerneueste! Locken und einen ›Tabaksbeutel‹ siehst du in Berlin überhaupt nicht mehr. Parole d'honneur, ich kam mir mit meiner alten Frisur direkt altmodisch vor.

214

Auch der Napoleon Bonaparte trägt den römischen Haarschnitt.«

»Ach, dieser Franzose. Was macht der bloß?«

»Was wird er machen, liebe Charlotte? Er wird in Paris sitzen und wie wir Kaffee trinken. Oder Champagner.«

»Man hört nichts Gutes von diesem Korsen, August Wilhelm. Nimm noch ein Stückchen Torte, du wirst ausgehungert sein.«

»Die französische Revolution, Schwägerin, ist vorbei und aus. Sein italienischer Feldzug auch. Was will er noch? Nein, der Friede ist gesichert. Berlin lebt —«

»Ach ja, erzähle zuerst von Berlin. Hast du viel gesehen?«

»Viel, viel. Nachdem ich die nötigen Visiten gemacht hatte, spazierte ich Unter den Linden – eine herrliche Allee, die vom Schloß zum Brandenburger Tor führt –, bestieg dort einen offenen Wagen, wie sie zu Dutzenden dort warten, und ließ mich bei schönstem Wetter durch den Tiergarten auf der breiten, schönen Chaussee für zwei Groschen nach Schloß Charlottenburg fahren, das ziemlich weit draußen liegt. Wir überholten viele Spaziergänger, die meistens zu den Puppen gingen. Ach so, ihr wißt ja nicht, was die Puppen sind. Es sind sechzehn Statuen am sogenannten Großen Stern. Da gibt es beliebte Lokale, den ›Hofjäger‹, ›Kempers Garten‹ und ›Die Zelte‹. Dahinter wird der Tiergarten ziemlich wild, der Wald ist nicht

durchforstet, das Himbeer- und Brombeerge-
strüpp ist so dicht, daß ein Fuhrwerk kaum
durchkommt.«

Die Kinder riefen gespannt: »Und die wilden Tiere? Haben Sie wilde Tiere gesehen, Onkel?«

»Nein. Ein paar Hasen huppelten über eine Wie-
se, und an einem Busch stand ein Reh. Das ist alles. Wild ist der Tiergarten nur noch in seinem
Baumwuchs in Richtung Charlottenburg. Dorthin
kommt auch kaum jemals ein Fußgänger.«

»Und Berlin selbst? Hast du es durchstreift,
August Wilhelm?«

»Ich habe es versucht. Aber so einfach ist das
nicht. Es ist eine Riesenstadt mit über hundertfünfzigtausend Einwohnern. Stellt euch das einmal vor!«

»Wo nehmen so viele Menschen auf einem Haufen denn all die Sachen her, das Essen und Trinken, das Holz und die Kleidung?«

»Ja, da hast du recht, Charlotte. Das wird immer
schwieriger, und deshalb wird die Verwaltung
auch immer komplizierter. Der Kaufmannstand
rückt immer mehr auf, er hat in Wahrheit den
Adel längst überflügelt. Wenn wir wollten, könnten wir die hohen Herren mit Leichtigkeit in die
Knie zwingen. Ich habe in Berlin wenig Berührung mit dem Adel gehabt und dennoch gelegentlich bis zur Schamröte darunter gelitten. Aber das
wird einmal anders kommen, das prophezeie ich
dir! Auch die Arbeiter sind stolzer geworden. Ich

216

glaube, die verrückte französische Revolution hat ihnen ein bißchen den Kopf verdreht. Na ja, dazu wird es in Preußen natürlich niemals kommen.«

»Aber manchmal kann man direkt Angst bekommen, August Wilhelm.«

»Unnötig, liebe Schwägerin, unnötig! Freiheit, Gleichheit, Brüderlichkeit – was sind das für dumme Parolen? Freiheit? Wovon, muß man doch wohl fragen. Wir sind ja frei. Gleichheit? Die Tiere sind auch nicht gleich, die Bäume auch nicht. Es gibt kluge Menschen und dumme, sollen die gleich sein? Es gibt fleißige und faule. Ich danke bestens, mit einem faulen Taugenichts gleich zu sein. Alles giftige Parolen! Und das französische Volk hat die Revolution ja gar nicht gemacht, das steht geschichtlich fest, meine Liebe. Im Gegenteil, Bauern, Handwerker und Arbeiter sind in Massen hingerichtet worden. Revolutionen werden immer von den Herren Doktoren, Advokaten und Philosophen gemacht; rauf, hoch wollen sie, diese Herren Graf Mirabeau, Danton, St. Just und Robespierre, das ist das ganze Geheimnis.

Darum ist auch unser König so mißtrauisch gegen die geschwätzigen Intellektuellen. Das ganze Gefasel ist nicht preußisch, verstehst du?«

»Das höre ich gern, August Wilhelm. Denkt man in Berlin so?«

»Berlin ist nicht ganz Preußen, liebe Schwägerin, Berlin ist nicht entscheidend. In Berlin ist viel zusammengewürfelt, und es ist eine Brutstätte für manches sehr Unpreußische geworden. Der Alte Fritz hat schon gewußt, warum er nicht auf Berlin, sondern eher auf die kleinste Stadt in Preußen, in Schlesien, in der Mark baute. Es gibt, habe ich mehrfach in Berlin gehört, einen Kreis um den Prinzen Louis Ferdinand, der ein verflixt lockeres Maul hat und einen ebenso verflixt lockeren französischen Lebenswandel führt. Da wird geredet und geredet, man liest ›aufgeklärte‹ Sachen, liebäugelt mit ›totaler Freiheit‹ – niemand weiß genau, was das sein soll –, nennt sich Robert, wenn man in Wahrheit Rahel heißt und ein Weibsbild ist, und hält sich für fortschrittlich, wenn man für ›freie Liebe‹ ist. Ich will mich da in Gegenwart der Kinder nicht näher auslassen. Der König, der sonst so streng mit den Zeitungen und Büchern ist, tut dagegen nichts. Vielleicht weiß er es auch nicht. Der Alte Fritz hat es umgekehrt gehalten. Na ja, Berlin ist nicht Preußen. Leider ist es soweit gekommen. Aber das einfache Volk ist im allgemeinen nicht anders als hier bei uns.«

»Erzähle doch weiter! Warst du auch im Theater?«

»Ich war zweimal im Theater – kann ich meinen Stinkkolben anzünden, obwohl wir im Salon sind?«

»Natürlich, August Wilhelm! Rauche getrost, heute ist ein Feiertag für uns.«

»Also – im Theater war ich zweimal. Zuerst sah ich Friedrich von Schillers ›Don Carlos‹. Sehr schön.

Sehr edel in Sprache und Gesinnung. Bei der Stelle ›Sire, geben Sie Gedankenfreiheit‹ hat man in den Logen wie verrückt geklatscht – begreifst du? Das war auf unsere Zensur gemünzt. Ich verstehe manches, aber daß ein Redaktor erstickt, wenn er nicht alles und jedes sagen darf, das glaube ich kaum. Siehst du, das meinte ich vorhin, als ich sagte, die Intellektuellen spielten aus reiner Eitelkeit mit gefährlichen Ideen.

Na ja. Dann war ich in einer Komödie von Kotzebue. Er ist ja sehr en vogue in Berlin. Auch so ein Rechtsanwalt. Ich bin nicht aus Stein und habe auch eine Träne zerdrückt, aber gefallen haben mir diese Scherze nicht. So ein Theaterbesuch ist für uns Provinzler schon ein unvergeßliches Erlebnis. Die festliche Menschenmenge, die glänzenden Garderoben, dann der riesige Theaterraum mit den roten Plüschsesseln und den Logen, der kolossale Vorhang und die unzähligen Lampen an der Rampe.«

»Wie machen sie das, daß die Öllampen die Bühne . . .«

»Öllampen?« Der Onkel lachte. »Wo denkst du hin! Petroleumlampen mit reflektierenden Spiegelschirmen! Das gibt eine Helligkeit, du glaubst es nicht. Jede Miene kannst du ganz deutlich sehen.

Überhaupt ist Berlin abends nicht so dunkel wie Hirschberg. Durch die Fenster, und es sind ja Tausende, fällt der Lampenschein. Es ist ein richtiges Lichtermeer, wenn man außerhalb auf dem Kreuzberg steht.

Die Hauptstraßen sind mit Öllaternen erleuchtet, die von einer Invalidenkompanie bedient werden. In den ärmeren Vierteln ist es natürlich stockduster und, leider muß ich es sagen, verflixt unsauber. Eine unterirdische Kanalisation wie in Wien gibt es noch nicht.«

»Warst du auch in Potsdam?«

»Nein. Da reichte die Zeit leider nicht. Potsdam liegt ziemlich weit weg. Ich hätte gern die Garnisonkirche mit dem Grabe des Alten Fritzen gesehen, auch sein Sanssouci von weitem. Aber ich hatte zu viel zu tun. Ich wollte mir auch einen der berühmten Kinderbälle nicht entgehen lassen, zu dem auch Königin Luise mit den Hofdamen kam.«

»Ach!«, hauchte Witwe Plaeschke, »die schöne Königin! Ist sie wirklich so schön wie ein Engel?«

»Ja, das ist sie. Aber davon erzähle ich euch morgen. Erlaube mir eine Frage: Was gibt es heute zum Abendessen, liebe Lotte?«

»Wir konnten keine großen Pläne machen, weil deine Rückkehr so ungewiß war. Also nimm mit dem vorlieb, was wir vorbereitet haben. Du hast Hunger, wie?«

»Hunger nicht, nach dem guten Kuchen mit Sahne. Aber immer Appetit auf ein Essen aus deiner Küche.« Er lachte.

220

»Es gibt nicht viel, August Wilhelm. Ich wiederhole: habe Nachsicht. Zuerst eine Kerbelsuppe. Dann Lendenschnitten auf Hofmeisterart. Dann etwas Ochsengeschnetzeltes in Sardellensoße. Oder möchtest du lieber Rouladen von Wirsing?«

»Nein. Ist schon recht.«

»Dann kommt nicht mehr viel, mein Lieber. Eine Fleckerlpastete. Schwarzwurzeln und schließlich eine Punsch-Sulz. Aus.«

»Was für ein schönes Mahl, liebe Schwägerin! Ich erinnere mich, wie ich als Knabe bei Bolkenhain um das Lager der Preußen geschlichen bin und gesehen habe, wie der König auf einer Munitionskiste saß und Erbsensuppe aß – hoffentlich kommen diese Zeiten nie wieder. Uns geht es eigentlich ein bißchen zu gut.«

»Wie kannst du so etwas sagen, August Wilhelm!«

»Ich weiß auch nicht, warum mir das in den Sinn kommt. Aber ich habe das Gefühl, daß Dürftigkeit und Preußentum zusammenhängen. Verstehst du?«

»Nein, beim besten Willen nicht. Es ist doch kein Unrecht, wie wir leben.«

»Unrecht nicht. Es paßt nur so gar nicht zu uns Preußen. Hoffentlich rückt uns das Schicksal nicht mal zurecht. Du würdest sehen, daß wir dann gleich wieder im fritzischen Lot sind.«

»Sind wir es denn jetzt nicht?«

»Ich weiß nicht. Die Zeit, in der man lebt, ist so schwer zu durchschauen.«

Das war auch nicht seine Pflicht. August Wilhelm brauchte die Zeit nicht zu durchschauen. Dazu sind die Staatsmänner da. Aber es gab in Preußen im Moment keine. Es gab nur Schlafmützen. Sie waren bestrebt, nichts zu tun, in der richtigen Erkenntnis, daß man im Schlaf nicht sündigt.

★

Im Winter 1800 überschritt Napoleon den Rhein.

Auf Betreiben Englands hatte Wien eine Koalition zustande gebracht, der das lethargische Preußen nicht angehörte.

Napoleon kam Wien zuvor, General Moreau erzwang bei dem bayrischen Hohenlinden die entscheidende Schlacht und siegte. So schnell war der Spuk der Koalition verflogen. Wien schloß Frieden.

1805 brachte das emsige, selbst natürlich nicht eingreifende England eine neue Koalition mit Österreich, Rußland und Schweden zustande, und Napoleon, der nie an die Dauer des »Friedens« geglaubt hatte, setzte sich erneut in Trab. Im Oktober stieß er blitzschnell bis Ulm vor, traf dort auf die Österreicher und schlug sie abermals.

Aber es war nur ein halber Erfolg; anderthalb Monate später stellten ihn die Reste der Österreicher, vereint mit den Russen, bei Austerlitz, das bekanntlich schon in Mähren liegt. Die Franzosen waren also gut zu Fuß. Es wurde die berühmte »Dreikaiserschlacht« (Alexander I., Franz II. und der inzwischen zum Kaiser gekrönte Napoleon). Bei der überragenden strategischen Begabung Napoleons war der Ausgang von vornherein klar. Die Franzosen zählten siebentausend Tote, die Verbündeten siebenundzwanzigtausend. In Preßburg, das bekanntlich nun schon östlich von Wien in Ungarn liegt, schloß man einen neuen Frieden. Diesmal schlug Napoleon hart zu.

In Berlin drehte man die Daumen. Daß Napoleon nun der Herr Mitteleuropas war und in Hannover vor den Toren Brandenburgs saß, störte offenbar niemanden, und die, die es störte, mußten schweigen und wurden »Kriegspartei« genannt. Militärwissenschaftler schreiben heute, daß noch bei Hohenlinden oder Austerlitz das zwanzigtausend Mann starke preußische Heer mit einem Friedrich dem Großen an der Spitze genügt haben würde, Napoleon zu schlagen.

Nun, Friedrich der Große war tot, und Napoleon war lebendig. Sehr lebendig. Er besetzte, so im Vorübergehen, die zerstreuten preußischen Gebiete im Westen und Süden. Friedrich Wilhelm war erbittert. Behandelt man so einen friedliebenden neutralen Staat?

Nein, sagte Napoleon, entschuldigen Sie vielmals, ich gebe Ihnen dafür Hannover.

Ein edler Zug; schade, daß Hannover ihm gar nicht gehörte.

Natürlich tappte Preußen sofort in diese Falle. Es besetzte das der englischen Krone gehörende hannoversche Land und saß nun endgültig zwischen zwei Stühlen. Napoleon befahl Preußen, alle Häfen für englische Schiffe zu sperren.

Es ging an den Lebensnerv. Der Handel mit England war notwendig. Was tun?

Die Räte des Königs, wie ihr Name schon sagt, rät-selten.

Wie war die Lage zu beurteilen?

Nun – Napoleon erleichterte ihnen die Beurteilung. Er hatte sich inzwischen mit England in Verbindung gesetzt und ihm wieder Hannover angeboten.

Das Maß war nun voll. Spät. Zu spät, wie sich herausstellen sollte. Die »Kriegspartei« bekam die Oberhand, der König erklärte Frankreich den Krieg.

Alea jacta. Preußen stand ohne Verbündete da. Napoleon lachte. An Talleyrand schrieb er: »Daß Preußen mich ganz allein angreifen will, ist einfach lächerlich.« Und in einem anderen Brief: »Auf zwanzigtausend Tote mehr oder weniger kommt es mir nicht an.«

Bestand die »Kriegspartei« aus Schafsköpfen? Wer waren diese Männer eigentlich? Prinz Louis

Ferdinand. Nun gut, ein dreiunddreißigjähriger Brausekopf mit einem sorglosen Leben ohne Verantwortung. Aber auch Freiherr vom Stein, der spätere Reformer Preußens. Ein Blinder? Dann Männer wie Scharnhorst und Gneisenau. Blinde? Minister von Hardenberg, Wilhelm von Humboldt. Blinde? Blücher – lauter Blinde? Waren die »Entspanner« wirklich die einzig Sehenden?

Ich befinde mich in einer schwierigen Situation. Ich weiß, daß die »Entspanner« vernünftig dachten (auch wenn das tiefere Motiv Feigheit war), und daß die anderen unvernünftig waren. Ich weiß, daß Stein, Hardenberg, Scharnhorst das Aussichtslose begriffen und sich dennoch in das Aussichtslose stürzten, und daß die »Entspanner« die ungewisse Zukunft dem Sichaufbäumen vorzogen. Wie erkläre ich Ihnen, daß mein Herz bei den Unvernünftigen ist?

Ich will versuchen, es in einem fingierten Gespräch zwischen Kabinettsminister Graf Haugwitz und Neidhardt v. Gneisenau deutlich zu machen.

Haugwitz:

»Ich versichere Ihnen, daß der König ohne das Drängen Ihrer Gruppe niemals daran gedacht hätte, sich in das Abenteuer eines Krieges zu stürzen.«

Gneisenau:

»Möglich. Obwohl ich es nicht glaube. Die Demütigungen durch Napoleon haben Grenzen. Der König ist ein Preuße.«

Haugwitz, auffahrend:

»Ich bin auch Preuße! Sie tun, als wenn es unpreußisch wäre, Verhandlungen und Diplomatie einem Kriege vorzuziehen.«

Gneisenau:

»Nein, Sie wollen mich nicht verstehen. Seit wann verhandeln wir? Seit Jahren! Der Erfolg? Gelächter und Verachtung. Was wollen Sie denn mit Verhandlungen noch erreichen?«

»Den Frieden.«

»Ja, den Frieden, der auf einem Friedhof herrscht. Napoleon ist der Herr Mitteleuropas mit Ausnahme des kleinen weißen Fleckchens, das sich Preußen nennt. Meinen Sie, er sieht sich diesen Schönheitsfehler noch lange an?«

»Wir tun ihm nichts.«

Gneisenau lacht.

»Das ist lieb von Ihnen! Wenn er anfängt, über uns zu verfügen und uns zu befehlen, werden Sie ihm gehorchen?«

»Notgedrungen.«

»Unter Protesten natürlich?«

»Jawohl, unter Protesten, und Sie brauchen das nicht ironisch zu sagen.«

Gneisenau:

»Wie soll ich es sonst sagen? Ihre Proteste fliegen ungelesen in den Papierkorb. Er wird befehlen, und Sie werden, wie Sie zugeben, gehorchen.

Auch, wenn er die Stellung von Soldaten verlangt?«

»Das wird er nicht.«

»Das wird er ganz gewiß. Ein gefallener Preuße ist ihm lieber als ein Schnupfen bei einem Franzosen. Er wird Truppen fordern. Sie werden sie ihm geben müssen, die Truppen werden irgendwo in Europa eingesetzt werden und fallen. Für wen?«

Haugwitz:

»Die Frage ist unfair. Aber meinethalben: Für den Frieden in Preußen selbst.«

»Ja, merken Sie denn nicht, daß diese Auffassung skandalös ist? Wenn preußische Soldaten im Kampf fallen, so herrscht Krieg, ist das nicht klar? Ist es Ihnen lieber, daß die Toten in Warschau liegen als in Magdeburg? Ist *das* Ihr Friede?«

»Dann wird aber wenigstens Magdeburg in Frieden leben!«

»Natürlich mit zehntausend Franzosen als Einquartierung, mit Requirierung aller Lebensmittel und mit fünf Kartoffeln pro Kopf und Tag.«

»Wir würden . . .«

»Wer ist wir?«

»Die Regierung.«

»Die Regierung hat nicht mehr ein Sterbenswörtchen zu sagen. Ja, es ist sogar fraglich, ob Magdeburg noch zu Preußen, genauer gesagt Brandenburg, gehören wird. Napoleon wird uns dreiteilen. Ist Ihnen das nicht klar?«

»Nämlich?«

»Er wird Ostpreußen abtrennen, vielleicht Pommern oder den Westen. Jeder Schnitt durch das Kernland wird ihm eine Hochzeitsnacht bedeuten. Ich hoffe, Sie sind Psychologe genug, um das zu begreifen?«

Haugwitz, wütend:

»Na gut, dann wird er eben, verdammt nochmal. Aber jetzt werde *ich* Ihnen einmal eine Frage stellen, und ich hoffe, Sie sind Psychologe genug, um sie zu begreifen: Wenn er uns im Kriege besiegt, wird er dann alles, was Sie an die Wand malen, *nicht* tun? Äh?«

Gneisenau:

»Hoffen Sie, daß ich das abstreite? Nein, mein Lieber, er wird auch dann tun, was er will. Aber wenn ich die Wahl habe, untätig zuzusehen oder zu handeln, dann handle ich. Wenn ich die Wahl habe, durch eine Kugel zu fallen oder im Keller zu verrecken, dann entscheide ich mich für das erste. Verstanden? Ich denke, Sie sind Preuße?«

»Ich bin es.«

»Dann müssen Sie wie ich fühlen. Sehen Sie sich die anderen Fürsten an! Sie haben die Hand aufgehalten, in die er ihnen erst reingespuckt und dann den Königstitel oder Großherzogstitel gelegt hat. Pfui Deibel, pfui Deibel!«

Haugwitz, hochrot:

»Aber die neuen Könige von Napoleons Gnaden leben! Leben, leben! Und wir werden tot sein!«

Gneisenau, schneidend:

»Sie doch nicht! Sie sind ja nicht Soldat. Und ich, ich bin bereit. Lewwer duad üs Slaav.«

Haugwitz, überlegen:

»Glauben Sie ernsthaft, daß das Volk so denkt?«

»Nein. Noch nicht. Ich habe nicht gesagt, daß die Preußen Übermenschen seien und das Leben nicht liebten. Das Volk schläft und träumt davon, daß Herr Haugwitz schon alles meistern wird. Warten Sie ab, bis es erwacht und wir es aufrufen! Ich prophezeie Ihnen, daß es Preußen sein wird, an dem Napoleon scheitert.«

Haugwitz, ironisch:

»Morgen?«

Gneisenau kalt:

»Nein. Übermorgen. Bis dahin müssen Sie sich noch gedulden, Graf, und Opfer bringen.«

★

Der König tat das Verhängnisvollste, was er tun konnte: Befangen in Tradition und in ehrfürchtiger Erinnerung an Friedrich den Großen berief er zum Oberbefehlshaber den alten Herzog von Braunschweig. Der Herzog ging auf die Achtzig! Er mußte kutschiert oder gestützt werden, und wenn er auf der einen Seite auf das Pferd geschoben wurde, rutschte er auf der anderen wieder herunter. Von Zeit zu Zeit legte er während der Besprechungen ein Nickerchen ein. Feldmarschall Graf Moellendorf marschierte auf die Neunzig zu. Von zweihundertachtzig Majoren waren nur fünf jünger als fünfzig Jahre. Sie sollten den noch zopfbehangenen Soldaten mit der Fahne und dem Säbel voranstürmen!

Die Preußen erwarteten Napoleon in zwei Abteilungen, bei Jena und dem nahe gelegenen Auerstedt. Bei der nördlichen Armee befanden sich der König und der Höchstkommandierende, der Herzog von Braunschweig. Die Jenaer Armee kommandierte der sechzigjährige Prinz Friedrich von Hohenlohe, ein stadtbekannter Unglücksrabe. Napoleons Truppen vollbrachten im Marschieren wahre Wunder und kamen früher an, als jemand erwartete.

Die berühmte Doppelschlacht von Jena und Auerstedt ist als ein Meisterstück Napoleons in die Historie eingegangen. Die Wahrheit ist eine andere und so grotesk, daß sie wie ein Treppenwitz der Weltgeschichte klingt. Friedrich der Große hätte die Schlacht mit verbundenen Augen gewonnen. Hören Sie:

Die Preußen hatten das Glück, das Gelände aussuchen zu können. Allerdings kannte man es nur flüchtig, man hatte die Karten zuhause vergessen.

Napoleon besaß natürlich Karten.

Dann: In Auerstedt standen 80000 Preußen 27000 Franzosen gegenüber. Der französische Kommandeur Davout war kein Genie, aber er lebte »in der Furcht des Herrn«. 8800 Pferde betrug die preußische Reiterei, 1300 die französische. Die Feinde hatten 44 Geschütze, der König 230. So sah es im Norden aus.

In Jena, im Süden, nur fünfundzwanzig Kilometer entfernt, waren die Infanterien etwa gleich stark, aber die preußische Kavallerie zählte 10000, Napoleons nur 8000 Mann. 175 Kanonen besaß Prinz Hohenlohe, nur 100 Napoleon. Es bedurfte der größten Anstrengungen, die Schlacht zu verlieren.

Wie brachte man es fertig?

Es war nicht so einfach. Zunächst hatte niemand die Franzosen so schnell erwartet und die Lager wie Picknickplätzchen unbefestigt gelassen. Auch die Höhenzüge und Ausfallstraßen waren nicht besetzt. Napoleon wollte es nicht glauben. Er schickte Späher aus, die weder auf Gegenspäher noch auf Posten stießen. Sie hätten ins preußische Lager gehen und sich auch einen Schlag Erbsensuppe holen können, es wäre nicht aufgefallen.

Gegen Abend ging man früh schlafen. Die alten Herren hatten schon beim Zusammensitzen mit dem König herzhaft gegähnt und wollten ins Bett. Prinz Hohenlohe ritt nach Jena zurück und legte sich ebenfalls zur Ruhe. Als mitten in der Nacht Blücher im gestreckten Galopp auf schweißtriefendem Pferd in Auerstedt ankam, um eine wichtige Meldung zu machen, erklärte ihm ein Adjutant, der erstaunlicherweise noch nicht pennte, er dürfe den König nicht stören, Blücher möge bis zum Morgen warten.

Auch die Soldaten schnarchten – bis sie im Morgengrauen vom Donner der französischen Kanonen geweckt wurden.

Es herrschte unbeschreibliches Tohuwabohu. Für Davout wie für Napoleon war es ein Kinderspiel, die Schlacht zu gewinnen. Die beiden preußischen Truppenteile waren schon so nahe zusammengedrängt, daß man sich fast hätte zurufen können. Aber niemandem fiel irgendein Befehl ein. Der alte Herzog war verwundet, Prinz Hohenlohe verschwunden, der König total ratlos. Er wußte gar nicht, was eigentlich los war, und gab schließlich in seiner Verzweiflung den Befehl zum Rückzug. Es wurde eine Flucht.

Das war die Doppelschlacht von Jena und Auerstedt am 14. Oktober 1806.

Der König und Königin Luise entgingen mit knapper Not der Gefangennahme. Sie irrten, geschützt von einigen Kavalleristen, ohne Landkarte und ohne eine Ahnung, wo sie sich bei den nächtlichen Ritten eigentlich befanden, umher, bis sie schließlich Küstrin erreichten.

»Ruhe ist die erste Bürgerpflicht!«, ließ Graf von der Schulenburg in Berlin an die Häuserwände anschlagen, anschließend floh er selbst aus der

Stadt, oder, wie man unter Soldaten so schamvoll sagt: Er setzte sich ab.

Die Berliner, ihrem Schicksal überlassen, berieten sich kurz. Dann taten sie das Vernünftigste, was sie tun konnten, sie standen Spalier, als Napoleon einzog, und logen unverschämt: »Vive l'Empereur!«

Die Festungen fielen wie die Blätter im Herbst. Auch die stärkste, Magdeburg, versehen mit 20000 Soldaten, 800 Offizieren und 800 Kanonen, ergab sich ohne einen Schuß, als Marschall Ney mit 10000 Mann vor den Toren erschien. Der einzige, der sich in der Beratung der Generale gegen diesen Entschluß zur Wehr setzte, war ein zweiundsiebzigjähriger General. Der Kommandant fuhr ihn an: »Sie sind hier der Jüngste! Halten Sie den Mund, bis Sie gefragt werden.«

Daß es auch anders ging, bewiesen Kolberg, Graudenz, Glatz und andere Städte. Die Geschichte von Kolberg ist berühmt geworden, vor allem durch das langweilige Theaterstück von Paul Heyse. Allerdings waren die heldenhaften Verteidiger auch keine Adligen, sondern Bürger wie jener Joachim Nettelbeck.

Der König und Luise flohen von Küstrin weiter nach Osten. Auch Königsberg, die alte Krönungsstadt, schien nicht sicher genug. Sie wollten nach Memel.

Die Reise mit den Kindern war qualvoll mühselig. Es stürmte, der Schnee lag meterhoch. Die Königin, die im Gegensatz zu ihrem engelhaften Aussehen ziemlich couragiert war und zum Beispiel in der Schlacht von Auerstedt sich in Amazonenuniform bei ihrem Leibregiment befunden hatte, erkrankte bedenklich und mußte oft in Bauernhäusern ausruhen. In einer solchen Nacht schrieb sie in ihr Tagebuch die Goethe-Worte:

»Wer nie sein Brot mit Tränen aß,
wer nie die kummervollen Nächte
auf seinem Bette weinend saß,
der kennt euch nicht, ihr himmlischen Mächte!«

Daß sie die Verse mit einem Diamantring in die Fensterscheibe ritzte, ist eine fromme Legende. Sicherlich besaß Luise einen Brillantring, aber das Bauernhaus wahrscheinlich keine Fensterscheiben.

Memel war die äußerste Ecke Preußens. Wer etwas vom Schachspiel versteht, weiß, daß ein König in einer Ecke so gut wie verloren ist. Aber was sollte Friedrich Wilhelm machen? Das ganze Schachbrett war besetzt.

Was, um alles in der Welt, dachte er sich nur? Wie weit wollte er noch weglaufen? Und wovor?

Wovor, das ist die einzige interessante Frage! Er wußte, daß er das Land verloren hatte. Aber wie sollte das aussehen? Er war noch nie Eroberer gewesen, er wußte es nicht. Fast erweckt es den Anschein, als hätte er sich verkrochen, damit Napoleon ihm nicht sagen konnte, daß er nicht mehr König war. Das klingt kindlich, aber Friedrich

Wilhelm III. *war* kindlich. Und schrecklich hilflos.

Napoleon rückte nach. Bei Preußisch-Eylau stieß er auf Preußen und Russen. Er hatte diesmal kein Schlachtenglück, der Kampf endete unentschieden, und unter diesem Eindruck und der Drohung der Russen lockte er mit Frieden. Er verlangte nur die Auflösung des Bündnisses mit Rußland.

Der König, in der berühmten deutschen Nibelungentreue, sträubte sich, seinen Verbündeten zu verraten, und lehnte ab. Napoleon, wütend, rückte weiter vor. In Friedland, kaum hundert Kilometer von Memel entfernt, stellte er die Verbündeten noch einmal und schlug sie vernichtend.

Es war das »Aus«.

In dieser Situation ließ der Zar Preußen im Stich. Er, der für sein Reich nichts oder so gut wie nichts zu fürchten hatte, schloß mit Napoleon einen Sonderfrieden. Das war derselbe Mann, der, als Friedrich Wilhelm das erste Friedensangebot Napoleons abgelehnt hatte, schrieb: Ich will eher meine eigene Krone verlieren als dulden, daß der König von Preußen auch nur eines Sandkornes seines Staates beraubt werden soll.

An dieser Stelle dürfen Sie einmal kurz auflachen.

Napoleon hatte in Tilsit Quartier bezogen und wartete auf den Bittgang des Königs. Aus Erbarmen für ihren gedemütigten Gemahl übernahm Luise den schweren Gang und die ersten Verhandlungen.

L'Empereur begegnete ihr mühsam höflich. Es spielten bestimmt auch Gefühle der männlichen Eitelkeit mit. Er hatte sie in der Vergangenheit oft verleumdet und sie als »Geliebte des Zaren« in den Schmutz gezogen. Hin und hergerissen, auch peinlich berührt von ihren Tränen, rang er sich ein vages »Wir werden sehen« ab. Luise schöpfte etwas Hoffnung. Wir heute hätten sie belehren können; mit einem Franzosen kommt immer ein Versailler Vertrag heraus.

Es wurde einer.

Preußen verlor nicht nur Posen, sondern auch alles Land westlich der Elbe. Vertraute Klänge, nicht wahr? Die westlichen Länder faßte Napoleon zu einem Königreich Westfalen zusammen und gab sie seinem windigen Bruder Jérôme. Damit war Preußen halbiert. Auch die Bevölkerung schrumpfte von 9 700 000 auf 4 800 000 zusammen.

Eine Kommission setzte die Kriegsentschädigung auf hundertvierundfünfzig Millionen Francs fest. Was das ausgeplünderte Preußen im Laufe von Jahren hätte aufbringen können, wären vielleicht zwanzig Millionen gewesen. Die Kommission hatte, ähnlich wie 1918, nicht errechnen wollen, was möglich war, sondern was man sich wünschte. Mit dieser utopischen Forderung als Faustpfand bestimmte Napoleon, daß Preußen auf unbestimmte Zeit mit hundertfünfzigtausend Mann und fünfundzwanzigtausend Pferden besetzt bleiben sollte. Damals gab es noch kein »Ruhrgebiet«, sonst wäre ihm auch das eingefallen.

Er fand den Frieden milde und empfahl dem König, sich dafür innigst beim Zaren zu bedanken, der für ihn gebeten hatte.* Später, als Napoleon auf St. Helena saß und sich der Zeit in Tilsit erinnerte, schrieb er: »Ich habe einen großen Fehler gemacht, ich hätte den König vom Thron stürzen sollen.«

Oder Preußen »verbieten«; wie wäre es damit gewesen?

Er hatte Sorgen. Wie alle Sorgen haben, die glauben, sich an Preußen vergreifen zu müssen. Da war immer noch Preußens Bundesgenosse, das unbeugsame England, und da war auch noch der unsichere Kandidat Alexander. Das deutsche Reich dagegen konnte abgehakt werden. Als der schändliche Friede von Tilsit geschlossen wurde (Juli 1807), existierte es bereits nicht mehr. Sechzehn deutsche Fürsten hatten sich vom Reich losgesagt, und Franz II. legte auf Befehl Napoleons die Kaiserkrone nieder.

Der neue Kaiser von Europa hieß Napoleon. Er hatte sein Ziel erreicht.

---

* Das hatte der Zar wirklich. Aber die Beweggründe waren durchaus nicht uneigennützig. Er wollte Preußen als Pufferstaat zwischen Rußland und Napoleon erhalten wissen.

Welches Ziel?

Und wozu?

Ja, wozu? Das ursprüngliche Ziel, Frankreich zu sichern, war längst überholt. Das Schicksal (oder sein Ehrgeiz) hatte ihn auf eine Schiene gesetzt, deren Ende sich am Horizont verlor und von der er nicht mehr herunterkam. Wo sollte es enden? »Die Geister, die ich rief, wie bann ich sie?«

Die Anbeter Napoleons dichten ihm edelste Absichten an. Er habe Europa »einigen« wollen, die antiquierten Staaten »renovieren«, die Verwaltung und Justiz »modernisieren«, die Finanzen »gesunden« und das Geistesleben auf das erhabene Niveau Frankreichs bringen wollen.

Wenn er das vorgehabt hätte, müßte er verrückt gewesen sein. Napoleon war zwar politisch ein Dilettant, aber er hatte alle fünf Sinne beieinander. Er hätte die Könige als eine Art Provinzpräsidenten eingesetzt und ihre Länder für Frankreich schuften lassen, daß die Schwarte knackte. Das ist gemein, aber politisch vernünftig.

★

Weltgeschichte, Weltgeschichte!

Und nun kehren wir zurück in das kleine Nest Memel, wo der König immer noch darauf wartet, nach Berlin zurückkehren zu dürfen. Es regnet.

Wie jeden Abend gehen Friedrich Wilhelm und seine Frau noch spazieren. Der König trägt sein fünfjähriges Söhnchen auf dem Arm; mit der anderen hält er den Regenschirm über die Königin.

Was für ein braver Oberregierungsrat wäre er gewesen! In diesen Tagen lebten sie äußerst bescheiden. Luise besorgte den Haushalt mit einer Magd allein. Sie soll auch gekocht haben. Erbsen mit Pökelfleisch. Ich möchte es fast glauben, denn in ihrer Jugend hatte sie auch für alle gesorgt: Der Vater, Herzog von Mecklenburg-Strelitz, war total mittellos und mußte sich lange Zeit in England als Offizier verdingen.

Erbsen! Wie Friedrich der Große im Kriege! Friedrich Wilhelm scheint das Gefühl gehabt zu haben, die hundertvierundfünfzig Millionen Reparationen persönlich hereinsparen zu müssen. Es ist rührend, denn an ihm war kein Falsch.

»Geliebter Papa«, schrieb Luise an ihren Vater, »Sie werden es gern hören, daß das Unglück, welches uns getroffen, in unser eheliches und häusliches Leben nicht eingedrungen ist, vielmehr es uns noch werter gemacht hat. Der König, der beste Mensch, ist gütiger und liebevoller als je. Oft glaube ich, in ihm wieder den Liebhaber, den Bräutigam zu sehen. Mehr in Handlungen als in Worten sehe ich, wie er ist. Noch gestern sagte er, mich mit seinen treuen Augen anblickend: Du bist mir jetzt im Unglück noch geliebter geworden.

Mich rührt seine Güte oft zu Tränen. Er ist mein Stolz und mein Glück, und weil wir miteinander Eins sind, wird es mir leicht, dies glückliche Einverständnis zu erhalten. Uns ist am wohlsten, wenn wir zusammen sind. Verzeihen Sie, lieber Vater, daß ich dies mit einer gewissen Ruhmredigkeit sage; es liegt darin nur der kunstlose Ausdruck meines Glückes. Gegen andere Menschen, auch das habe ich vom König gelernt, mag ich davon nicht sprechen; es ist genug, daß wir es wissen. Ihre dankbare Tochter Louise.«

Diesen Brief schrieb die Königin bereits aus Königsberg, wohin man inzwischen übersiedelt war. An Berlin war noch nicht zu denken. Immerhin war Königsberg die Krönungsstadt. An der Lebensweise Friedrich Wilhelms änderte sich aber auch hier nichts. Er spielte immer noch Oberregierungsrat mit Frau Gemahlin und Kinderchen.

15

Das Schlimme war, daß er ohne Beschäftigung dasaß. Er hatte nicht die blasseste Ahnung, was er hätte tun können. Er sah, daß der Schuster weiter Schuhe besohlte, daß jeden Morgen der Müllkutscher kam und die Bauern die Milch in die Stadt brachten. Er vermutete, daß auch Steuern bezahlt wurden, denn der Magistrat lebte und arbeitete; aber den Unterschied zwischen Blühen und Dahinvegetieren sah er nicht vor Augen. Lebten die Bürger ärmlicher? Wahrscheinlich. Er selbst ja auch. Allerdings schmeckte ihm alles, gerade das Ländlich-Einfache. Er erhielt sich – wie jetzt auffallend viele Menschen – schlank. Er hatte immer noch seine elegante Figur, pflegte sich, hielt sich gerade und ehrbar und sah immer proper aus. Vielleicht plättete ihm Luise heimlich die Manschetten nach.

Das Volk achtete ihn.

Leider blieb er unsichtbar.

Man kam sich alleingelassen vor. Jedes Städtchen, jedes Dorf wurde auf seine Façon selig. Man wurstelte sich durch. Von Haugwitz, dem Ministerpräsidenten, merkte man auch nichts. Gab es ihn überhaupt noch?

Schließlich, da ja irgend etwas geschehen mußte, entließ ihn der König und berief den Freiherrn vom Stein, der ihm eine profunde Denkschrift überreicht hatte. Sie hatte ihn zwar geärgert, aber ihm zugleich imponiert. Das Glück dauerte nicht lange, Stein wurde wegen »Widerspenstigkeit und Ungehorsam« entlassen*, und dafür dessen Freund und Mitarbeiter Hardenberg berufen. Merkwürdigerweise alarmierte diese Berufung Napoleon im fernen Paris. Er verlangte die Absetzung Hardenbergs und die Rückkehr Steins.

Friedrich Wilhelm gehorchte.

Ihm waren das alles böhmische Dörfer, und uns, offengestanden, auch. Man hat daran herumgerätselt und vermutet, Napoleon wollte Stein und Hardenberg gegeneinander hetzen und sie entzweien. Eine ziemlich alberne Theorie. Vielleicht hielt er Stein für den ungefährlicheren, worin er sich allerdings gewaltig täuschte.

Stein und Hardenberg (alles andere als kaltgestellt) führten ihre in der preußischen Geschichte berühmt gewordenen Reformen durch. Ein Unterschied zwischen bäuerlichem und adligem Grundbesitz, sowie die Steuerfreiheit des Adels

---

* Der sonst so gütige König hatte einen neuralgischen Punkt: Er konnte nicht ertragen, überspielt zu werden. Er hielt auf königliche Würde. Stein dagegen konnte sehr grob werden. Er stammte aus reichsfreiherrlichem Adel, den Hohenzollern ebenbürtig.

wurden aufgehoben; alle Klassenunterschiede beseitigt, die Zünfte verboten, die Gewerbefreiheit verkündet. Jede Stadt und jeder Marktflecken erhielt örtliche Selbstverwaltung mit freien Wahlen (!), in Berlin und Breslau wurden Universitäten gegründet, die sofort den Mittelpunkt des neuen Patriotismus bildeten. Die Streitkräfte wurden von Scharnhorst neu organisiert, das Offizierskorps hart gedrillt und aller privaten Sonderrechte beraubt, körperliche Züchtigung beim Militär verboten.

In mehreren Briefen äußerte Stein, er hoffe, mit diesem neuen Heer und einer Volkserhebung eines Tages das französische Joch abschütteln zu können.

Die Briefe wurden abgefangen und Napoleon hinterbracht. Der Kaiser tobte, erklärte Stein öffentlich zum Staatsfeind und ließ alle seine Besitztümer (die westlich der Elbe lagen) einziehen.

Es gärte. Napoleon roch es. Der Nürnberger Drucker Palm brachte eine Schrift heraus »Deutschland in seiner tiefsten Erniedrigung«, Napoleon ließ ihn erschießen. Andreas Hofer unternahm einen Aufstand in Tirol, Napoleon ließ ihn erschießen. Major von Schill bildete ein Freikorps und versuchte, besetzte Städte in seine Hand zu bekommen; er fiel im Straßenkampf; elf seiner Offiziere ließ Napoleon standrechtlich erschießen. Auch Stein fühlte sich seines Lebens nicht mehr sicher und ging ins Ausland. Der König wurde ängstlich. Was war das alles bloß? Was ging da vor?

Das Volk, das sich während der ersten Besatzungsjahre mit List und Tücke durchgeschlagen hatte, nahm die Maske ab. Es haßte die Franzosen und zeigte es. Es heuchelte nicht mehr, es leistete passiven Widerstand. Es schnallte den Gürtel lieber noch ein Loch enger, als zu betteln. Der König, hörte man, hatte das Tafelsilber einschmelzen lassen und Königin Luise ihren Schmuck ins Ausland verkauft. Das machte den Kohl gewiß nicht fett, aber es war was fürs Herz.

Kurz vor Weihnachten 1809 räumten die Franzosen nach vielen Verhandlungen und Zahlungen Berlin. Friedrich Wilhelm III. konnte zurückkehren.

Es wurde ein triumphaler Empfang. Der Jubel galt vor allem der Königin. Luise war glücklich und unglücklich zugleich; sie fühlte sich schwach und krank.

Der König schickte sie aus dem turbulenten Berlin nach Potsdam. Dort erholte sie sich, faßte den Plan, ihren Vater zu besuchen, und reiste ab. Sie kam sehr ermattet an, wurde von heftigen Brustkrämpfen befallen und mußte zu Bett bleiben. Der König wurde gerufen. Er reiste Tag und Nacht und kam nur noch zurecht, von ihr Abschied zu nehmen. Sie verstand nicht, warum ihr Gemahl so aufgelöst war, es wurden bittere Stunden, denn Luise wollte nicht glauben, daß sie sterben mußte. Erst als die Schmerzen unerträglich wurden, wünschte sie sich selbst die Erlösung. »Herr Jesus, kürze meine Leiden.«

Sie starb, vierunddreißig Jahre alt, im Juli 1810. »Der Engel war vom König gewichen«, steht in einem alten Geschichtswerk.

Vielleicht ist das wahr. Sein Schutzengel sicher. Aber ein überirdisches Wesen war sie gewiß nicht. Ich habe mich lange mit ihr beschäftigt. Ich ahne, welche verborgenen Wünsche und Leidenschaften oft in ihrem Herzen tobten. Sie war ein Mensch, wie ich ihn mir wünsche. Sie war kühn und verzagt, furchtlos und furchtsam, spröde und leidenschaftlich, treu und voll verborgener Wünsche, beherrscht und leidend unter der Beherrschung, klug und naiv; dies alles in einem Gefäß, das nicht schöner erfunden werden konnte. Wie gesagt, ich habe mich lange mit ihr beschäftigt, mit ihr und mit ihrer Schwester, die wie der Entwurf zu Luise war. Der Entwurf verrät, was Luise nicht offenbarte.

★

Während der König vor sich hin melancholisierte, kam das Volk in Bewegung; es gärte nicht mehr, es brodelte. Hörte der König nichts oder wollte er nichts hören? Wenn man einmal aufzählt, was vor sich ging, hat man den Eindruck, das Volk rief nicht, es schrie! Fichte wagte, seine »Reden an die deutsche Nation« zu halten, Schleiermacher predigte von Vaterland und Opfergang, Heinrich von Kleist schrieb die »Hermannschlacht«, Theodor Körner dichtete seine Schwert-Lieder, Ernst Moritz Arndt rief die Deutschen offen zum Kampf gegen Napoleon auf, Turnvater Jahn führte eine vormilitärische Leibesertüchtigung ein – überall flammten die Feuermale auf. Niemand klatschte mehr bei Schillers »Sire, geben Sie Gedankenfreiheit«, aber man sprang von den Sitzen, wenn im »Wilhelm Tell« die Worte des Rütli-Schwures fielen: Wir wollen sein ein einzig Volk von Brüdern, in keiner Not uns trennen und Gefahr; wir wollen frei sein, wie die Väter waren.

Wenn der König taub war, Napoleon war es gewiß nicht.

Aber er hatte keine Zeit; mochten sie krähen, er würde später alles in einem Aufwaschen bereinigen. Zunächst galt es etwas anderes als das lächerliche Preußen, es galt, Rußland niederzuwerfen.

Um sich den Rücken zu decken und zugleich neues Kanonenfutter zu erhalten, verlangte Napoleon einen französisch-preußischen Beistandspakt. Der freundlichen Einladung verlieh er dadurch Nachdruck, daß er seine Truppen in Pommern und der Mark Brandenburg einmarschieren ließ.

So machte das der Herr, der angeblich Europa aus seinem überalteten Zustand erlösen wollte.

Zähneknirschend schloß Friedrich Wilhelm das Bündnis, und zwanzigtausend Preußen mußten eiligst die Marseillaise lernen. Napoleon beorderte das preußische Kontingent nach Ostpreußen. Die Absicht war klar: Es sollte einen möglichen Flankenstoß der Russen abfangen.

Jetzt brach der Herr Europas mit sechshunderttausend Soldaten, darunter Österreicher, Deutsche, Italiener, Spanier, nach Rußland auf.

Das war im Sommer 1812.

Im Winter 1812 flutete die große Welle zurück: Skelette, zerlumpt, verhungert, halb erfroren, stolperten die Überlebenden* in die Heimat zurück. Sie hatten die Hölle des russischen Winters erlebt. Napoleon selbst hatte die Armee im Stich gelassen und saß bereits in Paris. Er hob schon wieder neues Kanonenfutter aus.

Es war um Weihnachten, als eine russische Armee sich Ostpreußen näherte. Bei Tauroggen, an der litauischen Grenze, stieß sie auf das preußische Kontingent. Es wurde ein freudiges Wiedersehensfest, denn an der Spitze der Russen ritten der kommandierende General Graf Diebitsch aus Groß-Leipe in Schlesien und der Generalinspekteur Freiherr vom Stein aus Berlin, und sie erkann-

---

* Von 30 000 Bayern kehrten 3000 heim. Auf dem Obelisk, den König Ludwig den Toten in München errichten ließ, steht die Lüge: »Auch sie starben für des Vaterlands Befreiung.«

ten mit Vergnügen in dem Kommandeur der Preußen ihren alten Freund Graf Yorck von Wartenburg aus Potsdam. Nachdem sie sich gegenseitig auf die Schulter geklopft hatten, fanden sie, es sei Zeit für einen vernünftigen Entschluß. Kein leichter Entschluß für Yorck, denn er mußte den ersten und einzigen Hochverrat seines Lebens begehen: sich mit den Russen vereinen. Er enthob also seine Soldaten ihrer Pflicht gegen Napoleon, entband sie des Eides gegen den König und »neutralisierte« sie. Das Wort war seine Erfindung und bedeutet auf gut deutsch: Er trat zum Kampf gegen Napoleon zu den Russen über. Am 30. Dezember 1812 wurde die denkwürdige »Konvention von Tauroggen« geschlossen.

Zackig, wie es sich bei Preußens gehört, schickte Yorck sofort einen Kurier los, um dem König seinen Hochverrat gehorsamst zu melden.

Friedrich Wilhelm stammelte, als er das Schreiben las: »Da möchte einen ja auf der Stelle der Schlag treffen«, und vergaß dabei sogar, im Infinitiv zu sprechen. Er war in der Tat in einer verteufelten Lage, rings um ihn herum Franzosen!

Hardenberg griff ihm unter die Arme. Er entsandte eine Stafette nach Tauroggen, Yorck sei seines Kommandos enthoben und auf der Stelle zu verhaften. Der König war gedeckt!

Murat, der napoleonische Statthalter in Königsberg, war zufrieden. Yorck lachte. Von Verhaftung keine Spur. Aber eines war klar: Der König mußte raus aus Berlin. Möglichst weit weg. Hardenberg bereitete in aller Heimlichkeit die Übersiedlung des Hofes nach dem unbesetzten Breslau vor.

Der König wollte nicht; ihm schien, er sei genug gereist. Schließlich gab er nach.

Man fuhr damals nach Breslau vier volle Tage. Ende Januar 1813 kam der König mit gemischten Gefühlen in der schlesischen Hauptstadt an. Sie waren schon alle da, Hardenberg, Scharnhorst, Blücher, Gneisenau. Kurz darauf traf auch Stein mit dem Zaren ein. Sie waren sich einig, daß dem König endlich die Augen geöffnet werden mußten:

Das Volk in fieberhafter Erwartung.

Napoleon geschlagen.

Sein Heer zerrieben.

Rußland der Verbündete.

Österreich bereit, dazuzustoßen.

Die preußische Armee intakt.

Hardenberg berichtet:

England wird ein Hilfskorps in Marsch setzen, sobald Preußen losschlägt.

Dänemark verbündet sich.

Schweden schickt Truppen.

Europa, begreifen Sie, Majestät, Europa steht auf!

Preußen braucht nur die Hand zu heben!

Der König ist wie benommen. Er kann vieles nicht fassen. Daß er das Bündnis mit Frankreich bre-

chen soll. Daß es gegen den Unbesiegbaren gehen soll. Daß Preußen wieder kämpfen soll.
Stein und Hardenberg setzen ihm eine Proklamation auf. Endlich, endlich ist es erreicht. Am 17. März 1813 unterschreibt Friedrich Wilhelm den Aufruf an das Volk.

»An mein Volk!
So wenig für mein treues Volk, als für jeden Deutschen, bedarf es einer Rechenschaft über die Ursachen des Krieges, welcher jetzt beginnt.
Wir unterlagen der Übermacht Frankreichs. Der Frieden, der die Hälfte meiner Untertanen mir entriß, gab uns seine Segnungen nicht, er schlug uns tiefere Wunden als selbst der Krieg . . . Das Land ward ein Raub der Verarmung . . . Brandenburger, Preußen, Schlesier, Pommer, Litauer! Ihr wißt, was ihr seit sieben Jahren erduldet habt, ihr wißt, was euer trauriges Los sein wird, wenn wir den beginnenden Kampf nicht ehrenvoll enden. Erinnert euch an den Großen Kurfürsten, den großen Friedrich . . .«
(Ganz Preußen schrie auf)
». . . Es ist der letzte, entscheidende Kampf, einen anderen Ausweg gibt es nicht . . . mit ihm einen sicheren Frieden und die Wiederkehr einer glücklicheren Zeit.

Friedrich Wilhelm«

★

Es kamen viele Tausende. Zehn- oder zwölftausend wurden, soweit die Bewaffnung und die Monturen reichten, in die Freiwilligen-Korps aufgenommen. »Der König rief, und alle, alle kamen«, dichtete überschwänglich Heinrich Clauren.*

Die Antwort Napoleons kam postwendend: »Das Haus Hohenzollern ist hiermit abgesetzt; sein Land wird verteilt, Litauen und Preußen fallen an Polen, Brandenburg an das Königreich Westfalen, Schlesien an Österreich.«

Der zu Tode verwundete Aigle begann, um sich zu schlagen.

Eben hatte er noch Schlesien den Österreichern zugesprochen, da hörte er, daß sich Wien der Allianz angeschlossen und ebenfalls mobilisiert hatte.

Er raffte sich zum entscheidenden Waffengang auf.

Mit einen neuen Heer (armes, ausgeblutetes, verblendetes Frankreich) marschierte er auf Sachsen zu, um die Vereinigung der Österreicher mit den Preußen zu verhindern.

Er kam zu spät. Mitte Oktober stellten ihn die Verbündeten bei Leipzig. Gneisenau, der die

---

* Es gibt doch tatsächlich einen up-to-date-Schriftsteller, der angesichts dieser Verse eine Milchmädchenrechnung anstellt, wonach bei einer Bevölkerung von fünf Millionen sich mindestens achtzigtausend hätten melden müssen anstatt der lumpigen zehntausend. Natürlich hat Clauren nicht gemeint, daß am nächsten Morgen fünf Millionen Preußen vor der Entréetür Friedrich Wilhelms standen. Wieviel würden heute kommen? Zählen Sie mal an den Fingern ab!

Strategie ausgearbeitet hatte, sah dem Kampf mit Hangen und Bangen entgegen. Es war die Herausforderung an das Schicksal.

Die Heere waren etwa gleichstark. Engländer, Schweden waren zur Stelle, sie alle wollten noch ihren kleinen Einsatz vor dem »rien ne va plus« wagen.

Die Schlacht dauerte vier Tage und endete mit der katastrophalen Niederlage Napoleons. Er selbst konnte sich mit Mühe und Not retten.

Der Held der Schlacht war der alte Blücher mit seiner schlesischen Armee. Der Zar war so begeistert, daß er ihm bei dem ersten Wiedersehen den Arm um die Schulter legte, ihn zu Friedrich Wilhelm führte und dem ganz verdatterten König sagte:

»Hier bringe ich Ihnen den Retter Europas.«

(Friedrich Wilhelm biß sich auf die Lippen und ernannte Blücher zum Feldmarschall.)

Der Retter Europas war er sicher nicht, aber der Retter der Schlacht. Er war die würdige Fortsetzung der Reihe Derfflinger und Dessauer, auch er eine Art Wildwest-Sheriff mit markigem Gesicht, Hakennase, wehendem weißem Haar und siebzig Jahren auf dem Buckel. Er war total ungebildet, schrieb ein schauderhaftes Deutsch und bevorzugte als internationales Verständigungsmittel mit den Soldaten das Wort »Vorwärts«. Die Russen nannten ihn nur »Marschall Vorwärts«. Einen Rückwärtsgang besaß sein Motor nicht. Als er den

Befehl bekam, Napoleon zu verfolgen, bremste erst Paris seinen Siegeslauf.

★

Preußen schwamm in Seligkeit. Berlin war am Tag des Sieges ein Lichtermeer. Mit Öllaternen und Fackeln marschierten Tausende durch die Straßen. Die Landwehr, jene alten Herren, deren Aufgabe es sein sollte, ihre Stadt zu halten, hatten sich Sträußchen an die Hüte oder, sofern vorhanden, in die Mündung ihrer alten Musketen gesteckt. Geistesheld Fichte marschierte mit zwei Pistolen im Gürtel mit, und es störte ihn nicht, daß rechts und links von ihm Leute liefen, die »Fichte« nur als Nadelbaum kannten. Witwe Plaeschke aus Hirschberg taufte einen neuen Schnaps »Leipziger Lebensgeist«, wobei sie die Hand etwas spreizte, damit jeder sehen konnte, daß sie die goldenen Eheringe für das Vaterland gegen eiserne eingetauscht hatte.

Alles war im Rausch. Er hielt nicht Tage, er hielt Monate an. Die Straßen blieben girlandengeschmückt, die Kinder spielten nur noch Blücher. Im Dezember, als der Weihnachtsmarkt begann, hatte kein Spielzeug eine Chance gegen Säbel. Den größten Zulauf hatte in Berlin das »Mechanische Theater von Gropius, Französische Straße

43«, das als absolute Spitze die Schlacht von Leipzig aufgebaut hatte. Auch die Bücher schwelgten in Patriotismus, und jeder Schulmeister auf dem Lande trug sein Scherflein Kitsch dazu bei. Zu schade nur, daß sich nichts Heroisches auf Blücher reimte.

Friedrich Wilhelm besuchte eine festliche Theatervorstellung und tat etwas, was er noch nie getan hatte: Er verbeugte sich vor dem Volk.

Es wurden auch viele Bonbons verteilt, Hardenberg und Blücher (»Herzlichen Dank vor alle das Guhte, so sie mich sagen . . .«) wurden in den Fürstenstand erhoben, Gneisenau und General Kleist wurden Grafen. Für Stein kein Wort. Keine Gabe, keine Geste, kein Händedruck, nichts. War Friedrich Wilhelm doch in manchen Augenblicken ein kleiner Miesling? Schlimm, daß Königin Luise nicht mehr lebte.

Der Krieg ging weiter, aber er interessierte nicht mehr. Daß die alliierten Truppen Paris, das geradezu legendenumwobene Paris, einnahmen, daß Napoleon abdankte, gefangen wurde, nach Elba in die Verbannung ging, lauter ungeheuerliche Nachrichten – nichts interessierte mehr. Zu erklären ist es einfach: In dem Zusammenbruch hatte nur Preußen standgehalten; ich meine nicht militärisch, ich meine charakterlich. Jetzt klappten die Nerven zusammen.

★

Im September 1814 begann in Wien der »Wiener Kongreß«, auf dem die Machtverhältnisse in Europa neu geordnet werden sollten.

Warum in Wien? Was hatte Wien gemacht außer permanent Schwierigkeiten? Es wäre noch Berlin in Frage gekommen. Aber Berlin war im Vergleich zu Wien Provinz, und welches Gipfeltreffen setzt sich schon gern nach Unna oder Recklinghausen. Wien bot den Glanz, den die Oberhäupter, wenn sie an der Reihe sind, so sehr benötigen. Gegen Berlin sprach nicht nur seine Armut, sondern vor allem der Gedanke, Preußen nicht noch mehr aufzuwerten. Ist ja auch eine hübsche Stadt, dieses Wien, in der es damals schon mehr Paul Hörbigers als Blüchers, und mehr Würstlbratereien als Exerzierplätze gab.

Also auf an die schöne blaue Donau!

Es kamen: Der Zar, der Kaiser von Österreich, der König von Preußen, der König von Dänemark (Kein Mensch hatte vorher etwas von Dänemark gesehen), der Kronprinz von Schweden, die »Monarchen« von Bayern, Württemberg und Baden, dazu die Bevollmächtigten Fürst Metternich für Österreich, Graf Nesselrode für Rußland, Wellington für England, Hardenberg und Wilhelm von Humboldt für Preußen und »Fürst« Talleyrand für Frankreich.

Alles, was als gut und teuer galt, war also zur Stelle, sogar Talleyrand, was uns Heutige leicht erstaunt, denn in Jalta und Potsdam waren wir

Besiegte, wenn ich mich recht erinnere, nicht dabei.

Was tut eine so illustre, um mindestens achtzig Prozent überbesetzte Gesellschaft als erstes? Sie bildet Ausschüsse.

Während man noch ausschoß, kam die Nachricht von der Flucht Napoleons aus Elba und seiner triumphalen Rückkehr nach Paris. Die Meldung schlug wie der Blitz ein, und flugs erklärten sich die Herren Diplomaten als nunmehr unzuständig und gaben die Bombe an die Feldherren weiter. Diese Zweiteilung der Zuständigkeit ist für hohe Herrschaften sehr angenehm.

Blücher, Gneisenau und Wellington machten sich also wieder auf den Weg nach Frankreich.

Napoleon war in Nöten. Die Rekrutierungen klappten nicht mehr, das Volk hatte schon Feierabend gemacht. Gneisenau war auch in Nöten, Blücher hatte wenig Bataillone zur Verfügung und Wellington ebenso, denn englisches Blut ist kostbar und muß gespart werden.

Die Schlacht, die Napoleon endgültig den Thron kostete und ihn als Gefangenen nach St. Helena brachte, fand in Belgien, bei Waterloo, statt. Wieder waren es die Preußen, die den Kampf entschieden (Wellington: »Ich wollte, es würde Nacht oder die Preußen kämen!« Sie kamen.).

Wäre der Verlauf des Kampfes nicht so kompliziert zu erzählen, würde ich es gern tun. Blücher führte die preußischen Truppen, aber sein Generalstabschef Gneisenau war es, der die Schlacht entschied.

Die Generäle schnallten die Säbel ab, die »Politiker« griffen wieder zum Mikrophon.

Die Höchsten der Höchsten Herrschaften schwangen das Tanzbein. Hinter den Kulissen der rauschenden Feste werkelte der böse Geist Metternich. Die Historiker pflegen ihn für einen Ausbund an politischer Klugheit zu halten, ich glaube, er hatte die Intelligenz von Adenauer. Alles, was er zustande brachte (das Karussell drehte sich merkwürdigerweise ständig um ihn), war von erstaunlicher Kurzsichtigkeit.

Alle Staaten gewannen hier und da etwas, und verloren hier und da etwas. Der einzige, der nur gewann, war Frankreich.

Talleyrand konnte nicht tanzen. Statt sich die Beine zu vertreten, vertrat er sein Vaterland. Er vertrat offiziell nicht das geschlagene Frankreich Napoleons, sondern lächerlicherweise das siegreiche Frankreich der Bourbonen; ja, sie waren wieder da, denn so viel Köpfe hatte die Revolution gar nicht abschlagen können, wie die Bourbonen besaßen.

Preußen vergrößerte sich um Posen, einen kleinen Teil Sachsens (das gegen Preußen gekämpft hatte), Schwedisch-Pommern, Westfalen und Rheinland. Es verlor einige Landstriche im Osten. Dort gingen drei Millionen Bürger verloren, im Westen kamen drei Millionen hinzu. Auf dem Papier sah das tadellos aus, in der Wirklichkeit nicht. Westfalen und Rheinländer waren durch die Berührung mit den Franzosen schon stark emanzipiert und fügten sich schwer ein.

Es war schon ein Kreuz mit diesen Diplomaten, die von jedem etwas und von allem nichts verstanden. Preußen stand vor großen Problemen.

★

Was sich in den nächsten fünfundzwanzig Friedensjahren ereignete, kann man mit sehr verschiedenen Augen sehen. Wenn man es mit den Augen des kleinen Mannes sieht, so schien das Leben weiterzugehen, wie es vor dem Kriege gewesen war. Man lebte in einigen Kreisen üppig, im Bürgertum bescheiden, im Bäuerlichen arm. Aber man lebte und freute sich des Lebens. Man legte die Kniehose ab und stieg in die Röhrenhose, wie wir sie heute noch tragen: Die Epoche des Biedermeier brach an. »Bieder«, ja, das wollte man sein. Die Menschen zogen sich nach all den Anstrengungen und Opfern in ihr Schneckenhaus zurück und lebten die kleinen Freuden. Man mußte »nach innen« leben. Rechtschaffenheit statt Brillanz, Sauberkeit statt Glanz. Es ist kein Zufall, daß in jener Zeit der Arzt Dr. Hoffmann seinen unsterblichen »Struwwelpeter« dichtete.

Schubert, Lortzing schrieben die romantische Musik der Zeit, Eichendorff, Mörike, Hauff die Verse.

Man war unpolitisch. Man hörte zwar allerlei Geschrei um »Parlament« und »Restauration«, aber »politisch Lied war garstig Lied«. Die Sonne schien, oder es regnete, oder es schneite – schöne Welt nach so viel Entbehrungen, Leid und Tod. Man verstand jetzt den bescheidenen, zurückgezogen lebenden König mehr denn je.

★

Und der Dank des Vaterlandes?

»Ich verstehe den König überhaupt nicht«, rief der Chefredakteur der ehrwürdigen Vossischen Zeitung in der Redaktionssitzung. Sechs Herren saßen um den runden Tisch und qualmten Zigarren. »Gibt es ihn eigentlich noch? Warum schweigt er? Wo bleibt die Erfüllung unserer Wünsche? Wo bleibt der Dank des Vaterlandes? Wo bleibt die Verfassung?

Damals, 1813, waren wir gut genug, das Volk aufzurütteln, damals waren Fichte, Arndt und Jahn gut genug, das Volk zu beflügeln! Und wo sind sie jetzt? Mundtot gemacht!«

Ein junger Redakteur: »Dem Volk ist eine Verfassung gleichgültig, darüber müssen wir uns im klaren sein. An der Spitze steht der König, darunter ist die Regierung . . .«

»Wessen Regierung? Seine, nicht unsere. Das ist der springende Punkt. Der König soll König sein, aber die Regierung muß vom Volk ausgehen!«

»Wer ist das, das Volk? Der Nachtwächter in Stendal?«

»Jawohl, auch er.«

»Er versteht doch nichts! Es ist zu früh, Sie kennen doch meine Meinung, es ist alles zu früh!«

»Sie sind mir ja ein schöner liberaler Vorkämpfer! Es gibt nicht nur den Nachtwächter in Stendal, Mann, sondern auch uns. Und wir wünschen eine Verfassung, die die Rechte des Königs eindeutig festlegt, die ein Parlament vorsieht mit genauen Rechten und Pflichten. Gottesgnadentum, ich bitte Sie, das 1822!«

»Hören Sie, Doktor, Sie werden sich noch um Kopf und Kragen reden!«

»Dann sollen sie mich einsperren! Ich habe doch recht! Die Werdener Zeitung haben sie schon verboten. Sie hat einen Artikel gebracht ›Um die Verfassung betrogen‹. Haben Sie ihn gelesen?«

»Ja, schlecht war er.«

»Aber mutig. Und richtig. Diese Maulkorbpolitik ist einfach unerträglich. Aber natürlich: Das Volk soll schlafen!«

»Es schläft sich gesund.«

»Menschenskind, was für Anschauungen haben Sie! Und das in der Vossischen! Der König hat feierlich versprochen, über eine Verfassung zu beraten!«

»Aber er hat nicht gesagt, wie lange.« Der Junge lachte. »Ich sage doch: zu früh. Er riecht hinter unseren Wünschen die Ideen der Französischen Revolution, das ist es, was ihm Angst macht.«

»Blödsinn! Es ist einfach gesunder Menschenverstand, daß ein Volk sich durch sich selbst regieren muß. Die Französische Revolution hat damit nichts zu tun. Im Gegenteil: Sie hat uns gar nicht den Parlamentarismus gelehrt, sondern ist in eine Diktatur gemündet. Der Parlamentarismus ist das Ei des Kolumbus. Er ist schon deshalb ideal, weil er ja durchaus die Möglichkeit hat, den König mit der Regierung zu beauftragen. Er schaltet ihn also gar nicht a priori aus. Angst zu haben braucht nur der König, der das Vertrauen des Volkes nicht besitzt. Also, warum fürchtet er sich?«

»Er hat nicht vor dem Volk, er hat vor den Abgeordneten Angst. Er ist der Meinung, daß sie sich zu zwei Dritteln aus Ignoranten zusammensetzen werden, denen man zu allem Übel auch noch die geheimsten diplomatischen Dinge mitteilen muß, damit sie überhaupt urteilen können. Hardenberg ist der Meinung, daß zweihundert Dummköpfe keine besseren Entscheidungen treffen als ein Kluger, der er ja ist.«

»Es stimmt, wenn im Parlament die falschen Leute sitzen. Wenn das Volk noch nicht reif ist.«

»Ist es das, Doktor? Das Volk wird niemals reif

sein. Davon ist Hardenberg überzeugt. Und ich bin es für den Augenblick auch. Drei Dutzend Professoren, drei Dutzend Journalisten und zweitausend Studenten bilden unser Rückgrat. Das reicht nicht.«

»Sie sind ja ein idealer Liberaler, ich wiederhole es. Und jetzt werde ich Ihnen als Chefredakteur etwas sagen: Sie werden für die morgige Ausgabe den Leitartikel schreiben. Thema: Lieber zu früh, als zu spät.«

»Na, prost.«

»Denken Sie daran, daß es die Besten der Nation sind, die unsere Ideen teilen. Denken Sie daran, welche Schande es ist, daß man Ernst Moritz Arndt verhaftet hat, daß man Jahns vaterländische Turnbünde aufgelöst und ihn selbst für sechs Jahre eingekerkert hat, daß Fichtes Reden an die deutsche Nation verboten wurden, daß Professoren relegiert und ihrer Lehrstühle enthoben sind. Zu früh? Ich sage Ihnen, mein Freund, fast zu spät! Hauen Sie getrost auf die Pauke! Sollen sie uns doch Intellektuelle schimpfen! Besser noch als Nachtwächter. An die Arbeit! Für unser Vaterland!«

»Für Preußen!«

»Nein, weiter denken, größer denken! Für Deutschland!«

★

»Ludwig, jetzt hör a mal zum dichte auf«, sagte Frau Emilie Uhland im schönsten Schwäbisch zu ihrem Mann, »und beantworte mir eine Frage.« Sie schlug mit der flachen Hand auf die Vossische Zeitung, die vor ihr lag. »Wir werden doch wohl nicht alle noch preußisch werden, Ludwig?«

»Nur noch dieses kleine Verschen. So – was sagtest du? Wie kommst du denn darauf, Herzele?«

»Die reden mir hier in der Zeitung gar zu oft von Deutschland. Weißt, wenn Preußen den kleinen Finger hat, hat es gleich die ganze Hand.«

»Nein, Schätzle. Die sind nur so treudeutsch.«

»Na, die führen doch was im Schilde? Preußisch möchte ich nämlich nicht werden, weißt: die sind nicht gut regiert.«

»Nicht gut? Aber Herzele! Das ist das bestregierte Land.«

»Das kann nicht stimmen. Sie wollen ja alles ändern.«

»Weil sie eine Verfassung haben wollen? Das ist der Zug der Zeit.«

»Ist denn das schlecht, so, wie sie jetzt leben?«

»Nein, im Gegenteil.«

»Also. Sie können doch zufrieden sein.«

»Aber sie haben keine Redefreiheit.«

»Wozu ist die gut?«

»Um sich frei zu fühlen, Herzele.«

»Hast du Redefreiheit?«

»Nun – nein, eigentlich nicht.«

»Und fühlst du dich da nicht frei?«

»Ich fühle mich manchmal ein bißchen eingeengt, wenn du weißt, was ich meine.«

»Aber ich, ich nicht.«

»Richtig. Du willst aber auch nicht mitregieren.«

»Wollen denn die Zeitungsleute das?«

»Die geistige Elite will das. Und das ist verständlich.«

»Nein, Ludwig, das ist ganz und gar nicht verständlich. Zum Politiker muß man geboren sein, zumindest erzogen. Die, scheint mir, wollen nur reden.«

»Laß nur, Schätzle. Das ist ein schwieriges Kapitel. Ich bin ein Dichter.«

»Und der andere ist ein Zuckerbäcker oder ein Steuerbeamter oder ein Schuster. Die wollen doch gar nichts, genau wie du. Weißt, ich will dir was sagen: einreden wollen sie's ihnen, daß sie mitschwätzen sollen. Das ist es, glaube mir. Aber das gefällt mir gerade an den Preußen gar nicht. Die waren immer so geradezu, so sauber, so einfach. Wenn das mal gut geht, Ludwig. Und jetzt dichte weiter!«

★

1840 starb Friedrich Wilhelm III. Ohne das Problem gelöst zu haben, verabschiedete er sich von dieser Welt und machte sich auf, seinen Engel Luise wiederzufinden.

Jetzt kam der, den sich die preußische Intelligenz wünschte, der gebildete, der freiheitliche, der fortschrittliche.

16

Was wußte man von dem neuen König?

Den Namen. Friedrich Wilhelm IV.

Das Alter. Fünfundvierzig Jahre.

Das Volk hatte nur eine vage Vorstellung, wie er aussah, ein bißchen wie sein Großvater Friedrich Wilhelm II., groß, etwas massig, mit einem offenen, fast heiteren Gesichtsaudruck, rundlichem Kopf mit früher Stirnglatze und krausem Haar. Sein Vater hatte nobel ausgesehen, von ihm konnte man es nicht behaupten. Ein Allerweltsgesicht.

Die oberen Schichten wußten etwas mehr. Schon als Kronprinz hatte man ihn häufig in den Salons der Intelligenz gesehen. Aus seinen Äußerungen konnte man schließen, daß er »recht modern« war, liberal und aufgeschlossen.

Seine Kindheit kannte niemand. Aber wir kennen sie, und sie ist erzählenswert.

Als Kind war er ein Rüpel. Als sein Bruder Wilhelm noch klein war, verprügelte er ihn täglich; als er zu groß wurde, nahm er sich den nächsten Bruder vor. Aber während Wilhelm friedlich war,

war der andere ebenfalls ein Rüpel, und so gewöhnte sich Friedrich Wilhelm das Prügeln ab.

Er wuchs heran, ein intelligenter, fleißiger Junge. Durch seinen Erzieher Ancillon wurde sein lebhaftes Interesse an der Literatur und Kunst seiner Zeit geweckt. Er war rasch zu begeistern, ein Charakter »himmelhoch jauchzend, zu Tode betrübt.«

Die Zeit, in der er lebte, war die Hochblüte des Geisteslebens in Deutschland. Herder, Schelling, Hegel, Schopenhauer, Mathias Claudius, Schlegel, Brentano, Novalis – was für ein sternenübersäter Himmel. Eine Fülle von Genies wie in keinem anderen Land der Welt waren seine Zeitgenossen. In der Kindheit hatte er noch Schiller erlebt. Goethe stand in den Jahren seiner höchsten Reife, als Friedrich Wilhelm ein Jüngling war. Goethes und Schillers Sturm-und-Drang mit ihren »Leiden des jungen Werther« und den »Räubern« war längst vorbei, der junge Kronprinz war mitten drin. Vielleicht kam er, der in den Gesellschaften gern das große Wort führte, dadurch in den Geruch des Liberalismus.

Das war seine Welt gewesen.

Nun war er König und ein Mann von fünfundvierzig Jahren. Er war immer noch überzeugt, sehr fortschrittlich zu sein. Er setzte Ernst Moritz Arndt, den sein Vater aus allen Ämtern gejagt hatte, wieder ein, berief Männer wie Rückert, Schlegel, Schelling, Tieck, stiftete für Kunst und Wissenschaft die Friedensklasse des Pour le mérite, kurz, er achtete große Geister und zeigte sich als Mann – leider fiel er regelmäßig fast in Ohnmacht, wenn das Wort »Verfassung« oder »das Volk« fiel. Daß die Welt in den letzten zwanzig Jahren einen Riesensprung gemacht hatte, begriff er nicht.

Biedermeier, Majestät, ist vorüber! Die Moderne ist im Anmarsch! Die Eisenbahn ist erfunden, Majestät, die Schnellpresse, der Elektromotor, der Telegraph, die Zentralheizung, die Fabriken mit tausend Arbeitern. Vor zwanzig Jahren, als Jüngling, waren Euer Majestät sehr fortschrittlich, inzwischen ist in allen Köpfen, außer in Ihrem, eine große Veränderung vor sich gegangen. Auch der kleine Mann hat nach zwanzig Jahren ausgeschlafen und fühlt sich »wie neugeboren«. Wenn jetzt die Handwerksmeister im Ratskeller abends beisammensitzen, schwelgen sie nicht mehr in Erinnerung an Leipzig, sondern sie reden sich die Köpfe heiß über das, was sie in den Zeitungen gelesen haben. Bürgergeist weht durch die Zeit. Bürgerstolz, denn wer hatte Preußen gerettet? Wer hatte den König damals gerettet? Ist es nicht so, daß man den König eigentlich nur noch mitschleppt? Er muß dem Volk die Regierung überlassen, er muß endlich eine Verfassung geben, er muß!

Aber noch aus anderer Richtung erhob sich ein scharfer Wind. Auch davon wollte der König nichts wissen. Das Maschinenzeitalter war heraufgekommen, das kalte Unternehmertum schnellte hoch. Preußen stand im Begriff, sich von einem östlichen Agrarstaat in einen westlichen Industriestaat zu verwandeln. Die Maschinen drückten die Preise, am schlimmsten traf es die vielen Tausenden von Heimarbeitern. Die Weber in Schlesien, die immer arm gewesen waren – erst jetzt wurden sie jene verzweifelten Weber Gerhart Hauptmanns. Es kam zu Aufständen, die mit Militär niedergeschlagen wurden. Tausende fielen den amerikanischen Werbern in die Hände und wanderten aus. So weit war es mit Preußen gekommen, einst strömten sie herein, jetzt verließen sie ihr Vaterland.

Was wußte davon der König?

Wahrscheinlich nichts.

In den Fabriken ballten sich jetzt größere Arbeitermassen zusammen als je zuvor irgendwo. Schon tauchten Agitatoren auf, französische und polnische Berufsrevolutionäre.

In der Kneipe saßen die Arbeiter beisammen. Sie sprachen nicht über Leipzig und nicht über die Verfassung, sie waren zu müde dazu. Sie hatten zwölf Stunden gearbeitet. Wofür? Fürs Überleben. Das ist wenig. Gehörten sie eigentlich noch zum Volk? Waren sie nicht schon ausgeschlossen vom Leben? Sie brachten es hinter den Maschinen zu; der Rest des Tages war Nacht; schlafen; um im Morgengrauen wieder an die Maschinen zurückzukehren.

Mitunter tauchten Redner auf. Sie sprachen nicht sehr gut deutsch, aber sie sprachen zündend. Sie erwähnten das Wort Verfassung und Deutschland nicht, sie redeten davon, daß das ganze Leben des Volkes geändert werden müsse. Sind nicht einst alle Menschen gleich gewesen? Idiotische Parolen, sagten die Alten. Aber sie wünschten, alle Menschen wären wenigstens einander ähnlich.

Nichts davon drang zu den Ohren des Königs. Das Volk – was war das? Das waren die, die er um sich herum sah; dann die, denen er als Kronprinz in den Salons begegnet war; dann die, die man in Massen auf der Straße sah. Sie arbeiteten fleißig, wie es sich gehörte, und sie lebten, wie es sich gehörte. Sie dachten bestimmt nichts Böses. Oder doch?

Sie sind verstört, Majestät; haben Sie Angst? Ja, ich habe Angst, ich finde mich nicht mehr zurecht. Ich wünschte, ich hätte dreihundert Jahre früher gelebt.

Das sind Ausflüchte, Majestät. Sie sind ganz einfach ein schlechter König. Nie haben Sie vierundzwanzig Stunden gewacht vor Sorgen, nie im Schnee geschlafen, nie einen Brief geschrieben »Sollte ich in Gefangenschaft ,...«, nie gestöhnt »Gibt es denn keine Kugel, die mich trifft?«. Friedrich der Große wäre zu den Webern nach Waldenburg gefahren, er hätte sich ihr Elend angesehen und keine Truppen hätten ihn begleitet. Er wäre in die Fabriken gegangen, er hätte Krupp in Essen besucht, er hätte mit dem Volk gedacht und gefühlt. Sie sind kein preußischer König, Sie sind ein Duodezfürst! Und immer geistert die Französische Revolution in Ihrem verwirrten Kopf herum.

Aber auch das Bürgertum war in diesem Punkte blind. So konnte es geschehen, daß es, als 1848 der Kladderadatsch losging, ahnungslos Seite an Seite mit den Agitatoren marschierte; die einen die Worte »Verfassung« und »Deutschland« auf den Lippen, die anderen mit knirschenden Zähnen und im Herzen die Französische Revolution. Hinter ihnen der »Bund der Kommunisten«. Ja, sie waren da! Es gab schon Marx und Engels. 1848 kam es in Paris zur Februar-Revolution. Der Bürgerkönig Louis-Philippe wurde gestürzt, die Republik ausgerufen.

Sofort sprang der Funke nach Deutschland über. Große Zeit für die Aufrührer! Im März gab es in mehreren Städten Deutschlands und Österreichs lärmende Demonstrationen. In München dankte der König ab (ein neuer war sofort da), und in Wien wurde Metternich hinweggefegt. Ein paar zugeworfene Happen!

Die Fürsten zitterten am ganzen Leibe. Auch Friedrich Wilhelm IV. und seine Räte zitterten. Vorsichtshalber ließ man in Berlin berittenes Militär durch die Straßen patrouillieren.

Die Berliner nahmen das übel auf. Was hatten sie

denn getan? Was bedeuteten die blanken Säbel gegen das Volk?

Der König sollte antworten!

Man lief auf die Straße, rottete sich zusammen und zog gemeinsam vor das Königliche Schloß. Bald war es eine riesige Menschenmenge, die johlte und schrie.

Bestürzung bei Hofe. Der König war total verstört.

Seine Ratgeber kapierten einige der Parolen und flüsterten dem König zu, er müsse sich zeigen und sprechen. Der König war außerstande. Er ließ sich zwar auf den Balkon hinausschieben, aber er brachte kein Wort heraus.

Der Bürgermeister tat es an seiner Stelle. Er improvisierte: Der König habe soeben (kein Wort wahr) das Gesetz für Pressefreiheit, Einberufung des Landtages und Beseitigung des Zolls unterschrieben (kein Wort wahr).

Die Menge, umzingelt von Militär, schrie: »Soldaten weg!«

»Was schreien die Leute?«

»Soldaten weg, Majestät.«

»Aber nein! Die Soldaten sollen die Menge zerstreuen! Vorwärts!«

Die Soldaten ließen die Gewehre über der Schulter und gingen vor.

In diesem Augenblick fielen irgendwo zwei Schüsse.

Wer hatte geschossen?

Auch Demonstranten waren bewaffnet gewesen. Jemand brüllte: »Verrat! Man schießt auf das Volk! Auf die Barrikaden!« Man stob auseinander.

Verehrter Leser, wenn Sie mir sagen können, wohin die Menge stob, dann werde ich Ihnen sagen, von welcher Seite die Schüsse fielen.

»Sofort nach diesen beiden Schüssen«, schrieb der militärische Berichterstatter der Zeitung, »war es sichtbar, wie einzelne der vorher so wild auftretenden Haufen in fast geordnet zu nennender Weise davon eilten, sichtbar zu schon vorher bestimmten Sammelplätzen.«

»Auf die Barrikaden«. Auf welche Barrikaden? Auf die vorbereiteten. Sie waren eingeplant.

Um vierzehn Uhr war der König auf dem Balkon erschienen, um fünfzehn Uhr begann bereits der Kampf an der Barrikade in der Jägerstraße. Schnelle Arbeit für Amateure, nicht wahr? Das Militär hatte, zur Abschreckung, sechsunddreißig Kanonen, die aber niemand bedienen konnte, es waren keine Artilleristen da. Die Aufständischen hatten auch Kanonen, die sie sogar bedienen konnten. Und nun raten Sie zum Schluß, wer die Schüsse vor dem Schloß abgegeben hat. Raten Sie, aber sagen Sie es heute nicht laut.

Friedrich Wilhelm war wie gelähmt. Er sah sich schon baumeln.

Seine Minister nahmen des Heft in die Hand; sie mobilisierten Truppen. Die Barrikaden sollten gestürmt werden.

Befehl ist Befehl, aber die Soldaten wußten nicht, wie man Barrikaden stürmt; sie ballerten nur zurück, wenn sie beschossen wurden.

Es wurde Nacht, und es kam der Morgen, die Barrikaden standen immer noch. Neue Verhandlungen. Schließlich einigte man sich, Soldaten weg und wir gehen nach Hause.

Die »Revolution« war zu Ende.

187 Aufständische waren gefallen. Wieviele Soldaten, das kann ich Ihnen nicht sagen, diese Zahl gibt es nicht. Ist ja auch nicht so wichtig wie die andere.

Zur Revolution verführt, hatten die Preußen dennoch keine französische, sondern eine preußische daraus gemacht. Es gab keine Guillotine, keine Feuersbrunst, keine Plünderung. Den Kommunisten waren die Zügel aus der Hand geglitten; die Großdeutschen und Verfassungskämpfer hatten sie ergriffen.

Tags darauf fuhren die Aufständischen gesittet ihre Toten, blumen- und fahnengeschmückt, vor das Schloß und verlangten den ehrerbietigen Gruß des Königs vor den Gefallenen. Friedrich Wilhelm, der sich vor Erregung kaum auf den Beinen halten konnte, trat auf den Balkon und zog den Hut, den man ihm vorher aufgestülpt hatte.

Zufrieden? Noch nicht. Sie verlangten, er solle hinter der schwarz-rot-goldenen Fahne durch die Stadt reiten.

Er tat auch das.

»Das preußische Königtum in seiner tiefsten Erniedrigung«, steht in einem Geschichtswerk. Ich bin ganz und gar nicht der Meinung. Sah er denn nicht, daß es Königstreue waren, die über die echten Revolutionäre gesiegt hatten? Als die Prozession mit dem schwarz-rot-goldenen König an der Königswache vorbei kam, rief die Bürgerwehr: »Es lebe der Kaiser von Deutschland!«

Ach, »Kaiser von Deutschland«! Das Volk ahnte nicht, daß er nur noch der Schatten eines Königs war. Nur für das Volk war er immer noch der Preußen-König, Erbe Friedrichs des Großen.

Das war »das tolle Jahr« 1848.

Auch draußen, auf dem Lande hatte man die Ereignisse verteufelt ernst genommen, mitunter mit Komik gemischt, wie immer bei Leuten, die in Wahrheit von nichts eine rechte Vorstellung haben. Ein Kaufmann in Stettin wollte zur Revolution noch »zurechtkommen«, ließ sich von seiner Schwester Butterbrote einpacken, bestieg das Feuerroß und dampfte ab. Als er in Berlin ankam, war schon alles vorüber. Erleichtert kehrte er heim. Monate später entdeckte er in der Tasche seines Paletots, den er damals auf der Revolutionsreise getragen hatte, einen Zettel. Er las, was in der Handschrift seiner fürsorglichen Schwester darauf geschrieben stand: »Man bittet, diese Leiche bei dem Kaufmann S. in der Brandenburgischen Straße abzuliefern.«

Nun konnten sich die erbleichten Wangen wieder rosig färben. So eine Revolution war doch nichts für Preußen. Sie war gewiß nur ein Ausrutscher gewesen.

★

Nur die erbleichten Wangen Friedrich Wilhelms färbten sich nicht mehr rosig. Er war ein armer Teufel. Zu denken, daß er jener lebenslustige Kronprinz gewesen war, jener Liebling der Salons, jener amüsante Plauderer mit den konfusen Ansichten über Liberalismus und altdeutsches Königtum, jener gentlemanlike Gemahl seiner bayrischen Frau, die gewiß oft mit ihm boarisch gesprochen hatte, während er balinisch antwortete – nichts erinnerte mehr daran. Er schien krank, gemütskrank und depressiv. Er konnte kaum noch einen klaren Gedanken fassen, er klammerte sich an die Minister und an seinen Bruder Wilhelm.

Im April bereits wurde die Reform in Angriff genommen. Der Vereinigte Landtag erließ das Wahlgesetz zur Konstituierenden Nationalversammlung. Am 5. Dezember wurde der Versammlung eine Verfassung vorgelegt. Zwei Monate später, im Februar 1849 setzten die beiden preußischen Kammern die Verfassung in Kraft.

Auf ganz Deutschland machte dieser »Fortschritt« einen gewaltigen Eindruck. Preußen galt wieder als Vorkämpfer für die neuen Ideen. Wenn man an ein geeintes Deutschland dachte, dachte man automatisch an Preußen als Führer. Preußen, das integre, das moderne, das tapfere und aufrechte Preußen sollte das neue Reich, an das man überall in deutschen Landen Tag und Nacht dachte, führen.

So ist es zu erklären, daß das Schicksal sich die Ironie erlaubte, ausgerechnet dem kranken Friedrich Wilhelm IV. die höchste Ehre anzutragen, die ein deutscher Fürst erlangen konnte: die Kaiserkrone. Das Frankfurter Gesamtdeutsche Parlament, jene noch in den Tagen des Wiener Kongresses gegründete Versammlung deutscher Abgeordneter hatte diesen Schritt einmütig beschlossen.

586 gravitätische Herren, darunter auch Uhland, eine Ansammlung ehrbarer Privatpersonen ohne die geringste staatsmännische Erfahrung, waren in Hochstimmung. Sie wurden bitter enttäuscht. Professoren haben keine Kronen zu vergeben; sie waren nun wirklich nicht die geeigneten Hebammen für die Geburt eines Kaiserreichs.

»Nein, das will ich nicht, das mag ich nicht«, murmelte Friedrich Wilhelm wörtlich.

Kanzler und Minister falteten andächtig die Hände und dankten Gott für diesen lichten Augenblick.

So zerplatzte der bunte Luftballon vom neuen deutschen Reich.

★

Im Frühjahr 1857 schickten die Ärzte den König nach Marienbad. Die Kur nützte bei der Art seiner Krankheit nichts. Er wünschte, noch einmal nach Wien zu reisen. Auf der Rückfahrt erlitt er wieder mehrere Schlaganfälle. Sein Bruder Wilhelm übernahm, da der König kinderlos geblieben war, die Regierungsgeschäfte.
Im Januar 1861 starb Friedrich Wilhelm IV. in Sanssouci.

17

Wie Paris der Stern für Frankreich und London für Großbritannien war, begann Berlin der Stern für ganz Deutschland zu werden. Auch die ehemals kleinen preußischen Orte hatten sich zu Mittelstädten, zum Teil sehr hübschen, wohnlichen, entwickelt. Da war Königsberg, das die glanzvolle Inthronisierung Friedrichs I. erlebt hatte und immer noch ein bißchen von diesem Ruhm zehrte, dann Breslau, die Stadt, die Friedrich der Große in sein Herz geschlossen hatte; dort konnte man den Eilzug besteigen, der mit fünfzig Stundenkilometern durch die Landschaft brauste. Erster Klasse fuhr man wie im Märchen, man saß zu sechst, denn die Abteile gingen durch die ganze Breite des Wagens. Der Schaffner hangelte während der Fahrt außen von Tür zu Tür und war eine Amtsperson mit Polizeigewalt, worin ihn eine kleine rote Lacktasche über der Brust auswies. Der Zug hielt oft, denn die Orte waren darauf angewiesen. In Liegnitz, der ersten größeren Stadt, dauerte der Aufenthalt lange genug, um sich auf dem Bahnsteig ein bißchen die Füße zu vertreten. Dann, nach langer Fahrt, kam Frankfurt an der Oder, wo man am Büfett sehr gute Würstchen zu sich nehmen konnte. Von dort war es nur noch ein Katzensprung nach Berlin.

Die Strecke Berlin–Stettin war schon ehrwürdige zwanzig Jahre alt, fast ebenso die nach Dessau, Magdeburg, Braunschweig und Hannover. Seit neuestem ging es auch gleich weiter nach Bremen und westwärts an den Rhein.

Ja, Preußen war groß, das kann man wohl sagen, und man brauchte mehrere Tage und Nächte, um von einem Ende zum anderen zu kommen.

Es war herrlich, so einfach mirnichtsdirnichts trotz Schneegestöber nach Berlin zu reisen, um an den Nachfeiern zur Thronbesteigung des »Alten Herrn« teilzunehmen. Er war ja schon dreiundsechzig Jahre alt, dieser feine Herr, der noch vor kurzem »Kartätschenprinz« hieß und wegen seiner Teilnahme an der Niederwerfung der Revolution verhaßt gewesen war. In der großen Opern-Galavorstellung konnte man ihn sehen. Er trat in die Mittelloge heraus, schlank und aufgereckt wie ein Gardegeneral, beugte den Kopf nach rechts und nach links, was dem Volke gelten sollte, aber so aussah, als habe er nur zwei Bekannte entdeckt.

Unten im Parkett stand ein winziger kahlköpfiger Mann, hielt einen Schreibblock in der Hand und zeichnete wie besessen, den König, die Königin, den Kronprinzen Friedrich, Marschall Wrangel,

Roon, Moltke und was an glanzvollen Namen noch da war, dazwischen die Köpfchen und Rüschenkleider der Hoffräulein und kleinen Komteßchen, von denen es wimmelte. Der kleine Mann war Adolph Menzel, der ein großes neues Bild vorbereitete, diesmal ausnahmsweise nicht mit dem Alten Fritz.

Das alles konnte man aus dem dritten Rang durch das perlmutterne Opernglas gut beobachten. Man saß nicht im vierten, man saß im dritten Rang, und das wollte etwas sagen! Links neben einem saßen Herr Kommerzienrat und Frau Schultheiß von Schultheiß-Patzenhofer, rechts ein junger Bildhauer namens Begas, ein Schüler des großen Rauch, interessanter Mensch mit rassigem Weib an seiner Seite, das sicher seine Geliebte war. Neben ihm saß Franz Krüger, der den König gemalt hatte.

Was wurde gegeben?

Ja, was wurde nur schnell gegeben? Das Ballett »Ein Sommernachtstraum«, das Herr Felix Mendelssohn-Bartholdy noch für den verstorbenen König Friedrich Wilhelm geschrieben hatte. Sehr viel Gehopse, aber natürlich ein blendender Abend. Auch der König stand ihn eisern durch. Nach der Vorstellung wurde er sehr umjubelt; und dann ging er zu Fuß auf einem roten Teppich, den man ausgerollt hatte, zum Neuen Palais hinüber, wo er wohnte. Es waren ja nur ein paar Schritte. Das große Schloß von Schlüter nannte er

immer nur den »finsteren Kasten«. Ein merkwürdiger Herr, unser neuer König. Aber erhebend.

★

Ein sehr merkwürdiger Mann, dieser Wilhelm I.
Wir haben ihn heute als den zivilsten König in Erinnerung, in Wahrheit war es der seit Friedrich
dem Großen soldatischste. Schon als Knabe exer-
zierte er mit Leib und Seele und führte darüber
genau Tagebuch. Als junger »Prinz von Preußen«
erhielt er seine Feuertaufe 1814 in der Schlacht
von Bar-sur-Aube. Als Kurier durchbrach er ein
Trommelfeuer allein, ohne Begleitung, und erhielt dafür das für die Befreiungskriege neu gestif-
tete Eiserne Kreuz.
Er war tapfer, aber weich. Er hatte einen starken
Willen, aber er liebte Draufgänger nicht. Der Freiherr Otto von Bismarck zum Beispiel war ihm ein
Greuel. Eine seiner ersten Taten als Regent war,
Bismarck aus dem Verwaltungsdienst hinauszu-
feuern und als Gesandten nach Rußland »strafzu-
versetzen«. Bismarck war erbost, der König war
erbost. So begann die seltsame Symbiose dieser
beiden Männer.
Bismarck roch für Wilhelm ewig nach Mistgabel
und jungen Hunden. Vielleicht hatte er auch im
Gedächtnis, daß es die Bismarcks gewesen waren,

die als würdige Konsorten der Quitzows und ähnlicher Herren den ersten Hohenzollern dauernd Scherereien bereitet hatten. Er hat ihn anfangs einmal in einer Marginalie »roter Reakteur« genannt, »riecht nach Blut, später zu gebrauchen«. Dazu kam, daß der Kerl noch größer war als er selbst und einen Schädel aufhatte, der für zwei Könige gereicht hätte.

Er erinnerte sich auch, wie Herr Otto von Bismarck sich als Gesandter im Frankfurter Bundestag benommen hatte. Die Geschichte mit der Zigarre! Sie müßten Sie aus einem meiner Essays schon kennen, ich erzähle sie aber gern noch einmal: 1851 löste Bismarck den bisherigen preußischen Delegierten in Frankfurt ab. Ein unnützer Posten. Als Bismarck zum erstenmal an einer Sitzung teilnahm, machte er eine Feststellung, die wie zufällig aussah, die er jedoch sofort richtig deutete. Der einzige, der sich erlaubte, zu rauchen, war der österreichische Graf Thun. Für jeden Kenner ist hier sofort klar, was kommen mußte und was auch prompt kam. Bismarck zog eine Zigarre heraus und bat Graf Thun um Feuer. Er erhielt es. Österreich und Preußen rauchten! Die anderen waren total verdattert. Sie hielten diese Geste für so wichtig, daß sie darüber an ihre Regierungen berichteten.

Der König begriff sehr wohl, wie glänzend Bismarck Preußen nach außen vertrat (in sechs Monaten lernte er Russisch!), aber sympathischer wurde ihm der Kerl nicht. Er versetzte ihn nach Paris. Das war nicht ganz so weit weg. Aber genau so überflüssig.

Es wurde keine große Politik mehr getrieben, das machte Bismarck fast wahnsinnig. Alles schlief den Schlaf des Gerechten. Im Juli 1862 schrieb er an seinen Freund, den Kriegsminister v. Roon: »Ich bin hier völlig überflüssig, weil kein Kaiser, kein Minister, kein Gesandter mehr hier ist. Ich bin nicht sehr gesund, und dieses Provisorium geht mir auf die Nerven . . . alles starrt auf unsere Kammern. Ich bin doch erstaunt über deren Unfähigkeit. Wie sind wir Deutschen eigentlich in den Ruf von Bescheidenheit gekommen? Es ist keiner unter uns Deutschen, der nicht vom Kriegführen bis zum Hundeflöhen alles besser wisse . . . Ich verliere alle Lust an den Geschäften.«

Am 18. September platzte in sein Leben die Bombe in Form eines chiffrierten Telegramms von Roon: »Höchste Gefahr. Kommen Sie sofort.«

Am 20. September war er bereits in Berlin. Er wurde zum König befohlen. Roon hatte die Unterredung vorbereitet, Wilhelm versprach sich gar nichts davon. »Ach der!« hatte er gebrummt. Er empfing ihn im Arbeitszimmer von Schloß Babelsberg.

Auf dem Tisch lag die Abdankungsurkunde des Königs! Bismarck warf einen Blick darauf und erstarrte. Davon hatte er nichts geahnt.

Was war geschehen?

Es war gar nichts Welterschütterndes passiert, nur eines jener Dinge, die die Begleiterscheinungen von Parlamenten sind: Die Kammer hatte das Budget der Regierung abgelehnt.

Man hätte die Bevölkerung von ganz Preußen fragen können, was es damit auf sich habe, und keine Antwort bekommen. Niemand hätte die Augenbrauen gewichtig hochgezogen und Donnerwetter geantwortet.

Darüber wollen wir gemeinsam ein bißchen nachdenken. Es lohnt sich.

Das Zusammenleben eines Volkes beruht darauf, daß jedem Menschen seine kleine Welt mit ihren Sorgen, Pflichten und Genugtuungen zugeteilt ist. Menschen mit sogenanntem Höhenflug nennen das philiströs. Nun gut, dann ist es philiströs. Der zufriedene Schuster träumt nicht von großen Taten und umwälzenden Ideen; er sagt: »Sehen Sie mal diesen Schuh hier. Sie werden keinen Schuhmacher weit und breit finden, der bei diesem Leder die Sohle zwienäht. Schauen Sie! Hier habe ich die Naht verdeckt.«

Mein Friseur gehört zu diesen Zufriedenen. Nichts liegt ihm ferner, als über die Monotonie seines Berufs zu jammern. Er sieht (ohne es formulieren zu können) in der Monotonie die Berufung als Fachmann, die Kontinuierlichkeit und die Sicherheit. Diese drei Dinge. Sonst müßte er jeden Beruf verfluchen. »Ich habe eben den Polizeigeneral frisiert – der grauhaarige Herr, der dort noch geht. Er kommt schon 15 Jahre zu mir. Zu meinen Kunden zählt der Präsident des Landesarbeitsamtes.«

Er kennt keine Höhen*flucht*. Nein, ich habe mich nicht verschrieben, ich meine den falschen Höhenflug der Unzufriedenen, der Mißgeleiteten, der Verführten, der unreifen Jugend, jenen Flug, der in Wahrheit eine Höhenflucht ist. Sie dient zu nichts, sie ist unnütz, schlimmer: Sie vergiftet das Leben. Welches Leben? Das philiströse? Meinetwegen, das philiströse in diesem besonderen Sinne. Die Philister, meine Freunde, halten das Volksleben aufrecht! Die Philister, und nicht die Höhenflüchtigen, halten Leib und Seele zusammen. Was bedeutet ihnen ein Budget gegen eine zwiegenähte Handschuhleder-Sohle? Nichts.

Die Höhenflüchtigen taugen zu garnichts. Der höhenflüchtige Arzt empfindet seine Arbeit als Fron ohne Genugtuung, der höhenflüchtige Gärtner, der Arbeiter, der Steuerbeamte nennen ihren Beruf eine elende Tretmühle, keiner von ihnen aber wüßte zu sagen, wo er hingehört. Das klassische Beispiel ist jener Teil unserer heutigen Jugend, die an Höhenflucht leidet: sie taugt nur zum Politiker. Die Parlamente sind voller Höhenflüchtiger.

★

Die Budget-Vorlage war zu Fall gekommen, weil der Militär-Etat stark erhöht werden sollte. Roon verlangte die völlige Renovierung der Truppe, die in Ausbildung, Ausrüstung und Stärke überaltet war.

Das Parlament hielt das für hinausgeschmissenes Geld. Kann sein, daß es hinausgeworfenes Geld wurde. Es konnte aber auch eine Lebensversicherung werden, für die man eben die Versicherungsprämie zahlen muß. Das Parlament hielt die bisherige Prämie für ausreichend, Roon und der König in Kenntnis der außenpolitischen Lage nicht. Roon war verzweifelt, der König war verzweifelt. Das war der Augenblick, als Roon Bismarck herbeirief.

Wilhelm reichte ihm die Urkunde und sagte: »Ich will nicht regieren, wenn ich es nicht darf, wie ich es vor Gott und meinem Gewissen verantworten kann. Das kann ich aber nicht, wenn ich nach dem Willen der Majorität des Landtages regieren soll, und ich finde keinen Minister mehr, der bereit wäre, meine Regierung zu führen, ohne sich und mich der parlamentarischen Mehrheit zu unterwerfen. Ich habe mich deshalb entschlossen, die Regierung niederzulegen, und die Abdications-urkunde bereits entworfen.«

Bismarck erwiderte, er sei bereit, die Regierung zu übernehmen, und Roon würde ebenfalls bleiben.

Der König überlegte. Dann fragte er, ob Bismarck

willens sei, auch das Ministerium für das heiße Eisen, die Militär-Reorganisation zu übernehmen.

Bismarck: »Ja.«

Der König mußte ein verzweifeltes Lachen unterdrücken. »Auch gegen die Majorität des Parlaments und gegen deren Beschlüsse zu regieren?«

Bismarck: »Ja.«

Wilhelm, nach langem Nachdenken: »Dann ist es meine Pflicht, mit Ihnen die Weiterführung des Kampfes zu versuchen. Kommen Sie, wir besprechen das im Park.«

Es war eigentlich nichts zu besprechen. Die Konzeption von Bismarck war sonnenklar: Er hatte keine. Die Steuergelder liefen bei der Regierung ein, nicht beim Parlament. Das war das Sonnenklare.

Der König, entsetzt: »Ich sehe voraus, wie das alles enden wird. Auf dem Opernplatz, vor meinen Fenstern, wird man Ihnen den Kopf abschlagen, und etwas später mir.«

»Et après, Sire?«

»Ja, après; dann sind wir tot.«

»Ja, dann sind wir tot. Aber sterben müssen wir früher oder später doch, und können wir anständiger umkommen?«

Gerade der Appell an den Soldatentod – das unsachlichste aller Argumente – überzeugte den durch und durch soldatischen König.

Er zerriß die Abdankungsurkunde. Dann reiste er ab, in Kur; in Wahrheit, um dem ersten Kladderadatsch zu entgehen, den er kommen sah.

Der Skandal war unausweichlich. Bismarck hielt seine erste Rede vor dem Budget-Ausschuß des Parlaments und erregte einen Orkan der Empörung. Er hatte von »Blut und Eisen« gesprochen, dieser »Bluthund«. Auch die Zeitungen überschlugen sich.

Tatsächlich hatte Bismarck sehr vernünftig gesprochen. Er hatte gesagt, daß Weltgeschichte nie durch Parlamentsgerede gemacht würde, sondern immer durch Blut und Eisen, ob man es nun bedaure oder nicht. Vor allem hatte ein Satz eingeschlagen: Deutschland blicke nicht auf Preußen, weil es von dort das Heil des Liberalismus erwarte, sondern die schützende Stärke.

Darauf sprach er vor dem Parlament – vergeblich natürlich und ebenso aufregend.

Der König war besorgt. Sogar Roon fand die Reden zu provozierend, also genau das, was Bismarck gewollt hatte. Sie sollten wissen, was ihnen blühte.

Was blühte ihnen?

Zunächst schaffte er die verfassungsmäßig garantierte Pressefreiheit ab.

Was geschah? Nichts.

Dann nahm er die Gelder und gab sie Roon.

Was geschah? Nichts.

Das alles war unerhört, es war ganz unglaublich.

Aber Parlamentarier sitzen zu warm, als daß sie Barrikaden bauten, und die Bevölkerung hatte kein Interesse an dem »Geschwätz«.

Bismarck hatte den Gordischen Knoten durchhauen. Als der König ihn fragte, was die Verfassung vorsehe, wenn er sie mißachte, antwortete er abermals mit »Nichts«.

Wenn Sie bei diesem »Nichts« nicht nachdenklich werden – ich bin es.

Auch die heutigen Verfassungen haben keinen Paragraphen, der den Verfassungsbruch unter Strafe stellt. Wenn Sie falsch parken, bekommen Sie einen Strafzettel. Wenn Sie einen falschen Eid schwören, kommen Sie ins Kittchen. Wenn Sie das Bundeshaus anzünden, kommen Sie ins Zuchthaus. Das alles geschieht mit Ihnen aufgrund von Gesetzen. Über allen Gesetzen aber steht die Verfassung. Alle Gesetze sind auf sie geschworen, sie ist die Mutter der Gesetzgebung, sie steht über allem. Und gerade sie ist völlig schutzlos. Wenn sie nicht ausdrücklich angerufen wird, erhebt nicht einmal das Verfassungsgericht Anklage. Die Verfassung selbst ist hilflos.

In Wahrheit ist der Verfassungsbruch das elementarste aller Vergehen. Das steht nirgends. Erkennen bei einem Prozeß die Verfassungsrichter auf Verstoß, so ist ihre äußerste und einzige Konsequenz die Annullierung der Rechtsfolgen des Verstoßes. Der, der sich gegen die Verfassung vergangen hat, ein Kanzler, oder ein Minister, oder ein Präsident, geht erhobenen Hauptes aus dem Gericht, kehrt an seine Wirkungsstätte zurück und bleibt der ehrenwerte Gentleman.

Natürlich ist eine Verfassung kein Strafgesetzbuch, das ist richtig. Aber sie könnte die Gesetzgeber zu einem Strafartikel verpflichten. Der Strafartikel müßte lauten: Wer die Verfassung wissentlich bricht, wird mit Gefängnis bestraft. Wer sie unwissentlich bricht, wird aus den öffentlichen Ämtern entfernt. Was hat Bismarck fröhlich geantwortet? »Nichts«.

Drum, Freunde, brecht ruhig die Verfassung, aber parkt anständig.

★

Das Jahr 1864 kam herauf.

Ein außenpolitisches Ereignis löste die innenpolitische Verkrampfung: der Streit mit Dänemark um die (im Mannesstamm) erloschenen Herzogtümer Schleswig-Holstein. Es war – um das eindeutig festzustellen – nicht Preußen, es waren die Großdeutschen, deren Gemüter sich daran erhitzten, von Osten bis zum Westen, von Norden bis Süden, denn Schleswig und Holstein gehörten seit Jahren als »deutsches Land« dem Deutschen Bund an. Jetzt griff Dänemark nach Schleswig. Das Lager der Großdeutschen war empört, und

Österreich fürchtete für Holstein (das es schon unter seine Verwaltung genommen hatte).

In dieser wirren Situation behielt Bismarck abermals seinen klaren Kopf. Es war ein Meisterstück an Diplomatie, wie er zwischen Österreich und den anderen deutschen Ländern manövrierte und Wien schließlich in ein Bündnis mit Preußen trieb.

In seinen Memoiren schreibt er viele Seiten über die Tatsache, aber keine Zeile über sein Motiv. Das Motiv ist klar: Er wollte verhindern, daß sich die deutschen Länder um Österreich scharten, Wien sich wieder an die Spitze setzte und unsichtbar die deutsche Krone weiter auf dem Kopf behielt. Es gelang ihm, Österreich und Süddeutschland in der Schleswig-Frage zu entzweien. Grob gesagt: Deutschland sollte Preußen gehören, nicht Österreich.

Dänemark beantwortete ein Ultimatum nicht, Österreich erklärte den Krieg, Preußen hinterdrein.

Bismarck rieb sich die Hände: Der Konflikt mit dem Parlament war kein Gesprächsthema mehr. Er informierte es nicht einmal vorher über den Kriegseintritt.

Die Liberalen waren in einer peinlichen Lage. Als Parlament mußten sie beleidigt, als Großdeutsche mußten sie begeistert sein. Sie waren in die Falle gegangen.

Roons neue Truppen marschierten auf. Den

Oberbefehl erhielt der unverwüstliche Wrangel, seines Zeichens ein achtzigjähriger Jüngling, der Bismarck mit »mein Junge« anredete und das Gröbste war, was die preußische Generalität jemals hervorgebracht hat. Große Wunder brauchte er nicht zu vollbringen, es ging alles sehr schnell. Im April fielen die Düppeler Schanzen (Kriegsberichter: Theodor Fontane), im Juni Alsen und Jütland. Vier Monate später unterzeichnete Dänemark in Wien (! Sehr geschickt) den Friedensvertrag, in dem es seine angemaßten Rechte auf Schleswig und Holstein an Österreich und Preußen abtrat.

Kriege schaffen neue Tatsachen. Eine spätere Volksabstimmung bestätigte diese »neuen Tatsachen«.

Alles drängte sich an Preußen heran.

★

Der König an Bismarck:
»Berlin, den 15. September 1865
Mit dem heutigen Tage vollzieht sich Act, die Besitzergreifung des Herzogtums Lauenburg (Schleswig) als eine Folge meiner, von Ihnen mit so großer und ausgezeichneter Umsicht und Einsicht befolgten Regierung. Preußen hat in den vier Jahren, seit welchen ich Sie an die Spitze der

Staatsregierung berief, eine Stellung eingenommen, die seiner Geschichte würdig ist und demselben auch eine fernere glückliche und glorreiche Zukunft verheißt. Um Ihrem hohen Verdienste, dem ich so oft Gelegenheit hatte, meinen Dank auszusprechen, auch einen öffentlichen Beweis desselben zu geben, erhebe ich Sie hiermit mit Ihrer Deszendenz in den Grafenstand, eine Auszeichnung, welche auch immerhin beweisen wird, wie hoch ich Ihre Leistungen um das Vaterland zu würdigen wußte.

Ihr
wohlgeneigter König
Wilhelm«

★

Ein Jahr später, 1866, folgte der nächste Krieg. So leid es mir tut, es gestehen zu müssen, es war der dritte reine Angriffskrieg, den Preußen in seiner Geschichte führte. Das ist sehr wenig, verglichen mit anderen Staaten und Ländern, aber es ist ein Schönheitsfleck.

Der Feind war der Freund von gestern, der Feind von vorgestern, der Freund von vorvorgestern: Österreich.

Um zu erklären, wie es dazu kam, braucht ein Professor, der auf sich hält, gute zehn Seiten. Bismarck, der keine Professur, dafür aber ein schlechtes Gewissen hatte, in seinen Erinnerungen zwanzig.

Ich, in meinem einfachen Gemüt, hoffe, es in zwanzig Zeilen zu schaffen. Dazu brauche ich ein Gleichnis, das ich auch zum Glück bei der Hand habe.

Stellen Sie sich einen Hühnerhof mit zwanzig Hennen vor: sie hatten keinen eigenen Hahn, es kam immer der vom Nachbarhof, der einst zu ihnen gehörte.

Nun wuchs unter den Küken ein kleines Hähnchen heran, das alsbald prächtige Federn trug und zu krähen begann. Bald umkreisten sich der alte und der junge Hahn, und beiden wurde klar, daß dieser Zustand kein Dauerzustand bleiben konnte. Zwar verbanden sich beide gelegentlich gegen eine Katze oder einen Raubvogel, aber sobald eine Gefahr vorüber war und Friede über dem Hofe lag, brachen die alten Rivalitäten wieder hervor. Es mußte Klarheit geschaffen werden. 1866 wurde sie geschaffen. Die Hühner schlossen Wetten ab, und alle tippten auf den alten Hahn als Sieger, nicht wegen seiner bunteren Federn und des röteren Kamms, sondern weil sie sahen, wie dick und groß er war. Als der Kampf losging, hörte das ganze Hühnervolk zu gackern auf und sah zu.

Offizieller Anlaß zum Krieg waren die preußisch-österreichischen Zwistigkeiten um Schleswig-Holstein. Bismarck hat niemals über seine

Lippen kommen lassen, daß es ihm gar nicht um Schleswig-Holstein ging, sondern darum, Österreich die Führungsrolle in Deutschland abzunehmen. Er sprach immer nur von dem verdammten Herzogtum im Norden. Daß es Anlaß zu Zwistigkeiten geben mußte, war klar; das ist immer so, wenn unklare Verhältnisse herrschen, und sie herrschten. Schleswig-Holstein sollte gemeinsam von Österreich und Preußen verwaltet werden, das ist immer schlecht. Preußen wollte für seine Ostseeflotte einen Nord-Ostseekanal quer durch Holstein bauen, Österreich »verbot« es; Österreich (das vor dem Staatsbankrott stand) wollte die kostspieligen Truppen zurückziehen und das Land dem Augustenburger Erbprinzen übergeben. Preußen »verbot« es.

König Wilhelm war sehr ärgerlich. Er war friedliebend (wie die meisten wirklich soldatischen Menschen), aber er war sehr auf Preußens Rechte bedacht. Bismarck stach täglich in diese Wunde.

Der König war verletzt: » Wir wollen keinen Krieg provozieren, aber wir dürfen auch nicht vor ihm zurückschrecken. Man muß verhandeln und abwarten.«

Bismarck: »Wien hat schon den Erbprinzen eingesetzt.«

Wilhelm, ärgerlich: »Das darf es nicht, das geht an unsere Rechte. Das ist ein Vertragsbruch.«

Bismarck: »Wien scheint das nicht zu kümmern.«

Wilhelm: »Dann müssen wir um Schleswig-Holstein kämpfen. Es ist einen Krieg wert.«

Das ominöse Wort war gefallen!

Wien war keineswegs so entsetzt, wie man es erwartet hatte. Es vertraute auf seine dicken Schenkel und die spitzen Sporen.

Wenn König Wilhelm immer noch zögerte, so stimmte Bismarck ihn um, indem er ihm die österreichischen Zeitungen vorlegte.

»Wiener Presse«: »Kein Negersklave Brasiliens, der sich unter der Peitsche des Aufsehers windet, ist hilfloser und erbarmungswürdiger als das gesamte Preußentum. Es kann knirschen, muß aber geknebelt in die Schlacht laufen.«

»Tiroler Stimme«: »Die österreichischen Soldaten sollen nicht in dem Blute, sondern in den preußischen Hirnen waten!«

Das Maß schien König Wilhelm nun doch voll. Anfang Mai 1866 ließ er mobil machen. Bismarck an Roon: Ist alles klar? Roon: Alles. In Preußen dauerte eine Mobilmachung zwei Wochen, in Österreich einen Monat.

Die beiden Kampfhähne waren bereit. (Frankreich und Rußland, von Bismarck sorgfältig bearbeitet, versprachen, neutral zu bleiben). Aber Bundesgenossen hatten die beiden schon! Schwarzburg-Rudolstadt zum Beispiel stellte sein Heer von einhundertfünfzig Mann Wien zur Verfügung, dagegen Waldeck seine Streitmacht von fünfundzwanzig Mann Berlin.

Am 6. Mai ereignete sich ein dramatischer Zwischenfall: ein Attentat auf Bismarck, das – wäre es gelungen – der Weltgeschichte eine andere Wendung gegeben hätte. Ein »freiheitlicher« Emigrant, Herr Cohen-Blind, feuerte aus nächster Nähe seine Pistole auf Bismarck ab, der sich geistesgegenwärtig auf den Mann stürzte und mit ihm rang. Dem Cohen-Blind gelang es, noch zwei Schüsse abzugeben, ehe er überwältigt war.

Bismarck, getroffen, konnte aus eigener Kraft nach Hause gehen. Ehe er sich um sich selbst kümmerte, schrieb er ein paar Zeilen an den König. Dann erst zeigte er sich im Hause und ging seelenruhig zu Tisch. »Ich habe«, plauderte er, »die Sache untersucht: Löcher im Überzieher, Rock und Weste und Hemd. Die beiden letzten Kugeln müssen gesessen haben. Die Rippe schmerzt, geht aber wieder vorüber.«

Ist das alles?

Ja, das ist alles. Warum sollte er darüber mehr Gesums machen als die Soldaten konnten, die bereits auf dem Weg in den Kampf waren? Er fühlte sich einberufen.

Mitte Juni bereits rückten preußische Truppen mit drei Hauptarmeen in Böhmen ein. Es kam sofort zu Vorgefechten, die Preußen gewann. Der österreichische Befehlshaber riet zum Frieden, Wien lehnte ab. Es zog jetzt alle Truppen bei Königgrätz zusammen.

Die Schlacht entbrannte in den Morgenstunden

des 3. Juli. Den Befehl auf preußischer Seite führte der König selbst, an seiner Seite Bismarck, Roon und Moltke.

Der Kampf stand lange auf des Messers Schneide, ehe die Entscheidung fiel. Die Österreicher wurden vernichtend geschlagen.

Wien wandte sich verzweifelt an Napoleon III., aber Frankreich zuckte zurück. Der preußische Furor war zu groß.

Der Frieden, auf Anraten Bismarcks, war milde. Österreich verlor keinen Fußbreit Boden. Preußen erhielt die Zustimmung zur Annexion von Schleswig-Holstein, Kurhessen, Hannover, Hessen-Homburg, Nassau und Frankfurt/Main. Alle die kleineren und größeren »Feinde« in Norddeutschland, die sich auf Seiten Österreichs geschlagen hatten, wurden also, wie befürchtet, geschlachtet. Der alte »Deutsche Bund« wurde zu Grabe getragen, Preußen gründete an seiner Stelle einen »Norddeutschen Bund« – aus dem später das deutsche Reich hervorgehen sollte.

Der wahre Sieger von Königgrätz hieß Moltke.

Sie erinnern sich vielleicht seines Aussehens: ein etwas ledernes, langes Gesicht, manche nennen es professorlich, es könnte auch indianisch sein. Ein interessanter Mann. Er galt als der große Schweiger, woraus moderne Forscher neuerdings schließen, daß er doof war. Denn wer verzichtet schon freiwillig aufs Reden? Nun hat er aber zahlreiche Schriften und Briefe hinterlassen, die sehr klug sind – man muß sie allerdings gelesen haben. Er sprach fünf Sprachen!

Helmuth von Moltke hatte eine entbehrungsreiche, bedrückte Jugend hinter sich, die ihn wahrscheinlich das Schweigen gelehrt hat. Die Kadettenzeit war ihm eine Qual, er war arm, er galt als Paria. Später wurde er stets nur in Schreibstuben und Stäben verwendet. Privat, in freien Stunden, studierte er Strategie: es war seine Leidenschaft. Sechs Jahre vor Königgrätz entdeckte ihn Roon und gab dem »Professor« den Auftrag, einen Eventualfall vorzubereiten; es war der Fall, der dann eintrat, der preußisch-österreichische Krieg. Moltke erhielt als Generalstabschef den Operations-Oberbefehl. Er, der noch nie in seinem Leben auch nur eine Kompanie geführt hatte, führte jetzt das preußische Heer. Seine Mathematik feierte den ersten Triumph. In der Schlacht selbst, die er zusammen mit dem König führte, bewies er eine Beobachtungsfähigkeit, die an Wunder grenzte; aus der kleinsten Feindbewegung zog er Schlüsse, die auch der erfahrene Roon erst zu spät erwogen hätte. Sein Instinkt schien unfehlbar. Auch seine persönliche Tapferkeit war bewundernswert, wie sich überhaupt dieses Quartett alter Herren in der Schlacht wie Jünglinge benahm.

★

Jetzt wußten es natürlich alle Hühner! Preußen, selbstverständlich Preußen!

Der französische Botschafter drahtete nach Paris: Nicht Österreich allein, auch Frankreich ist bei Königgrätz geschlagen worden. Er meinte, mit der Rolle Frankreichs als Zünglein an der Waage zwischen Preußen und Österreich sei es aus. Das deutsche Reich sei schon bei Königgrätz erstanden.

18

Preußen war groß geworden. Zu groß. Zwei Drittel der Deutschen waren jetzt preußisch. Es reichte von der Memel bis an den Rhein. Der Herzschlag Berlins war in Köln kaum noch zu spüren. Königsberg lag zwar weiter weg von Berlin als Köln, aber es war eins geworden mit Brandenburg in den Anfängen der Gemeinschaft; Köln nicht. Preußen war durch Bismarck ein Paß geworden, während »Preußen« in Wahrheit kein Land, sondern ein Stil ist.

Nicht nur geographisch von Osten nach Westen, auch soziologisch von unten nach oben ging bereits eine Kluft durch die Bevölkerung. Noch nach dem Sechsundsechziger Krieg hatte Bismarck an seine Frau schreiben können: »Unsere Leute sind zum Küssen. Jeder so mutig, so ruhig, so folgsam und gesittet, mit leerem Magen, nassen Kleidern, nassem Lager, wenig Schlaf, freundlich gegen alle, kein Plündern, kein Sengen. Sie bezahlen, was sie können, und essen verschimmeltes Brot. Es muß ein tiefer Fond von Gottesfurcht im gemeinen Mann sein.«

Die »Oberen Zehntausend« des zu großen Preußen waren es nicht mehr. Die Habenichtse waren
preußisch, die Habeviel waren deutsch. Das
scheint ein soziologisches Gesetz zu sein. Der
arme Bayer ist nichts als Bayer, der reiche ist
deutsch. Der bescheidene Deutsche ist deutsch,
der reiche ist Europäer. Der superreiche Europäer
ist nicht mehr Europäer, er ist Weltbürger. Die
Geschichte Preußens ist aber die Geschichte der
armen Leute. Die, die reich wurden, waren keine
Preußen mehr.
Bismarck wußte das auch. Er hat oft betont, er sei
in erster Linie Preuße, dann erst Deutscher. Als
Preuße hätte er wissen müssen, daß sich Preußen
schon 1864 gesundschrumpfen mußte, um nicht
Durchblutungsstörungen zu bekommen. Aber
der Preuße in ihm mußte schweigen. Als großer
Staatsmann, der er war, begriff er, daß er Preußen
Deutschland opfern mußte. Der Staatsmann sah,
daß es mit der Kleinstaaterei nicht so weitergehen
konnte. Daß ein nicht geeintes Deutschland der
Spielball Europas bleiben würde. Und daß das
Völkergemisch Österreich keine Heimat war. Also
blieb ihm nichts anderes übrig, als den fremden
Westen als Aktienpaket zu erwerben, um die
Stimmenmehrheit im Aufsichtsrat der Firma
Deutschland zu bekommen. Theodor Mommsen
hat das Empfinden, das Bismarck beherrschte,
ausgedrückt: »Es ist ein wunderbares Gefühl, dabei zu sein, wenn die Weltgeschichte um die Ecke

biegt. Daß Deutschland eine Zukunft hat und daß diese Zukunft von Preußen bestimmt wird, ist nicht mehr nur eine Hoffnung, sondern eine Tatsache, und eine gewaltige für alle Zeiten.«

★

Bismarcks Gedankengang war vollkommen richtig.

Aber was konnte das neue Reich erstehen lassen? Ein Parlament gewiß nicht. Es mußte etwas anderes sein: Die deutschen Länder mußten ein gemeinsames Erlebnis haben, ein großes, schicksalhaftes, ein schweres, ernstes, das strahlend und erhebend ausging. Es mußte etwas sein, in dem sie sich eins fühlten mit Preußen, eins im Opfer und eins im Jubel am Ende des gemeinsamen Weges.

Er war überzeugt, daß es nur ein Krieg, ein gemeinsamer, Schulter an Schulter, sein konnte.

Bismarck war in Wahrheit eine weiche, empfindsame Natur. Er hat nie mit Menschenleben gespielt, und er würde auch nicht einen einzigen Toten gutgeheißen haben, wenn er nicht so sicher gewesen wäre, daß das Schicksal auch die Unentschlossenen eines Tages zu Taten zwingt, die sie vermeiden wollten.

Am Tage daran denken, nachts das Gewissen beschwichtigen. Er mußte es alleine tragen, nichts von den düsteren Gedanken verraten. Tagaus tagein an das Ziel denken und nachts das Gewissen beruhigen. Oder jagte er einer Fata Morgana nach? Was war das, Deutschland? War es bloß die vage Sehnsucht des Volkes? Oder war es das schützende, das rettende Ziel in dem Wirrwarr der Politik? Wenn nur nicht alles so sonnenklar wäre! Es gab keinen anderen Weg als Krieg, keinen anderen als das »Blut und Eisen«, das er prophezeit hatte.

Er brauchte nicht einmal darauf hinzuarbeiten; Frankreich nahm ihm die Mühe ab.

In aller Unschuld wandte sich Napoleon III. an Bismarck mit der Forderung, für seine Neutralität 1866 die Belohnung zu bekommen. Er verlangte die deutsche Pfalz, Teile von Hessen, Belgien und Luxemburg.

Bismarck ließ sich das schriftlich geben. Als er es hatte, steckte er es in die Tasche und lehnte ab. Jeder, der den Brief lesen wollte, bekam ihn zu lesen.

Ganz Deutschland war eine Flamme der Empörung! Bismarck der Hort der Rechtschaffenheit und Sicherheit! Zwanzig mittel- und süddeutsche Staaten baten um Aufnahme in den Norddeutschen Bund, darunter auch Bayern.

Frankreich kochte. Napoleon rang nach Luft. Seine Expedition nach Mexiko war gescheitert, ein geplanter Zug nach Syrien durch England verhindert, der Anschlag auf Belgien und Luxemburg durch Preußen vereitelt, die Finanzen zerrüttet, das Volk unzufrieden. Erbittert starrte er auf Preußen, das an allem schuld schien und das wuchs und wuchs.

Kaum war die Erregung etwas abgeklungen, kam ein neuer Zwischenfall: Der spanische Thron wurde vakant. Ein Kind, ein Bourbone, sollte ihn besteigen, aber die spanischen Granden lehnten ihn ab und wünschten einen Hohenzollernprinzen. Frankreich brauchte das Wort Hohenzollern nur zu hören, um sich bereits von allen Seiten durch Hohenzollern eingekreist zu sehen.

Als der spanische Kanzler in Hohenzollern-Sigmaringen anklopfte, war Fürst Karl Anton in argem Zwiespalt. Natürlich hätte er seinen Sohn gern als spanische Majestät gesehen, aber er dachte an den Ärger mit Frankreich und beschloß, den Chef des Hauses Hohenzollern zu fragen.

König Wilhelm schüttelte den Kopf. Die Spanier zogen unverrichteter Dinge ab.

Es sah nach Frieden aus. Bismarck sah seine Felle wieder wegschwimmen, da kam ihm Paris erneut entgegen.

Napoleon, von der »Öffentlichen Meinung« aufgehetzt, schickte seinen Botschafter Benedetti nach Bad Ems, wo sich der preußische König gerade zur Kur befand. Benedetti hatte einen präzisen Auftrag und entledigte sich seiner auf die unglücklichste aller Weisen: Er stellte Wilhelm en passant auf der Kurpromenade. Nach ein paar höflichen Worten brachte er dem völlig überraschten König die Forderung des Kaisers vor. Napoleon verlangte vom preußischen König das Ehrenwort, daß nie mehr ein Hohenzollern-Prinz sich um den spanischen Thron bewerben würde.

Ehrenwort? Das dem alten, ehrbaren Wilhelm ins Gesicht? Das war zu viel. Der König drehte sich um und ließ Benedetti stehen.

Er telegraphierte den Zwischenfall nach Berlin.

Der Kanzler war entzückt. Er redigierte das Kabel ein wenig, verschärfte den Ton, ohne den Inhalt zu verfälschen, und gab es an die Presse. Das war die berühmte »Emser Depesche«.

Ein Schrei der Empörung in Preußen.

Ein Schrei der Empörung in Frankreich. Man hatte einem Gesandten des Kaisers, einem Stellvertreter der Grande Nation, den Rücken gekehrt!

Der Wahnsinn triumphierte: Tags darauf unterschrieb Napoleon die Kriegserklärung an Preußen. Zitterte seine Hand dabei? Er war kein schlechter Kerl, er wußte, daß er für Zehntausende ein sinnloses Todesurteil unterschrieb.

Es nützt nichts, meine Freunde, daß Sie, wie ich, bei dem Gedanken verzweifeln. Sollte es wirklich stimmen, daß die menschliche Vernunft vor den tierischen Instinkten kapituliert? Was ist das, was die Völker so unselig treibt? Ist es das so arg geschundene Wort »Ehre«? Ich kann es nicht glauben, denn ich bekenne mich zur Ehre. Es ist etwas anderes, das aus den romanischen Menschen von Zeit zu Zeit herausbricht. »Von Sinnen« ist das Wort, jetzt weiß ich es. Nein, es hat nichts mit Ehre zu tun. Wer von Sinnen ist, darf sich nicht auf Ehre berufen.

Ein trauriges Schauspiel, das Frankreich bot, nicht zum ersten und nicht zum letzten Mal.

»Mich erfüllt«, schrieb König Wilhelm voller Wehmut an seine Frau »eine komplette Angst. Was bietet nicht der Krieg, wo all der Jubel verstummen müßte.«

Es ging Frankreich längst nicht mehr um das Sigmaringer Zwischenspiel, es ging der entfesselten Kriegspartei darum, Deutschlands Einigung zu verhindern.

Genau das Gegenteil trat ein. Die Kriegserklärung traf nicht nur Preußen, sie traf den Norddeutschen Bund. Ganz Deutschland mobilisierte.

Singend und blumenbekränzt zogen die Preußen, Seite an Seite mit den Kameraden aus ganz Deutschland in den Krieg. Sie sangen:

»Was ist des Deutschen Vaterland?
Ist's Preußenland? Ist's Schwabenland?
Ist's, wo am Rhein die Rebe blüht?
Ist's, wo am Belt die Möwe zieht?
O nein, nein, nein!
Sein Vaterland muß größer sein.
Das ganze Deutschland soll es sein!«

Der Krieg wurde hart. Auf beiden Seiten kämpfte man mit dem Mut, den Illusionen geben.

Sie kennen die berühmten Schlachten: St. Privat, Mars la Tour, Gravelotte, Vionville und Sedan. Es waren schreckliche Mann-gegen-Mann-Kämpfe, die Soldaten waren noch »Krieger«, wie zu Zeiten Friedrichs des Großen, wie zu den alten Zeiten der Ritter. Dazwischen brüllten die modernen Kanonen. Das Mörderische waren die Sturmangriffe mit dem Säbel in der Faust und dem aufgepflanzten Bajonett, die tollwütigen Duelle Mann gegen Mann, die nur ein berauschtes Herz ertragen kann. – Die ganze Traurigkeit der Welt fällt mich an, wenn ich eine Ballade aus diesem Kriege lese. Lesen Sie sie langsam, Zeile für Zeile. Es ist ein Kriegsbericht. Ihr und mein Vorfahre waren vielleicht dabei.

»Sie haben Tod und Verderben gespien;
wir haben es nicht gelitten.
Zwei Kolonnen Fußvolk, zwei Batterien –
wir haben sie niedergeritten.
Die Säbel geschwungen, die Zäume verhängt,
tief die Lanzen und hoch die Fahnen,
so haben wir sie zusammengesprengt,
Kürassiere wir und Ulanen.
Doch ein Blutritt war es, ein Todesritt;
wohl wichen sie unseren Hieben,
doch von zwei Regimentern, was ritt und was stritt,

unser zweiter Mann ist geblieben.
Die Brust durchschossen, die Stirn zerklafft,
so lagen sie bleich auf dem Rasen,
in der Kraft, in der Jugend dahingerafft –
nun, Trompeter, zum Sammeln geblasen!
Und er nahm die Trompete, und er hauchte
hinein;
da – die mutig mit schmetterndem Grimme
uns geführt so oft in den Kampf hinein,
der Trompete versagte die Stimme.
Nur ein klangloses Wimmern, ein Schrei voll
Schmerz
entquoll dem metallenen Munde,
eine Kugel hatte durchbohrt ihr Erz;
um die Toten klagte die wunde.
Um die Tapfern, die Treuen, die Wacht am
Rhein,
um die Brüder, die heute gefallen,
um sie alle – es ging uns durch Mark und Bein –
erhub sie gebrochenes Lallen.
Und nun kam die Nacht, und wir ritten hin-
dann,
rundum die Wachtfeuer lohten,
die Rosse schnoben, der Regen rann –
und wir dachten der Toten, der Toten.«

★

Moltke führte bei Sedan die erste Kesselschlacht vor. Sedan kapitulierte, Napoleon III. gab sich gefangen.

Aber der Krieg war noch nicht zu Ende. Die Pariser, die eben noch Vive l'Empereur gerufen hatten, schrien jetzt Vive la Republique und mobilisierten das letzte Aufgebot. Die Stadt verschanzte sich. Sie hielt sich in der Umklammerung der deutschen Truppen vom September 1870 bis zum Januar 71.

Hinter den Kulissen lief bereits der letzte Akt der Reichsgründung an. Es galt noch, die Fürsten zu besiegen.

Den Rausch der Begeisterung ausnutzend, handstreichartig und verblüffender, als jemals Napoleon I. irgendetwas in Szene gesetzt hatte, inszenierte Bismarck die Gründung des neuen deutschen Reiches.

Die gekrönten Häupter waren in Hochstimmung. Doch keiner wollte den ersten Schritt tun. Man schielte auf Ludwig II. von Bayern, den wichtigsten, angesehensten Fürsten aus ältestem deutschem Adel.

Es war schwierig, ihn anzupacken. Er war kaum zugänglich, meist geistesabwesend und phantastisch, ganz Lohengrin und Schwanenritter.

Aber so klar war er doch, daß er bei den Verhandlungen entschlossen war, seine »heiligsten Güter« zu wahren.

Zum Glück konnte sich Bismarck des bayrischen

Oberhofstallmeisters Graf Holnstein bedienen, der zu den Lieblingen Ludwigs gehörte und zu der Gattung jener Höflinge, die man Zehn-Prozent-Männer nennt, zehn Prozent, die sie von allem kassieren, was sie vermitteln. Es war also der Zehn-Prozent-Holnstein (und überdies ein Bewunderer Bismarcks), der nun dauernd zwischen Versailles, dem Hauptquartier, und Schloß Hohenschwangau, wo der König mit Zahnschmerzen saß, pendelte.

Schließlich kam er mit konkreten Forderungen Ludwigs an. Bismarck war auf Schlimmes gefaßt, als der Graf eine Liste hervorzog.

Also, sagte Holnstein, als erstes: das bayrische Bier.

Bismarck glaubte nicht recht gehört zu haben. Was ist mit dem Bier?

Holnstein: Seine Majestät wünscht die Zusicherung, daß es steuerbegünstigt wird.

Bismarck, ungläubig: Natürlich. Bayrisches Bier wird steuerbegünstigt. Selbstredend.

Holnstein: Dann die Briefmarken.

Bismarck schluckte: Was für Briefmarken?

Holnstein: Seine Majestät wünscht eigene Briefmarken.

Bismarck: Selbstverständlich. Eigene Briefmarken, versteht sich.

Holnstein: . . . und Eisenbahnen.

Bismarck erlöst: Ja, mein Freund, jawohl. Eigene Eisenbahnen, jawohl.

Der Graf fuhr wieder ab, wohlversehen mit zwei persönlichen Briefen an den König, äußerst geschickten Briefen, die aber immer noch nichts fruchteten.

Jetzt verfiel Bismarck auf die beschämende, ja fast beleidigende Idee, dem bayrischen König einen jährlichen »Ehrensold« von dreihunderttausend Gulden anzubieten. (Zehn Prozent für den Zehn-Prozent-Grafen). Dazu diktierte er gleich das Schreiben, das Ludwig abzuschreiben und an König Wilhelm zu schicken hatte. Ludwig II. wurde »überzeugt«. (Wie dem auch sei, wir haben es ihm zu danken, daß er als Erster den entscheidenden Schritt tat.) Er griff zum güldenen Federhalter und schrieb den Brief, in dem er König Wilhelm die Kaiserkrone antrug.

Die Würfel waren gefallen.

»Ich als eingefleischter Preuße«, sagte König Wilhelm zu seinem Sohn, »muß nun erleben, den Namen »Preußen«, der so Großes erreicht und geschaffen hat, zurücktreten zu sehen vor einem anderen, der fast ein Jahrhundert lang dem preußischen feindlich entgegenstand. Das Schicksal hat sich verschworen und drängt mich zu etwas, das ich nur schweren Herzens annehmen kann und doch nicht ausschlagen darf.«

Machen wir es kurz.

Am 18. Januar 1871, am Jahrestag der Königskrönung Friedrich I., fand im Spiegelsaal von Versailles die feierliche Proklamation des deutschen Reiches und Ausrufung König Wilhelms zum deutschen Kaiser statt.

Damit endet die Geschichte der armen Leute.

★

Preußen schenkte dem neuen deutschen Reich das Leben und gab dafür sein eigenes, sein Eigenleben, hin.

Was war es in der Weltgeschichte gewesen?

Eine Perle im Sand.

Es hat seine geschichtliche Mission erfüllt. Es gibt kein Volk, dem vom Schicksal eine Mission schon in die Wiege gelegt ist, aber es gibt Völker, die zu einer Mission erwachsen. Griechenland, aus dem Mythischen entstanden, hat seine Mission erfüllt, Rom, aus der Ratio entstanden, hat seine Mission erfüllt, und Preußen hat sie erfüllt. Aus einem Land wurde ein Vaterland, aus dem Vaterland ein Staat, aus dem Staat eine Idee. Preußen hat das Größte geschaffen, das ein Volk schaffen kann: einen Stil.

Es ist die höchste Auszeichnung, wenn spätere Generationen sagen: Das ist griechisch, jenes ist gotisch, dieses romanisch, und das ist preußisch. Was sie meinen, können sie vielleicht gar nicht definieren; sie meinen Wahrhaftigkeit gegen sich

314

selbst, Pflichterfüllung im Kleinen in dem Bewußtsein, daß das Kleine ein Teil des Großen ist; sie meinen Sauberkeit, Einfachheit und vor allem Disziplin. Das alles fühlen sie, ohne jenes Letzte formulieren zu können, das den preußischen Stil ausmacht: die Armut und die Einfalt. Beides hängt eng zusammen. Preußen kennt nicht, außer auf geistigem Gebiet, den Rausch des Schöpferischen, es hätte Angst, sich von der Erde abzuheben. Ein Preuße ist einfältig, denn er will nicht hinter die Dinge kommen, um sie für sein Leben zu übersetzen. Kargheit ist ihm gemäß; eine Armut, die von innen einen großen Glanz empfängt.

Das ist ohne Vorbild.

Preußen ist mit Würde untergegangen. 1871 hat es sein kleines Licht gelöscht, als das größere entzündet wurde. 1945 ist es einen Soldatentod gestorben; es wurde von den Konquistadoren erschossen. Nicht im Kampf, sondern auf dem Sandhügel. Seine letzten Worte, wenn es hätte sprechen können, wären die von Andreas Hofer gewesen: »Ach, wie schießt ihr schlecht!«

»Pavese war das Symbol seiner Generation.« Die Welt

Im Turin der Vorkriegsjahre: Unbefangen genießt die sechzehnjährige Ginia gemeinsam mit ihren Freundinnen die warmen, langen Sommerabende. Amelia arbeitet als Malermodell und nimmt Ginia mit in ein Atelier. So lernt sie die beiden Maler Guido und Rodrigues kennen. Während Rodrigues Art Ginia abstößt, ist sie von Guido fasziniert und verliebt sich in ihn. Die Beziehung dauert einige wundervolle Sommerwochen ... bis Guido einen schrecklichen Verrat begeht.

Cesare Pavese

Der schöne Sommer

Roman

List Taschenbuch

Ein höchst
originelles
Lesebuch
über Kunst

JOACHIM FERNAU
Wo bitte geht's
zu Raffael
und andere Kunst-Geschichten

HERBIG

Ernsthaft und augenzwin-
kernd führt uns der bekannte Autor durch Stile und
Zeiten, läßt Goethe ein
Kunstgespräch über Nasen
führen oder diskutiert selbst
leidenschaftlich mit verstorbenen Malern über ihre
Bilder.

Herbig